# Der
# Vordere Orient
# und die
# Internationale Politik



Peter Pawelka

# Der Vordere Orient und die Internationale Politik

Peter Pawelka

Verlag W. Kohlhammer
Stuttgart Berlin Köln

*Meinen*
*Studentinnen und Studenten*

Die Deutsche Bibliothek – CIP-Einheitsaufnahme

**Pawelka, Peter:**
Der Vordere Orient und die Internationale Politik /
Peter Pawelka. –
Stuttgart ; Berlin ; Köln : Kohlhammer, 1993
ISBN 3-17-011456-5

Umschlagbilder: Bildagentur Mauritius, Mittenwald

Stuttgart Berlin Köln
Verlagsort: Stuttgart
Umschlag: Studio 23
Gesamtherstellung:
W. Kohlhammer Druckerei GmbH + Co. Stuttgart
Printed in Germany

# Inhaltsverzeichnis

# Vorwort

Dieses Buch knüpft an die Untersuchungen zur sozioökonomischen und politischen Entwicklung des Vorderen Orients meiner Ägypten-Monographie an (Herrschaft und Entwicklung im Nahen Osten: Ägypten, Heidelberg 1985). Die Fragestellung ist jedoch historisch und geographisch erweitert worden, schließt den internationalen Kontext mit ein und beruht auf neuen theoretischen Ansätzen. Der Text ging aus einer Reihe von Vorlesungen zur Politischen Ökonomie des Vorderen Orients, zur Internationalen Erdölpolitik, zur Revolution in der Dritten Welt und zu den Formen politischer Herrschaft in Entwicklungsgesellschaften hervor.

Besonderer Dank gebührt meinen Mitarbeitern am Institut für Politikwissenschaft in Tübingen. Claudia Schmid, die inzwischen als Wissenschaftliche Referentin am Institut für Friedensforschung und Sicherheitspolitik an der Universität Hamburg tätig ist, hat das Rentierstaatskonzept theoretisch und ideengeschichtlich aufbereitet. Martin Beck, Wissenschaftlicher Mitarbeiter am Institut für Politikwissenschaft der Universität Tübingen, hat sich vor allem bei der Konzeption der Energiemarkt-Regelung Verdienste erworben. Er hat darüber hinaus alle Teile des Manuskripts gelesen und mit vielfältigen Korrekturanregungen versehen. Jörg Widmann hat nicht nur bei der technischen Erstellung des Manuskripts und bei der Datenerhebung zu Saudi-Arabien mitgeholfen; er hat auch viele Teile des Manuskripts kritisch kommentiert und damit inhaltliche Hilfestellung geleistet. Isabella Pfaff habe ich viele kritische Hinweise für die Analyse Algeriens zu verdanken; sie hat mir auch bei der Datenerhebung erheblich geholfen. Hervorheben möchte ich auch die Studentinnen und Studenten unseres Arbeitskreises FFMO (Forschungsforum Mittel-Ost), die in zahllosen Sitzungen die theoretischen Grundlagen, die diesem Buch zugrundeliegen, diskutiert und das Entstehen seines Konzeptes kritisch und anregend begleitet haben. Nicht zuletzt gebührt Dank Gertrud Nassefat-Bullinger und Heide Vetter-Höhn, die den Text mit viel Einsatz geschrieben und korrigiert haben.

Schließlich sollte der Verlag nicht unerwähnt bleiben, der mit ungewöhnlicher Geduld und Zuversicht auf das Manuskript gewartet hat.

Tübingen, im Dezember 1992 P. P.

# 0.
# Einleitung

Die vorliegende Arbeit ist als Einführung in die politischen, wirtschaftlichen und gesellschaftlichen Zusammenhänge einer Weltregion gedacht. Sie ist ein Versuch, mit sozialwissenschaftlichen Mitteln die Tiefenstrukturen des Vorderen Orients offenzulegen und damit die Ursachen und Hintergründe jener Konfliktexzesse, für die diese Region immer wieder ins Blickfeld der gesamten Weltöffentlichkeit gerät. Unser Anliegen ist nicht die Ereignisgeschichte dieser Region. Das Buch ersetzt auch keine historische Darstellung. Wir wollen vielmehr zeigen, wie Politik im Vorderen Orient funktioniert und wie sich die wichtigsten Charakterzüge dieser Politik in den letzten beiden Jahrhunderten herausgebildet haben. Darüber hinaus aber geht es uns auch um die Zukunftsperspektiven des Vorderen Orients, seine Entwicklungsmöglichkeiten und die Chancen und Grenzen der Demokratisierung in dieser Region.

Unter „Vorderer Orient" verstehen wir den geographischen Bereich vom Atlantik im Westen bis zum Altaigebirge im Osten und vom Schwarzen Meer im Norden bis zum Indischen Ozean im Süden, mit einer Bevölkerung von etwa 440 Mio Menschen, aufgeteilt auf rund 30 Staaten. Die Grenzen dieser Region sind je nach Kriterien fließend und historisch dynamisch. Noch während der Arbeit an diesem Buch expandierte der Vordere Orient weit in die ehemalige Sowjetunion hinein. Angesichts der politischen, sozialen, wirtschaftlichen und kulturellen Vielfalt der Region kann man sich des Eindrucks kaum erwehren, daß unser Forschungsgegenstand ein höchst künstliches Gebilde ist. Was hat Algerien mit Tadschikistan gemeinsam, und was könnte man in der Türkei und in Saudi-Arabien sinnvoll miteinander vergleichen? Doch trotz aller Unterschiede sind wir der Ansicht, daß es gemeinsame Tiefenstrukturen gibt, die es rechtfertigen, den Vorderen Orient als Analysegegenstand anzuerkennen. Damit sind nicht nur kulturelle Parallelen gemeint, sondern auch Traditionen des Wirtschaftens, der sozialen Organisation und der politischen Herrschaft. Noch wichtiger sind jedoch Gemeinsamkeiten, die sich aus der Einbindung des Vorderen Orients in das Weltwirtschaftssystem ergaben: ähnliche Verzerrungen der Wirtschaftsstrukturen, Klassenbildungen, politische Erfahrungen und Reaktionen sowie Strukturanpassungen. Sicherlich werden wir durch eine Vielfalt intervenierender Einflüsse unzählige strukturelle Verwerfungen vorfinden, werden Ausnahmen zulassen müssen und auch hin und wieder zuzugeben haben, daß unsere Annahmen für dieses oder jenes Land nicht zutreffen. Und dennoch müßten regionale Generalisierungen über politische Strukturen, Prozesse und Verhaltensweisen erzielbar sein, die uns helfen, tagespolitische Ereignisse zu erklären und einzuordnen, oder die geeignet sind, weit verbreitete Vorurteile abzubauen und ein reflektierteres Verständnis der orientalischen Welt zu erzeugen.

Unsere Untersuchung des Vorderen Orients steht auf der Grundlage breiter sozialwissenschaftlicher Theoriebildung. Diese wird an einigen zentralen Stellen zusammenfassend erläutert und durch den Anmerkungsapparat belegt. Zugunsten einer besseren Lesbarkeit wurde aber auf die explizite akademische Herleitung unserer Konzepte und auf die Auseinandersetzung mit differierenden Standpunkten und alternativen Ansätzen verzichtet. Der Verfasser ist sich auch voll der Tatsache bewußt, daß manche Formulierung der stringenten Argumentation zuliebe vielfältige Verästelungen der Theoriediskussion unterschlägt. Generell kann man sagen, daß die vorliegende Arbeit der Politischen Ökonomie verpflichtet ist. Untersucht werden zum einen die Wechselbeziehungen zwischen dem politischen System, der Wirtschaft und der Gesellschaft im Vorderen Orient, zum anderen deren Interaktionen mit dem Weltwirtschaftssystem und der Weltpolitik. Wir vertreten entschieden die Meinung, daß die sozio-ökonomischen und politischen Strukturen im Vorderen Orient ohne ihre externe herrschaftliche Prägung nicht verständlich sind. Aber andererseits verfügen die regionalen Akteure über ausreichende autonome Spielräume, um selbstformulierte Interessen wahrzunehmen und partiell auch durchzusetzen, Abhängigkeiten zu bekämpfen und abzubauen sowie eigenständige Entwicklungsziele anzustreben. Wir werden auch zu zeigen versuchen, daß die „Integration in das Weltwirtschaftssystem" im Vorderen Orient nicht Ausbeutung, sondern strukturelle Verzerrung bedeutet. Da sich unsere Analyse überwiegend im komplexen Geflecht der skizzierten Wechselbeziehungen bewegen wird, spielen Aspekte der politischen Kultur, politische Persönlichkeiten und Aktivitäten des politischen Alltags eine untergeordnete Rolle.

Im Rahmen unserer Untersuchung werden drei theoretische Konzepte hervortreten, die in Zusammenarbeit mit wissenschaftlichen Mitarbeitern, Doktoranden, Magistranden und Studenten am Institut für Politikwissenschaft der Universität Tübingen erarbeitet wurden: die internationale Regelung des Weltenergiesystems als Determinante weltwirtschaftlicher Verflechtung des Vorderen Orients im ersten Teil der Arbeit, der Revolutionsvergleich im zweiten und der Rentierstaats-Ansatz im dritten. Sie werden in diesem Buch erstmals in ihrer vollen historischen und strukturellen Verzahnung vorgestellt und sollten mithelfen, der sozialwissenschaftlichen Forschung zum Vorderen Orient neue Impulse zu geben.

Unsere Darstellung des Vorderen Orients unterliegt einer Argumentation, die in drei Schritten verläuft:

– Der erste Teil behandelt die Einbindung der Region in das Weltwirtschaftssystem. Auf der Grundlage landwirtschaftlicher Rohstoffexporte und der Vermarktung europäischer Industriewaren wird der Vordere Orient zunächst, wie alle anderen Teile der Dritten Welt auch, in das expandierende kapitalistische Weltsystem integriert, seine Wirtschaftsstrukturen übergeordneten Interessen angepaßt, sein gesellschaftliches Gefüge verformt und seine politischen Strukturen imperialistischer Kontrolle unterworfen. Diese Periode umfaßt das 19. Jahrhundert ganz und reicht in den Zentren der Region zum Teil bis zur Mitte unseres Jahrhunderts; nur in ihren nordöstlichen Randgebieten, die das Opfer der sozialistischen Revolution geworden waren, endet sie erst dieser Tage. Das Zeitalter des klassischen Imperialismus wird nach dem Zweiten Weltkrieg durch eine neue Form der Integration abgelöst. Das Erdöl wird jetzt zur Grundlage einer sehr viel komplexeren Einbeziehung des Vorderen Orients in die Weltwirtschaft. Als Produzentin des Hauptenergieträgers der industrialisierten Welt erzielt die Region eine materielle Privilegierung, wie sie sonst keinem Teil der Dritten Welt gewährt wird. Die Kehrseite dieser Bevorzugung bilden jedoch sozioökonomische Verzerrungen, entwicklungspolitische Blockaden und eine strukturelle Form externer Herrschaft. Als die Erdölintegration Mitte der 80er Jahre brüchig wird, beginnt eine regionale Krisenverdichtung, die der Weltpolitik neue Problemlösungskapazitäten abverlangt.

- Der zweite Teil beschäftigt sich mit den Reaktionen und dem Widerstand des Vorderen Orients gegen die externe Überlagerung. Die Organisation der Gegenwehr konzentriert sich, den soziopolitischen Traditionen der Region gemäß, in den Bürokratien der Staatsapparate. Im 19. Jahrhundert ist die Erneuerung wenig erfolgreich, da die Reformkoalitionen an überholten Konzepten festhalten und der Überlegenheit des Imperialismus nicht gewachsen sind. Doch im 20. Jahrhundert explodiert der Widerstand in einer Reihe von Revolutionen, die das gesamte regionale Gefüge erschüttern. Aus den gebildeten Mittelschichten aufgestiegene Bürokratiesegmente etablieren sich in den Staatsapparaten. Als revolutionäre Staatsklassen versuchen sie, die Entwicklungsblockaden ihrer Gesellschaften durch komplexe Eingriffe in die Sozial- und Wirtschaftsstrukturen zu überwinden. Die kemalistische Revolution wird zum Vorbild einer eigenständigen Entwicklungspolitik in der Dritten Welt. Die ägyptische Revolution droht die gesamte arabische Welt in einen dynamischen Aufbruch fortzureißen. Die islamische Revolution in Iran setzt neue normative Maßstäbe und versucht, ihrem Entwicklungskurs eine authentische Basis zu geben. An fünf Beispielen werden die Gemeinsamkeiten und die Unterschiede der orientalischen Revolutionen und ihrer Resultate untersucht. Sie scheitern allesamt an den sozioökonomischen Widersprüchen der Revolutionsregime und an ihrer rigorosen Eindämmung durch das internationale System.
- Im dritten Teil geht es darum, wie sich der Vordere Orient der ökonomischen und politischen Übermacht des Weltsystems beugt, nachdem seine Versuche, eine eigenständige Entwicklung durchzusetzen, Schiffbruch erlitten haben. Die materielle Einbindung der Region in den Weltmarkt durch das extrem hohe Erdöleinkommen und eine politisch bedingte Umverteilung dieser Finanzmittel in fast alle Staaten und sozialen Gruppen hinein schaffen einen neuen Systemtyp im Vorderen Orient: Staaten und Gesellschaften, die zu einem hohen Grad von externen Renteneinnahmen leben. Diese externe Finanzbasis prägt einen besonderen Typ des Staates, beeinflußt sein Verhalten und wirkt sich bis auf die Mentalitätsebene der Gesellschaft aus. Das Renteneinkommen fördert auch Prozesse der Retraditionalisierung, so daß Strukturmerkmale vorkapitalistischer Epochen sich im politischen System des abhängigen Kapitalismus von heute erneut herausbilden. Wir zeigen die Vielfalt der Rentenaspekte an ganz unterschiedlichen Beispielen auf und diskutieren schließlich die Entwicklungsperspektiven des Vorderen Orients im Rahmen der heutigen Rentenkrise. Die ungewöhnliche Finanzbasis ist für eine bemerkenswerte wirtschaftliche und soziale Dynamik in der Region verantwortlich, gleichzeitig aber auch für ihr entwicklungspolitisches Scheitern und für die Vorherrschaft autoritärer Strukturen. Unter diesen Bedingungen haben es die Ansätze einer authentischen Zielbestimmung, Bedürfnisdefinition und Problemlösungskapazität sehr schwer, sich durchzusetzen.

Die Trendaussagen und Generalisierungen unserer Analyse beruhen auf ausführlichen Länderstudien. Unabhängig von unserer Argumentation, beinhaltet das Buch auch Gesamtdarstellungen der politischen und sozioökonomischen Geschichte der Türkei, Ägyptens, Irans, Saudi-Arabiens und Algeriens sowie teilweise auch Syriens und des Irak. Israel steht nicht im Mittelpunkt unseres Interesses, da seine Strukturen und seine politische Kultur überwiegend europäisch geprägt sind. Trotz dieser relativ breiten empirischen Basis werden sicherlich nicht alle wichtigen Variablen regionaler Herrschaft und Entwicklung von uns erfaßt, vor allem nicht an den Rändern unseres Untersuchungsgegenstandes. Dennoch sind wir überzeugt, daß unsere Auswahl ein repräsentatives Bild des Vorderen Orients abgibt. Darüber hinaus aber wollen wir Erklärungsmuster an die Hand geben, die einer reflektierten und kritischen Verarbeitung der Informationsflut zum Vorderen Orient helfen können.

# 1. Der Vordere Orient und das Internationale System im 19. und 20. Jahrhundert

Der erste Teil unserer Analyse des Vorderen Orients behandelt die Einbindung dieser Region in das expandierende Weltwirtschaftssystem und die Überlagerung ihrer Strukturen durch die überlegenen Kräfte der Industriemetropolen. In der Epoche des Imperialismus und Kolonialismus wurde der Vordere Orient vor allem als Produzent agrarischer Rohstoffe und als Markt für industrielle Konsumgüter ausgebaut (1.1.). Im gegenwärtigen Jahrhundert stieg er zum zentralen Energielieferanten und Käufer technologisch hochwertiger Produktionsmittel und Konsumwaren auf (1.2.). Dies bedeutete eine internationale Aufwertung. Doch reflektierten beide Perioden nur zwei unterschiedliche Arten abhängiger Integration in das Weltsystem. Aus ihr ergaben sich strukturelle Verformungen der regionalen Wirtschaftssysteme, der Gesellschaften, der kulturellen Traditionen und der politischen Verhältnisse. Dieses Buch beschäftigt sich mit einer Region der Dritten Welt als integralem Bestandteil weltwirtschaftlicher und weltpolitischer Prozesse. Es geht davon aus, daß der Vordere Orient seit Mitte des 19. Jahrhunderts der Dynamik globaler Kräfte und Mechanismen so ausgesetzt war, daß auch seine internen Strukturen und Verhaltensweisen ohne den externen Faktor nicht zu verstehen sind. Damit wird die Relevanz kultureller Traditionen nicht geleugnet. Ihre Reflexe in der modernen orientalischen Gesellschaft sind kaum zu übersehen. Doch müssen auch sie im Kontext extern deformierter Gesellschaftsstrukturen analysiert werden. Unsere Darstellung beginnt bewußt mit der externen Prägung des Vorderen Orients, denn sie interpretiert vielfältige Strukturen, Prozesse und Verhaltensweisen innerhalb der Region als Reaktionen, Widerstände und Anpassungsresultate. Im zweiten Teil unserer Arbeit werden wir zeigen, wie sich aus dem Widerstand gegen die externe Überlagerung politische Bewegungen, Revolutionen und staatliche Autonomiebestrebungen herausgebildet haben.

Der Schwerpunkt unserer Gesamtdarstellung liegt im 20. Jahrhundert. Wir sind jedoch der Ansicht, daß die Grundlagen heutiger Strukturen und Verhaltensweisen im Vorderen Orient bereits in der Epoche des klassischen Imperialismus gelegt worden sind. Daher beginnt der erste Teil mit einer komplexen Ableitung der imperialistischen Epoche (1.1.), geht aber dann bei der Gegenwart nur auf die externen Rahmenbedingungen ein (1.2.), weil die jeweiligen innergesellschaftlichen Folgen anschließenden Abschnitten vorbehalten bleiben.

## 1.1. Der klassische Imperialismus im Vorderen Orient

Bis ins 18. Jahrhundert hinein bildete der Vordere Orient eine Welt für sich, die durch externe Einflüsse nur sporadisch und nicht sehr intensiv berührt wurde. Die Länder dieser Region waren seit dem 7. Jahrhundert in einer politisch expandierenden, islamisch geprägten Hochkultur zusammengeschlossen worden. Auf der Grundlage eines weltweiten Handelssystems, das Asien, Europa und Afrika miteinander verband, hatte die Region im Mittelalter den Höhepunkt ihrer kulturellen Entfaltung erreicht. Deren internationaler Status war dann im 16. Jahrhundert durch die Machtkonzentration des Osmanischen Reiches noch über weitere Jahrhunderte konserviert worden. Doch seither sank die politische Überlegenheit des Vorderen Orients, und die Stagnation des gesamten Systems trat offen zutage. Jetzt wurde der aggressive Expansionsdrang des europäischen (Früh-)Kapitalismus immer resoluter.

Unser Kapitel beginnt mit dem ersten Aufeinandertreffen orientalischer und europäischer Strukturmuster und erklärt die Ursachen wachsender orientalischer Unterlegenheit (1.1.1.). Daraus folgt die wirtschaftliche Durchdringung der Region im 19. Jahrhundert durch das europäische Kapital (1.1.2.). Im Rahmen einer abhängigen kapitalistischen Entwicklung werden dann traditionale Sozialstrukturen aufgebrochen, Klassenkämpfe bilden sich heraus und politisieren das öffentliche Leben (1.1.3.). Durch diese sozioökonomischen Verwerfungen erschüttert, versuchen die traditionalen Staaten mit Hilfe von Anpassungsstrategien zu überleben. Auf der anderen Seite sind die europäischen Mächte jedoch bemüht, das Funktionieren der kapitalistischen Mechanismen und den wirtschaftlichen Zugriff politisch mit eigenen Mitteln abzusichern. Daraus entsteht ein widersprüchliches Herrschaftsmuster aus Interessenkonvergenzen und Antagonismen, das bis zum Zweiten Weltkrieg relativ stabil bleibt (1.1.4.).

### *1.1.1. Die imperialistische Expansion und die Krise der tributgebundenen Produktionsweise*

Der sozioökonomische, politische und kulturelle Niedergang des Vorderen Orients, der nach einer letzten Blüteperiode unter den Osmanen im 17. Jahrhundert einsetzte, mündete im 19. Jahrhundert in eine gewaltsame Unterwerfung unter die Interessen des kapitalistischen Weltwirtschaftssystems und seiner politischen Akteure. Dieser Verfall einer eigenständigen Weltkultur, die Europa bis weit über das Mittelalter hinaus zivilisatorisch überlegen war, ist auf das Aufeinandertreffen zweier ganz unterschiedlicher Produktionsweisen (soziopolitische Organisation der wirtschaftlichen Prozesse) zurückzuführen: der tributgebundenen und der kapitalistischen.

In der tributgebundenen Produktionsweise des Vorderen Orients[1], einem Erbe der „hydraulischen Gesellschaften"[2] Alt-Ägyptens und Mesopotamiens, sicherte der Staat mit einem umfassenden bürokratischen Apparat nach innen und außen die Reproduktion der Gesellschaft. Dazu kontrollierte er alle Wirtschaftsprozesse und sozialen Aktivitätsformen, sicherte das Territorium und rundete es durch Expansion ab. Diese staatlichen Funktionen und die kulturellen Leistungen des Systems wurden finanziert mit Hilfe einer rigorosen Abschöpfung des gesellschaftlichen Mehrprodukts (Tribut), und zwar in einem Ausmaß, daß die gesellschaftliche

Reproduktion gewährleistet blieb, autonome Kapitalakkumulation in gesellschaftlicher Hand aber unmöglich war. Die mittelalterlichen arabischen Großreiche (Umayyaden, Abbasiden, Fatimiden, Ayyubiden und Mamluken) und ihre islamische Hochkultur beruhten primär auf der Abschöpfung von Handelsprofiten aus einem weltweiten Handelssystem (Asien, Europa, Afrika), für das der Vordere Orient als Drehscheibe fungierte (tributgebundene Handelsformation). Das Osmanische Reich[3] stützte sich hingegen vorwiegend auf die Landwirtschaft, ergänzte diese Einnahmen aber auch durch die Besteuerung von Fern- und Binnenhandel sowie des Handwerks. Das politische Zentrum in dieser Produktionsweise war, gemessen an der gesellschaftlichen Differenzierung, hoch entwickelt. Der in der Regel religiös oder durch Tradition legitimierte Herrscher stand einer stark ausdifferenzierten Bürokratie vor, die mit keiner gesellschaftlichen Gruppe oder Klasse in Verbindung stand und nur im Namen der Zentralgewalt Lenkungsaufgaben wahrnahm. Als Diener des Staates verkörperten diese Beamten den absoluten Herrscherwillen, von dem nicht nur ihre Stellung, sondern auch ihre Existenz abhing (patrimoniale Herrschaft). Dieser Staatsapparat, der im Osmanischen Reich einen administrativen Standard erreicht hatte (Ausbildungsstand, Verwaltungskapazität, Rekrutierung), den es im damaligen Europa sonst nirgends gab, war nicht nur für die Abschöpfung des Mehrprodukts (Steuerwesen) verantwortlich; er kontrollierte auch die Produktionsbedingungen auf dem Lande und in den Städten, die Finanz- und Warenzirkulation (Rohstoffzufuhr, Märkte) und die Qualität der produzierten Waren. In diesem System gehörte der überwiegende Teil des kultivierten Agrarlandes formal dem Herrscher; Bauern hatten gegen eine regelmäßige Steuer (mīrī) nur Nutzungsrechte. Der Steuereinzug war einer Schicht von Beamten überlassen, die als Kavallerie-Offiziere auch für den Kriegsdienst oder die lokale Sicherheit zuständig waren und als Entgelt dafür einen Teil der Steuern behalten durften (spahis). Je nach Karrierestufe waren ihnen größere oder kleinere Ländereien zugewiesen. Aber ihr Verhältnis zu diesem Land war administrativer Natur, als legitimes Eigentum konnte es von ihnen nie angesehen werden (tīmār-System). Demzufolge kannte die tributgebundene Produktionsweise weder einen „feudalen" Großgrundbesitz (Privateigentum an Grund und Boden), noch war es Kaufleuten oder Handwerkern möglich, größere Kapitalien zu akkumulieren, mit deren Hilfe sie sich zu einem autonomen Unternehmertum (Bourgeoisie) hätten entwickeln können. Komplizierte Marktregelungen (Handelslizenzen) und strenge Organisation der Handwerksberufe (Gilden als staatliche Organe) unterwarfen das städtische Wirtschaftsleben bürokratischer Kontrolle. Der Staat wachte über eine traditionale Ordnung des Wirtschaftens und des Sozialgefüges. Er sorgte für das Funktionieren in althergebrachten Bahnen, und dies schloß eine paternalistische Fürsorge ein; aber er war ebenso desinteressiert an ökonomischen Innovationen wie am sozialen Wandel. Ja er blockierte jede soziale Verwerfung (z. B. Landflucht), deren Dynamik das System hätte stören können (städtisches Arbeitskräftepotential). Dies alles repräsentierte die Herrschaft einer autonomen bürokratischen Klasse, die jede sozioökonomische Veränderung als Bedrohung ihrer Lenkungskapazität begriff.

Die tributgebundene Produktionsweise barg jedoch Widersprüche, die nicht nur periodisch zu Krisen führten, sondern ganze Zyklen der Machtkonzentration und des Zusammenbruches politischer Systeme begründeten. Diese Widersprüche betrafen zum einen Gegensätze innerhalb der Staatsbürokratie, deren Ausbalancieren angesichts überdehnter Kontrollmechanismen dem Herrscher hohe materielle Kapazitäten und personale Kompetenzen abverlangte. Bei diesbezüglichen Mängeln verselbständigten sich Teile der staatlichen Funktionsträger und wurden zu lokalen Potentaten, die in kleinem Rahmen die Rolle des Herrschers imitierten. Der zweite Widerspruch war in der exzessiven Besteuerung, vor allem des Handelskapitals, angelegt. Bei abnehmenden materiellen Ressourcen waren die einzelnen Wirtschaftssubjekte nicht mehr adäquat zu kontrollieren, was Steuerausfälle nach sich zog und die Zentralgewalt schwächte. Der letzte Widerspruch schließlich lag in der Unfähigkeit des Staates, die wirtschaftliche Basis seiner Tribute produktiv zu entwickeln. Es kam weder zu einer systematischen Produktivitätsentfaltung in der Landwirtschaft – eher reagierte der Staat auf Produktionsausfälle durch neue Eroberungen von Agrargebieten; noch waren die orientalischen Mächte bemüht, ihre Einnahmen aus dem Fernhandel militärstrategisch und handelspolitisch abzusichern. Diese Widersprüche führten immer wieder zu neuen Zusammenbrüchen in der politischen Geschichte des Vorderen Orients, neuer Machtentfaltung und einem schier endlosen Zyklus von Regeneration und Verfall, dem ein entwicklungspolitischer Durchbruch versagt blieb[4]. Erst der Zusammenstoß mit der expandierenden kapitalistischen Produktionsweise beendete diesen Prozeß.

Das Osmanische Reich war nach einigen Rückschlägen zu Beginn des 16. Jahrhunderts zu seiner vollen Entfaltung gekommen. Die mit seiner Expansion in den arabischen Raum etablierte Ordnung und Sicherheit lösten eine bemerkenswerte Wirtschaftsblüte aus, die wiederum Bürokratie und Militär finanziell stärkte und das Reich zur Supermacht der damaligen Welt werden ließ. Aber schon einige Jahrzehnte später begann die typische Systemkrise um die Finanzierung des bürokratischen Apparates. Sie wurde im 17. Jahrhundert jedoch durch ein neues Phänomen verschärft: das Eindringen systemfremder Faktoren, die das Funktionsgefüge der tributgebundenen Produktionsweise ganz allmählich von innen heraus zerstörten[5]. In dieser Phase war es nicht der Imperialismus, der die Wirtschaftsstrukturen des Vorderen Orients blockierte. Dazu war er materiell und politisch noch nicht in der Lage. Die europäischen Metropolen wichen demnach auch nach Amerika und Asien aus. Es war vielmehr die Präsenz kapitalistischer Mechanismen, die es einzelnen sozialen Gruppen im Vorderen Orient ermöglichte, der Kontrolle des Staates zu widerstehen und ihn so zu schwächen, daß er seine Lenkungsfunktionen immer weniger erbringen konnte. Damit wurde die traditionale sozioökonomische Organisationsstruktur des Vorderen Orients paralysiert. Erst dann tauchte der Imperialismus als neue Ordnungsmacht im Vorderen Orient auf.

Der Prozeß der internen Aushöhlung war komplex. Im 17. Jahrhundert zerrieben die wirtschaftlichen Folgen einer Bevölkerungsexplosion einerseits und der militärtechnologische Wandel in Europa andererseits die Existenz der osmanischen Kavallerie-Beamten. Damit brach eine zentrale Säule des steuerlichen Abschöpfungsmechanismus zu einer Zeit, da extreme Militärausgaben anstanden. Hinzu kam, daß die Eroberung der Weltmeere durch Holland, Großbritannien und Frankreich die Transitprofite (Gewürze, asiatische Seide etc.) erheblich reduzierte. Die Finanzschwäche des Staates führte zu einem Verlust an Kontrollkapazität, was einerseits zur Stärkung der Provinzbürokratien führte, andererseits die Handlungsfreiheit des Handelskapitals erweiterte. Von staatlicher Überwachung befreit, erkannten die osmanischen Kaufleute ihre Chancen im Rahmen expandierender europäischer Handelsinteressen, die weit höhere Preise boten als auf dem Binnenmarkt zu realisieren waren. Zum einen übernahmen sie die Kommerzialisierung von Teilen der Landwirtschaft (exportorientierte Güter: çiftliks) und lieferten die gewünschten Agrarerzeugnisse (Getreide und Rohstoffe) nach Europa, vielfach als Schmuggelwaren gegen das staatliche Verbot. Zum anderen begannen sie europäische Industriewaren auf dem osmanischen Markt zu verkaufen. Der Export wichtiger Rohstoffe und Nahrungsmittel, die dem einheimischen Handwerk und dem Verbraucher allgemein fehlten, schädigte ganze Handwerkszweige (Rohstoffmangel, höhere Preise), verknappte die Nahrungsmittel und führte zu Preiserhöhungen, die der Staat als Hauptkunde zahlen mußte. Die Einnahmen des Reiches sanken erneut, während die Ausgaben explodierten. Darüber hinaus wurde durch den Europahandel und wegen der Ausbreitung spanischen Silbergeldes (reales) eine galoppierende Inflation importiert. Damit verlor der Staat nicht nur die Kontrolle über wichtige Teile der Warenzirkulation, sondern auch über die Währung.

Um im Rüstungswettkampf auf dem Balkan überhaupt noch mithalten zu können, mußten die Staatseinnahmen drastisch erhöht werden. Eine Steuerreform revidierte die direkte Abschöpfung durch Staatsfunktionäre und führte die Steuerpacht (iltizām-System) ein: für eine mehrjährige Vorauszahlung der erwarteten Einnahmen verpachtete die Zentralgewalt ihre Steuern, Zölle und Abgaben an kapitalkräftige Privatleute. Dies waren Kaufleute, Geldverleiher, Beamte, Offiziere und Rechtsgelehrte in den Provinzen, die von der nachlassenden Kontrollkapazität des Staates wirtschaftlich (Gewinne) oder informell (Prämien, Schmiergelder) profitiert und hohe Beträge angesammelt hatten. Die Abschöpfung dieses Privatkapitals stärkte das Militärpotential des Staates kurzfristig und verpuffte unproduktiv in den Abwehrschlachten auf dem Balkan, während der Unternehmergeist der wirtschaftlich dynamischen Schichten auf das leichte Geld der Steuerpacht gelenkt wurde. Langfristig jedoch hatte sich der Osmanische Staat zur Handlungsunfähigkeit verurteilt. Nachdem die wichtigsten Steuerquellen in die Hände wohlhabender Privatleute übergegangen waren, etablierten sich diese in den Provinzzentren als Notabeln-Eliten, aus deren Mitte lokale Machthaber hervorgingen, die ihre Provinzen eigenständig beherrschten. Die Finanzkrise des Reiches mündete in eine Dezentralisierung, in der städtische Notabeln, selbsternannte Potentaten, meist Offiziere, Oberhäupter großer Clans und Stammesführer das Reich völlig entmachteten (āyān). Der Niedergang der Zentralgewalt zersetzte die Kompetenz und Moral der Staatsbürokratie in Istanbul und spiegelte sich in der Degeneration der Sultansdynastie wider. Der Zerfall des Staates wirkte sich im 18. Jahrhundert auf das gesamte Gesellschaftsgefüge aus. Die bäuerlichen Massen waren der Willkür der Steuerpächter ausgesetzt, die ihr Kapital gewaltsam (eigene Truppen) eintrieben. Über sie begannen auch die europäischen Wirtschaftsinteressen in die einzelnen Provinzen einzudringen. Deren Einbindung in den kapitalistischen Weltmarkt führte jedoch zu neuen Widersprüchen. Einerseits begann die Kommerzialisierung der Landwirtschaft, die auch ein Ende der freien Bauern bedeutete, das Wirtschaftsgefüge des Vorderen Orients zu dynamisieren, andererseits aber blockierte der gesellschaftliche Zerfall (Sicherheitsrisiken, Provinzialismus, Expansion der Nomaden ins Kulturland, Hunger und Epidemien) jede wirtschaftliche und soziale Entwicklung.

Der Vordere Orient, genauer gesagt: wichtige Teile des Osmanischen Reiches, gerieten demnach bereits zu einer Zeit in den Sog des expandierenden kapitalistischen Weltmarktes, als sein politisches System (noch) als Supermacht galt. Dies führte in der gesamten Region zu einer ersten Phase der Weltmarktintegration im 17. Jahrhundert. Deren Dynamik hatte zwei Ursachen:

- zum einen die Passivität und Reaktionsunfähigkeit der tributgebundenen Produktionsweise gegenüber dem sie aggressiv durchsetzenden frühkapitalistischen Weltmarkt;
- zum anderen aber auch die systembedingte Bereitschaft der osmanischen Bürokratie, den Handel mit Europa durch Privilegien zu fördern, die unter kapitalistischen Vorzeichen selbstmörderisch waren und die ihrerseits mithalfen, die Funktionsfähigkeit der tributgebundenen Produktionsweise auszuhöhlen.

Die handelspolitischen Kontakte des osmanischen Orients zu Europa wurden schon Ende des 16. Jahrhunderts ausgebaut und konzentrierten sich auf die Häfen der Levante, Izmir, Alexandria und Saloniki. Sie waren zunächst Teil einer Koalitionspolitik der „Pforte“, mit der sie England und Frankreich gegen ihre Hauptfeinde Österreich und Rußland zu gewinnen suchte. Dafür erhielten diese Staaten vertraglich gesicherte Privilegien („Kapitulationen“):
- ausländische Kaufleute wurden westlicher, nicht islamischer Rechtsprechung unterworfen;
- Ausländer erhielten eine eigene Konsularverwaltung und wurden nicht der osmanischen Beamtenwillkür ausgesetzt;
- ausländische Kaufleute erhielten weitaus günstigere Ein- und Ausfuhrzölle als osmanische Kaufleute;
- ausländische Kaufleute mußten im Gegensatz zu einheimischen keine Binnenzölle zahlen.

Solche Vereinbarungen standen im krassen Gegensatz zum europäischen Merkantilismus, der seine Wirtschaftsentwicklung materiell förderte, nach außen abschirmte und ihr durch politisch-militärische Expansion neue Märkte verschaffte. Der osmanische Staat hingegen blockierte die Exporte seiner Ökonomie, da sie der traditionalen Arbeitsteilung und Warenzirkulation zuwiderliefen, und förderte ausländische Importe, die er als Bereicherung des gesellschaftlichen Warenangebots sah. Die Verträge mit den europäischen Mächten waren zunächst Gnadenakte des Sultans; erst im 18. Jahrhundert wurden sie Bestandteile von Bündnisverträgen, die aufgrund weltpolitischer Konstellationen und interner Schwäche nicht mehr kündbar waren.

Die begünstigte Einfuhr preiswerter Fertigprodukte aus Europa ruinierte in kurzer Zeit ganze Handwerkszweige, so die Seidenindustrie und die Wollverarbeitung (Mohair). Die „Industrie“-Zentren Bursa und Aleppo erlebten einen wirtschaftlichen Niedergang[6]. Ein Blick auf den Außenhandel des Osmanischen Reiches zeigt zudem einen wesentlichen Strukturwandel. Wurden bis weit ins 17. Jahrhundert noch hochwertige Textilien, Lederwaren, kostbare Waffen, Schmuck und Fayencen nach Europa exportiert, so waren es ab dem 18. Jahrhundert nur noch Rohstoffe (Baumwolle, Wolle u. a.), Nahrungs- und Genußmittel[7]. Dennoch kann man bis zum 19. Jahrhundert noch nicht von einer Inkorporierung der orientalischen Ökonomie in das Weltwirtschaftssystem sprechen. Die Konsequenzen der Marktasymmetrie waren nur in einigen Gebieten des Vorderen Orients spürbar, in anderen gar nicht, und sie trafen nur einzelne Wirtschaftssektoren (z. B. Seide und Wolle), ließen aber andere (Baumwollindustrie) unberührt. Am Ende des 18. Jahrhunderts schließlich erholten sich Teile der angeschlagenen Industriezweige sogar wieder, doch hatten sie dies nur den Konkurrenzkämpfen zu verdanken, die sich die führenden Industrienationen in Europa (Napoleonische Kriege) und Übersee (Siebenjähriger Krieg) lieferten.

Aus dem Kampf um die Führung im kapitalistischen Weltwirtschaftssystem ging Großbritannien als Sieger hervor. Als neue Hegemonialmacht übernahm es im 19. Jahrhundert die Durchsetzung des Freihandels im Weltmaßstab und die Sicherung seiner strategischen Rolle. In den 30er Jahren verdichtete sich der Druck des europäischen Imperialismus auf den Vorderen Orient schlagartig. Die Industrielle Revolution in Europa verlangte nach neuen Märkten für ihre Industriewaren (vor allem die Textilindustrie), und eine Umstrukturierung der Kapitalmärkte (modernes Bankwesen) setzte aggressives Spekulationskapital frei, das nach Übersee drängte. Hinzu kamen technologische Innovationen im Transport- und Kommunikationssystem (Dampfschiff, Eisenbahn, Telegraf), die den Vorderen Orient in unmittelbare Nähe Europas rückten. Damit begann die zweite Phase der Weltmarktintegration dieser Region.

### *1.1.2. Die ökonomische Integration*

Die Einbindung des Vorderen Orients in das Weltwirtschaftssystem durch den klassischen Imperialismus des 19. Jahrhunderts erfolgte geographisch und zeitlich sehr unterschiedlich. Zum einen waren für die europäische Expansion vielfältige Gründe maßgeblich, zum anderen erfolgte sie durch Metropolen, die sich entwicklungsmäßig und machtpolitisch sehr stark voneinander unterschieden. Dies prägte die imperialistischen Interessen, die Methoden der Durchdringung und damit auch den Tiefgang der jeweiligen sozioökonomischen Transformation. Der Imperialismus hat demnach die natürliche und historische Heterogenität der Region insgesamt innerhalb weniger Jahrzehnte um ein Vielfaches erhöht. Wir können vier Großräume unterscheiden: das Zentrum der Region mit Anatolien, Syrien (heute Syrien, Libanon, Israel und Jordanien) und Ägypten und die Randgebiete des Maghreb (Nordafrika von Libyen bis Marokko), des Golfs (Arabische Halbinsel, Irak und Persien/Iran) und Mittelasiens (die christlichen und muslimischen Staaten zwischen dem Schwarzen Meer und dem Altaigebirge).

Das relativ dicht besiedelte und stark urbanisierte (20%) Zentrum der Region[8], dessen Bevölkerung sich in diesem Zeitraum verdreifachte (von 12 Millionen auf 38 Millionen), zog vor allem die wirtschaftlichen Interessen der Metropolen auf sich. Die Häfen von Istanbul, Saloniki, Izmir, Beirut, Alexandria, Jaffa und das durch Eisenbahnen erschlossene Hinterland Anatoliens, Syriens und Ägyptens reflektierten diese Dynamik. Hier hatten sich die Handelsinteressen unter französischer Vorherrschaft schon im 18. Jahrhundert auf den Export von Baumwolle und Nahrungsmitteln (Getreide, Reis, Zucker u. a.) sowie den Import leichter europäischer Wollkleidung konzentriert. Nach dem Aufstieg Großbritanniens zur Hegemonialmacht verschoben sich die Interessen Europas am Vorderen Orient. Wir können vier Schwerpunkte unterscheiden: den Export einer diversifizierten Rohstoffpalette, den Markt für europäische Industriewaren, die Anlage- und Spekulationschancen für das Bankenkapital und das strategische Interesse an der Kontrolle von Einflußräumen und internationalen Kommunikationslinien.

– Im Mittelpunkt der wirtschaftlichen Entwicklung des orientalischen Zentrums stand der Anbau landwirtschaftlicher Rohstoffe für den Export in die Metropolen: Baumwolle (Ägypten, Syrien, Anatolien), Seide (Syrien), Getreide (Anatolien, Syrien), Wolle und Südfrüchte (Anatolien, Syrien). Die Hauptrollen spielten dabei Ägypten[9] als Baumwoll- und das Libanongebirge Syriens als Seidenproduzent. Die Textilindustrien Großbritanniens und Frankreichs standen als mächtige Interessengruppen hinter der imperialistischen Durchdringung des Vorderen Orients. Ägypten geriet in den Sog dieser Interessen am nachhaltigsten. Nachdem es schon in den 20er und 30er Jahren seinen Baumwollexport verdoppelt hatte, um auf der Basis dieser Einnahmen eine eigenständige Wirtschaftsentwicklung zu finanzieren (vgl. Abschnitt 2.1.), wurde der Baumwollsektor in den 60er Jahren unter indirektem europäischen Einfluß weiter ausgebaut, und zwar auf Kosten der Nahrungsmittelproduktion. Auf der Grundlage höchster Qualität und bester Anbaubedingungen im Nildelta erfolgte die Integration Ägyptens in das Weltwirtschaftssystem nach der klassischen Norm komparativer Vorteile bei einem agrarischen Rohstoff. Aber erst die direkte britische Kolonialverwaltung seit 1882 intensivierte den Baumwollanbau auf der Basis technologischer Innovationen (Bewässerungssystem) und einer systematischen Durchkapitalisierung des Agrarsektors (Privateigentum an Grund und Boden, Geldwirtschaft, Marktmechanismen, Freisetzung menschlicher Arbeitskraft). Die Modernisierung der ägyptischen Landwirtschaft wurde allerdings mit ökologischen Schäden (Versalzung) und der Blockierung alternativer Wirtschaftsprozesse teuer bezahlt.

Ähnliche Wirkungen hatte die Seidenproduktion in Syrien[10]. Als die französische Seidenindustrie in den 50er Jahren nach einem Ersatz für ihre ausgefallene einheimische Seidenproduktion (Wurmkrankheit) suchte, konzentrierte sich das Interesse auf die syrische Küstenregion und das Libanongebirge. Die komplexe Produktion (Anbau von Maulbeerbäumen, Aufzucht von Seidenraupen, fabrikmäßige Verarbeitung von Kokons, Herstellung des Seidenfadens, Weiterverarbeitung) schloß den Agrarsektor und industrielle Fertigungsprozesse ein. Dies führte zwar auf einer breiteren Grundlage als in Ägypten zu wirtschaftlichen Impulsen, die libanesische Seidenproduktion blieb jedoch als Schöpfung des Weltmarktes ohne eigene Dynamik. Unter der Vorherrschaft französischen Kapitals und einheimischer Handels- und Finanzinteressen, und ohne die Stütze eines starken, an der Produktivkraftentwicklung interessierten Staates blieben Eigenständigkeit, Innovationsfähigkeit und Finanzkraft auf der Strecke. Nach einigen konjunkturbedingten Zusammenbrüchen verlor die Seidenproduktion in der Weltwirtschaftskrise endgültig ihre Konkurrenzfähigkeit.

- Neben der Rohstoffproduktion war der Vordere Orient auch als Markt für europäische Industriewaren interessant. Den größten Einfluß hatte dabei die britische Textilindustrie, deren hochwertige und billige Baumwollprodukte (14% des britischen Baumwollmarktes) im 19. Jahrhundert konkurrenzlos waren. Darüber hinaus profitierte die europäische Textilindustrie generell vom Orienthandel, dann aber auch die Produzenten verschiedener Zwischenprodukte (z. B. Garne) und Produktionsmittel (z. B. Webstühle). Wichtiger war jedoch der Konsumgütermarkt für die höheren Gesellschaftsschichten (Luxusgüter), die fast völlig von europäischen Importen lebten. Die Steigerungsraten der orientalischen Importrechnungen übertrafen die Exportwerte bei weitem und trugen zu immer problematischeren Zahlungsbilanzen bei.
- Im Zeichen der wirtschaftlichen Durchdringung förderten die europäischen Mächte staatliche Reformen zur Modernisierung, um die Rahmenbedingungen für die kapitalistischen Marktmechanismen zu verbessern. Dies betraf rechtliche

und institutionelle Reformen (westliche Rechtssysteme, Abschaffung von Monopolen, Ordnung und Sicherheit), aber auch Infrastrukturen (Eisenbahnen, Kanäle, Straßen, Telegraphenleitungen). Für die Finanzierung[11] dieser Reformen erhielten die orientalischen Staaten Anleihen, auf die sich ein ganzer Sektor des internationalen Finanzkapitals spezialisierte. Durch überschüssiges Spekulationskapital angeheizt (neue Spar- und Aktivierungsformen), engagierten sich europäische Bankhäuser bei abenteuerlichen Kreditvergaben, deren (relative) Sicherheit nur politisch garantiert werden konnte. Staatsanleihen boten europäischen Anlegern nicht nur Gewinne aus dem Zinsgeschäft, sie waren auch oft verknüpft mit Eigentumsrechten an der Infrastruktur (Kanäle, Eisenbahnen), an Frachtraten und an Bodenschätzen, die an den ausgebauten Strecken gefunden wurden. Durch eine gerissene Politik mit Staatsanleihen wurden das Osmanische Reich, Ägypten und Tunesien in die Verschuldung getrieben.
- Strategische Interessen im Zentrum des Vorderen Orients entwickelte vor allem die Hegemonialmacht. Für Großbritannien stand die Sicherung des Suezkanals (ab 1869), der die Kommunikationslinien des Empire von Europa zum Kap und nach Fernost sicherte, im Mittelpunkt. Von daher bezog Ägypten zusätzlich zu seinem Gewicht als Rohstoffproduzent eine herausragende generelle Bedeutung für die imperialistische Politik. Den zweiten Schwerpunkt bildeten die Dardanellen zur Blockierung der russischen Südausdehnung. Damit waren Ägypten und das osmanische Kernland Schlüsselstellungen für die Hegemonialmacht, die über ihre wirtschaftliche Bedeutung hinaus politisch relevant waren.

Unter dem Einfluß der Integration in das Weltwirtschaftssystem wurden die in der traditionalen Produktionsweise schlummernden Ressourcen der Region aktiviert. Rasanten Wandlungsprozessen unterworfen, waren die Ökonomien des Vorderen Orients binnen weniger Jahrzehnte von den Mechanismen des kapitalistischen Weltmarktes beherrscht. Schon in den 50er Jahren wirkten sich die internationalen Konjunkturzyklen im Vorderen Orient aus. Unter ihrem Einfluß kam es zu einer ständigen Kette wirtschaftlicher Aufschwünge und Zusammenbrüche. Ganze Wirtschaftssektoren gingen zugrunde. Aber parellel dazu entstanden neue dynamische Wirtschaftsstrukturen im Rahmen einer abhängigen Entwicklung (3,5% jährliches Wachstum). Während der moderne Europahandel Binnen- und Transithandel aus ihren Führungsrollen verdrängte und eine kommerzielle, exportorientierte Landwirtschaft ständig an Boden gewann, standen Handwerk und industrielle Entwicklung gegen die europäische Konkurrenz auf verlorenem Posten. Das Handwerk wurde in allen Ländern des orientalischen Zentrums aus der Warenproduktion für die wohlhabenden Schichten hinauskatapultiert. Selbst in seinen Hochburgen, wie der Textilbranche, konnte das orientalische Handwerk nur in Nischen und in den unteren Marktkategorien überleben. Dabei hielt vor allem die syrische Textilindustrie ihre Stellung bis in die 20er Jahre des jetzigen Jahrhunderts. Das Bevölkerungswachstum und ein gewisser Wohlstand der Landbevölkerung im Windschatten der kommerzialisierten Landwirtschaft eröffneten der syrischen Textilindustrie Marktchancen, um die sie aktiv mit Mode-Manipulationen und importierten Zwischenprodukten (Garne) und Produktionsmitteln (Webstühle) kämpfte. Aber unter der französischen Kolonialherrschaft ging die Textilindustrie in Syrien ebenso zugrunde wie zuvor schon in Ägypten und Anatolien. So blieb die moderne Verarbeitung einheimischer Rohstoffe im Vorderen Orient nur auf marginale Produkte (Seife,

Zigaretten, Olivenöl), Spezialitäten (Teppiche), Güter mit hohen Transportkosten (Zement) oder billige Nahrungsmittel (Zucker) beschränkt. Ohne staatliche Unterstützung oder sogar gegen den (Kolonial-)Staat hatte die industrielle Entwicklung keine Chancen. Soweit die familiale Handwerkstradition überlebte, war sie organisatorisch, finanziell und technologisch blockiert.

Standen hinter der Einbindung der orientalischen Zentren in das Weltwirtschaftssystem mächtige europäische Wirtschaftsinteressen, so war dies in den Randgebieten nur selten der Fall. Im Maghreb, in der Golfregion und in Mittelasien waren es überwiegend politische und militärische Gründe, die die imperialistische Expansion lenkten. Und erst nach der Okkupation wurden diese Länder nach und nach wirtschaftlich penetriert, soweit es überhaupt sinnvoll erschien. Verglichen mit den Zentren des Vorderen Orients waren die Peripherien wirtschaftlich von geringem Interesse, nur schwer erschließbar oder den begrenzten Kapazitäten einer erst aufholenden Metropole ausgesetzt (Rußland). Obwohl der Maghreb[12] schon im 18. Jahrhundert Getreide, Wolle, Olivenöl und Pottasche nach Europa lieferte, waren die europäischen Interessen überwiegend auf die Rohstoffe und Märkte im Osten des Mittelmeerraumes konzentriert. Dies gilt auch für Frankreich. Geringe Bevölkerungszahl und Urbanisierungsrate hielten die Marktchancen in Grenzen, während die rentablen Agrarzonen dünn gesät waren. Nur Italien war aus Mangel an Alternativen wirtschaftlich an Tripolitanien interessiert. Aber auch hier überwog das Interessse des Spekulationskapitals, das, wie im gesamten Maghreb, mehr am Infrastrukturausbau interessiert war als an der Ausbeutung der Landwirtschaft. Der Hauptimpuls für die Durchdringung des Maghreb kam aber aus der Konkurrenz der Mächte um Kolonialreiche. In diesem Kontext leiteten außen- und innenpolitische Konflikte, Militärlobbies und ideologische Bewegungen eine wirtschaftlich meist uneinsichtige Penetration ein (Algerien 1930). Erst die Ansiedlung europäischer Siedler, die eher der Pazifizierung diente als der demographischen Entlastung im Mutterland, führte zur Ausbeutung der kleinen fruchtbaren Agrarzonen (Getreide, Wein) und war angesichts der intensiven Widerstände in der einheimischen Bevölkerung extrem kostspielig.

Ähnlich begann die Expansion Rußlands[13]. Bis in die 80er Jahre dienten die russischen Vorstöße in den orientalischen Süden der Sicherung von Agrargebieten gegen die Nomaden der Steppen und der Signalisierung von Ansprüchen auf Einflußgebiete im Konkurrenzkampf der imperialistischen Mächte. Dies ging vor allem auf Kosten des Osmanischen Reiches und Persiens (Kaukasus). Wie in Frankreich waren die Eroberungen eher Reflexe innenpolitischer Auseinandersetzungen um die Außenpolitik und einer gezielten Interessenwahrnehmung durch das Militär. Erst der verlorene Krimkrieg (1853–56) löste in Rußland eine Transformationskrise aus, in deren Rahmen Rohstoff- und Marktinteressen für die staatlich gelenkte Industrialisierung artikuliert wurden. Probleme der Überbevölkerung Rußlands kamen hinzu. Damit begann die systematische Eroberung der Khanate südlich des Aralsees (Buchara u. a.). Im Iran stieß die russische Expansion schließlich auf die Interessen Großbritanniens, und damit wurde ihr weiteres Vordringen blockiert. Der russische Imperialismus in Mittelasien war jedoch zu einer wirtschaftlichen Penetration nicht in der Lage. Am ehesten ist noch eine gewisse Kolonisierung Kasachstans zu nennen, auch wenn der Bevölkerungsdruck überwiegend nach Sibirien kanalisiert wurde. Den russischen Siedlerkolonien fielen die besten Ackerbauflächen zu. Rohstoff- und Marktimpulse konnte aber erst viele

Jahrzehnte später die Sowjetunion realisieren. Wie sich dabei die Resultate des Sowjetimperialismus und der kapitalistischen Kolonisierung in der Dritten Welt ähnelten, zeigte in aller Deutlichkeit erst der Zusammenbruch des Sowjetimperiums in den 90er Jahren unseres Jahrhunderts. Fünf ehemalige Sowjetrepubliken, die jetzt dem Vorderen Orient zufielen, waren fast ausschließlich Rohstoffproduzenten, geprägt durch Baumwoll-Monokulturen (Usbekistan, Turkmenistan, Kirgisien, Tadschikistan) und eine erschöpfte Erdölproduktion (Aserbeidschan). Lediglich in zwei Staaten war die reine Rohstoffproduktion in das Stadium der Verarbeitung einheimischer landwirtschaftlicher (Georgien) oder mineralischer (Kasachstan) Rohstoffe getreten, während nur ein einziger trotz hoher Energieabhängigkeit gewisse Industrialisierungsschübe (Maschinenbau, chemische Industrie) erzielen konnte (Armenien). Verzerrungen der Wirtschaftsstrukturen, einseitige Verflechtungen des Warenaustausches und der Infrastruktur mit der russischen Metropole, externe Ausbeutung und hohe ökologische Schäden waren die Folgen eines Raubbaus, mit dem die Sowjetunion noch Jahrzehnte nach der Ära des klassischen Imperialismus einem längst überholten Akkumulationsmodell nacheiferte.

Der Imperialismus in der Golfregion[14] unterschied sich von dem im Maghreb und in Mittelasien beträchtlich. Hier ging es der Hegemonialmacht fast nur um strategische Interessen zum Schutze des Seewegs nach Indien. Erst die Pax Britannica gab lokalen Wirtschaftsaktivitäten Auftrieb (Getreide und Datteln im Irak, Perlen im Golf), die überwiegend in den britischen Indienhandel eingebunden wurden. Nur in Persien löste die Konkurrenz zu Rußland ein größeres wirtschaftliches Engagement aus (Rohstoffe: Baumwolle, Tabak, Opium; Markt für Industriewaren, Konzessionen), doch blieb auch dieses, verglichen mit den orientalischen Zentren, bescheiden. Hatte demnach der klassische Imperialismus Anatolien, Syrien und Ägypten im 19. Jahrhundert ökonomisch in das Weltwirtschaftssystem voll integriert, so blieben die Randgebiete des Vorderen Orients noch lange Zeit ungenutzt. Dies mußte sich auch in der sozialen und politischen Entwicklung widerspiegeln.

### 1.1.3. *Die Transformation der Klassenstruktur*

Die ökonomische Durchdringung des Vorderen Orients veränderte auch seine Gesellschaftsstrukturen. Neue soziale Gruppen entstanden, die Machtverhältnisse zwischen den sozialen Klassen verschoben sich, soziale Unruhen und Klassenkämpfe setzten ein. Die wichtigste Neuerung für die orientalische Gesellschaft war die Herausbildung einer neuen sozialen Oberschicht, die ihre Existenz dem Weltwirtschaftssystem verdankte und die es erstmals in dieser Region unternahm, sich als führender sozialer Sektor (herrschende Klasse) den Staat anzueignen.

Im krisengeschüttelten Osmanischen Reich war die Steuerpacht das einträglichste, wenn auch unproduktive Geschäft der meisten Wohlhabenden gewesen. Auf der Basis dieses Einkommens hatten sich in den Provinzen des Reiches städtische Notabeln und Stammesführer verselbständigt. Das Eindringen ausländischer Kapitalinteressen dynamisierte diese Schichten. Der Anbau von Exportprodukten konzentrierte ihr Interesse auf die Kontrolle von Grund und Boden, letztlich sogar im Kontext eindringender kapitalistischer Normen auf die Eigentumstitel. Im Zuge der wachsenden Infrastruktur (Eisenbahn u. a.) und höherer Sicherheit wuchsen die agrarischen Anbauflächen. Kaufleute, Notabeln und Stammesführer investierten in die Kultivierung und Wiederbevölkerung lange vernachlässigter Landstriche.

Gleichzeitig gelang es ihnen auf Kosten der kleinen Bauern immer größere Teile des Landes unter ihre Kontrolle zu bringen. Als die orientalischen Staaten versuchten, ihre Steuereinnahmen durch die Vergabe individueller Eigentumsrechte zu erweitern, begann der Ausverkauf des Agrarlandes an städtische Kaufleute, Notabeln, Stammesführer und Ausländer. Im Vorderen Orient etablierte sich erstmals in der Geschichte ein kommerzieller Großgrundbesitz, der eine ähnliche Agrarstruktur entstehen ließ, wie sie z. B. in Lateinamerika vorherrschte: ein Nebeneinander riesiger Güter mit den besten Böden und eine Vielzahl winziger Einheiten, deren Lage nur ländliche Armut und Verelendung erzeugen konnte. Diese Entwicklung war jedoch nicht in allen Zentren des Vorderen Orients gleich stark ausgeprägt. Während Ägypten sich seit den 40er Jahren dem europäischen Einfluß voll geöffnet hatte und damit den kommerziellen Großgrundbesitz nach Kräften förderte (sukzessive Einführung von Privateigentum an Grund und Boden, staatlicher Infrastrukturausbau u. a.), versuchte der osmanische Staat überall dort, wo er stark war (Rumelien, Anatolien, Irak), die Ausdehnung und Verselbständigung einer Großgrundbesitzerklasse zu verhindern. In Ägypten[15] forcierte die britische Kolonialverwaltung seit den 80er Jahren den bereits zuvor eingeleiteten Prozeß der Landkonzentration und etablierte eine kapitalistische Großgrundbesitzerschicht als herrschende Klasse (rund 40% des bebauten Ackerlandes um 1900 unter Kontrolle). Auch wenn es in dieser Klasse innovative Agrarunternehmer gab, überließ ihre Mehrheit die Produktion auf den Feldern doch Pächtern und investierte ihre Gewinne nur selten produktiv im eigenen Lande. Den Großgrundbesitzern stand eine wachsende Masse verarmter und entwurzelter Landarbeiter, hungernder Pächter und hoch verschuldeter Kleinbauern gegenüber. Im Gegensatz dazu blockierte der osmanische Staat die Entwicklung von Landmonopolen, wo er konnte. In Anatolien[16] blieb der Großgrundbesitz auf die West- und Südküste beschränkt, das freie Kleinbauerntum erhalten und damit das billige Arbeitskraftpotential für die großen Güter eingeschränkt. In Syrien[17] hingegen, wo das Osmanische Reich administrativ schwach war und die Macht nach wie vor mit den Notabeln teilen mußte, kristallisierte sich der Großgrundbesitz wie in Ägypten heraus. Nur daß der Staat dieser Schicht die Eigentumstitel weiter vorenthielt. Erst in der Mandatszeit nach dem Ersten Weltkrieg etablierte sich der kommerzielle Großgrundbesitz in Syrien auch als Eigentümer von Grund und Boden (75% des landwirtschaftlich genutzten Bodens vor dem Zweiten Weltkrieg). Und auch im Irak[18] löste erst die britische Kolonialmacht nach dem Ersten Weltkrieg die staatliche Blockierung des Großgrundbesitzes auf (63% des kultivierten Landes).

Ein weiteres Resultat der ökonomischen Integration in das Weltwirtschaftssystem war die Herausbildung des Finanz- und Handelskapitals[19]. Die Überlagerung der orientalischen Handelsstrukturen durch die Europäer führte zu einem sozialen Abstieg der mit dem Binnen- und Asienhandel verbundenen Kaufleute und eröffnete denjenigen neue Entfaltungsmöglichkeiten, die den Anschluß an den Europahandel fanden. Diese Kooperation mit den Europäern privilegierte aber besonders die Händler der Minoritäten (Christen, Juden, Armenier, Griechen, Levantiner). Sie waren früher als Nichtmuslime diskriminiert gewesen. Da sie den Europäern jedoch kulturell näher standen, vertrauenswürdiger erschienen und ihrerseits über multikulturelle Kapazitäten verfügten (Sprachen, Auslandskenntnisse, moderne Bildung), etablierten sie sich als Vermittler und Vertreter des europäischen Kapitals an den Schaltstellen der imperialistischen Expansion vor Ort. In ihren Händen lagen

Ankauf der Rohstoffe, Transport, Warenimporte und Großhandel. Darüber hinaus verfügten sie über politische Verbindungen. Geographisch sichtbar wurde der Wandel durch die Verlagerung der Handelsaktivitäten aus den binnenländischen Traditionszentren (z. B. Bursa, Aleppo, Damaskus) in die Mittelmeerhäfen. Sozioökonomisch war davon auch der alte Mittelstand insgesamt (Handwerk, Bazar) betroffen. Der Konkurrenz europäischer Waren und dem neuen Marketing der Handelsgüter waren diese Schichten nicht gewachsen. Nur wo sich die Durchdringung in Grenzen hielt, hatten sie die Kraft, sich zu wehren und ihre soziale Stellung im Modernisierungsprozeß zu behaupten (Iran). Aber insgesamt stiegen große Teile des traditionalen Mittelstandes sozial ab, während eine massive Abwanderung von Arbeitskräften aus diesem Sektor in den modernen Handel einsetzte.

Das neue Finanzkapital des Vorderen Orients etablierte sich zwischen der Handels- und der Agrarsphäre. Seine Haupttätigkeit war die Finanzierung der Rohstoffproduktion: Kredite für Produktionsfaktoren wie Saatgut, Land und die Erhaltung der Arbeitskraft (Ernährung). Diese Schicht war stark ausdifferenziert. Sie umfaßte europäische Kreditanstalten (Hypothekenbanken u. a.), regionale Banken, lokale Geldverleiher und Großhändler, Ladenbesitzer, Wucherer und Hausierer in den Dörfern. Je nachdem, ob der Agrarsektor von Kleinbauern oder vom Großgrundbesitz beherrscht war, variierten auch die Strukturen des Finanzkapitals. Vor allem ihm war die Durchkapitalisierung des Landes zu verdanken, die Unterwerfung auch des letzten Dorfes unter die Mechanismen des Marktes. In dieser Funktion stand das Finanzkapital im Gegensatz zum Staat, wenn dieser der Weltmarktintegration mißtraute. War dies der Fall, dann mußte das Finanzkapital unter besonderem ausländischen Schutz stehen (Kapitulationen). Dementsprechend rekrutierte sich diese Schicht in Anatolien und Syrien überwiegend aus den Minoritäten. In Ägypten dagegen, wo der Staat auf Seiten dieser Entwicklung stand, waren eher einheimische Ägypter in diesen Funktionen tätig. Handels- und Finanzkapital engagierten sich auch in den kleinen Industriesektoren, aber da die Industrialisierung strukutrell blockiert war, investierten sie eher im Großgrundbesitz oder im Infrastrukturausbau, soweit das europäische Kapital ihnen hier Beteiligungen anbot.

Der Kristallisation neuer Oberschichten stand die Verelendung der bäuerlichen Massen und eine hohe Mobilität innerhalb des verunsicherten Mittelschicht-Sektors gegenüber. Hier fanden starke Umwälzungen statt. Während der traditionale Mittelstand sozial abstieg, bildete sich eine neue Mittelschicht heraus. Ihre Existenz verdankte sie vor allem den modernen Funktionen des orientalischen Reformstaates (vgl. 2.1.) und der kolonialen Verwaltung. Die Rekrutierung geeigneten Personals erforderte moderne Bildungsinstitutionen. Die Einführung eines westlich orientierten Schulsystems seit Ende des 19. Jahrhunderts leitete das explosionsartige Wachstum einer Bildungsschicht ein, die in die freien Berufe und den Staatsdienst drängte. Diese Schicht rekrutierte sich überwiegend aus den ökonomisch verunsicherten Sektoren des alten Mittelstandes und der mittleren Bauernschaft und repräsentierte ein modernes Element innerhalb der Mittelschichten. In den folgenden Jahrzehnten sollte es in die strategische Position zwischen der herrschenden Klasse und den vernachlässigten Massen einrücken. Der klassische Imperialismus schuf die modernen Mittelschichten als Träger der Modernisierung und der Verwestlichung und als Stütze der Verwaltung. Aber er etablierte damit unbewußt auch eine zukünftige Konkurrenz für die eigentlichen Partner der weltwirtschaftlichen Verflechtung: die neuen Oberschichten.

Der skizzierte soziale Wandel, so brisant er auch war, vollzog sich ohne große Eruptionen. Dies war auf die Kontrollmacht der orientalischen Staaten zurückzuführen, die in Ägypten und in den osmanischen Kernländern gleichermaßen stark wirkte. Nur wo dies nicht der Fall war, nahmen die sozialen Umwälzungen klassenkämpferischen Charakter an: in Syrien. Der französische Ausbau der Seidenindustrie am Libanongebirge[20] hatte komplexe soziale Auswirkungen. In seinem Gefolge veränderte sich das Sozialgefüge des christlichen Bevölkerungsteils (Maroniten). Zum einen bildete sich eine neue Finanz-, Handels- und Unternehmerschicht heraus, die nicht nur den französischen Interessen zur Hand ging, sondern den lokalen Transithandel ins Landesinnere übernahm und später eine eigenständige Rolle im Welthandel suchte. Zum anderen sprengte die Seidenproduktion die traditionale Agrargesellschaft, indem sie diese einem externen Markt anschloß, Arbeitskräfte für die Fabrikarbeit freisetzte (Frauen und Mädchen), den Klerus in die Wirtschaftsinteressen integrierte und die gesamte christliche Bevölkerung in ihrer Umwelt ökonomisch privilegierte (Einkommen, Bildung u. a.). Der sozioökonomische Wandel der Maroniten führte zur Auflehnung gegen die traditionale Schicht der drusischen Steuerpächter (muqāṭa'ağis), der die christlichen Bauern bis dahin unterstellt waren. Oberflächlich gesehen ein Konfessionskonflikt, repräsentierte diese Auseinandersetzung weit eher eine soziale Revolution. Gestützt auf eine militärische Intervention Frankreichs und eine internationale Ausgrenzung der libanesischen Küste aus dem Osmanischen Reich (1861/64), setzte sich eine moderne Koalition aus Handels- und Finanzkapital sowie Großgrundbesitz durch. Interkonfessionell organisiert, integrierte sie die gestürzte drusische Oberschicht in das neue System und übernahm als erste herrschende Klasse der Region auch die politische Macht (mutasarrif).

Der Imperialismus hatte demnach im Vorderen Orient eine herrschende Klasse hervorgebracht, die aus einer Koalition von Auslandskapital (Handel, Banken, Infrastruktur), Finanz- und Handelskapital und kommerziellem Großgrundbesitz bestand. Am ausgeprägtesten war diese Konstellation in Ägypten und in Syrien zu finden. Überhaupt nicht vertreten war sie in den Peripheriegebieten, die entweder ökonomisch brachlagen (Golf, Mittelasien) oder einem europäischen Siedlerkapitalismus (Maghreb) überlassen blieben. In den Kerngebieten des Osmanischen Reiches[21] stand diese Klasse wiederum einem Reformstaat gegenüber, der die imperialistische Dominierung nicht anerkennen wollte. Seine Blockierung des Agrarkapitalismus engte hier den Spielraum der herrschenden Klasse ein und trieb sie in einen ständigen Konflikt zu ihm. Daraus ergab sich eine Polarisierung: während die herrschende Klasse unter dem Schutzschild des Imperialismus Zuflucht suchte und fast vollständig in den Minoritäten aufging, fand der Staat zurück zur traditionalen orientalischen Staatsautonomie, verlor jedoch gleichzeitig den Bezug zur sozioökonomischen Realität. Diese Sonderentwicklung in den osmanischen Kernländern war dafür verantwortlich, daß die moderne Türkei nach dem Ersten Weltkrieg einen alternativen Entwicklungsweg suchte, während die arabischen Staaten unter Führung der neuen herrschenden Klasse in der imperialistischen Umklammerung der Metropolen blieben.

Mit der Herausbildung einer herrschenden Klasse war der soziale Formierungsprozeß, der seine Impulse aus dem Weltwirtschaftssystem bezog, jedoch keinesfalls beendet. Weltweite Krisen- und Konjunkturzyklen veranlaßten die neuen Oberschichten, nach größeren wirtschaftlichen Spielräumen, Alternativen und anderen

Investitionsmöglichkeiten zu suchen. Dies war zuerst in Ägypten der Fall, aber später auch in Syrien und im Irak. Das Resultat dieses Prozesses war, daß eine winzige Unternehmerschicht entstand, eine Industriebourgeoisie, die sich zuerst im Kontext der neuen Oberschichten eine Nische eroberte, aber dann um volle Entfaltungsmöglichkeiten kämpfte.

In Ägypten[22] hatten Minoritätsangehörige während des Ersten Weltkriegs, als der Europahandel gestört war, Erfolge bei der Gründung kleiner Industrieunternehmen zu verzeichnen (Zucker- und Salzverarbeitung, Zement, Textil- und Bekleidungsindustrie). Aber nach dem Krieg wurde diese Entwicklung durch die erdrückende Überlegenheit der europäischen Waren erneut eingedämmt. Dies führte einen großen Teil der kapitalkräftigen Minoritäten an die Seite der national-ägyptischen Bewegung, die, vom Großgrundbesitz und den Mittelschichten angeführt, staatliche Unabhängigkeit forderten. Die dynamischen Teile dieser Minorität wünschten sich einen Staat, der eine Industrialisierung unterstützen würde; dies aber war von der Kolonialverwaltung nicht zu erwarten. Daher gehörten auch die Minoritäten der antikolonialen Bewegung an, die in den 20er Jahren die formale politische Unabhängigkeit Ägyptens erkämpfte. Aber diese Minoritäten waren nicht die einzigen, die sich industriell engagieren wollten. Unter der Führung eines Bankiers (Tal'at Harb) versuchte eine winzige national-ägyptische Gruppe von Finanzleuten und Großgrundbesitzern, zum Minoritätenkapital aufzuschließen und sich ebenfalls an der Industrialisierung Ägyptens zu beteiligen. Der Industriesektor der Bank Misr (Papierindustrie, Baumwoll-, Seiden- und Flachsverarbeitung, Transportwesen, Versicherungen) war bemüht, seine unabhängige Position neben dem überlegenen Minoritätenkapital auszubauen, warb aber ebenso wie dieses um die Unterstützung des neuen ägyptischen Staates, der jetzt weitgehend in Händen der Großgrundbesitzer war. Die Entwicklungschancen dieser kleinen Industriebourgeoisie kamen mit der Weltwirtschaftskrise der 30er Jahre und dem Zweiten Weltkrieg. In dieser Situation[23] übernahm der ägyptische Staat unter der Leitung eines Bürokratenkabinetts (Sidqi) die systematische Förderung einer einheimischen Industrialisierung (Schutzzölle, Präferenzpolitik, Ausdifferenzierung der Wirtschaftsbeziehungen zu anderen Ländern, Entwicklungsprojekte). Gleichzeitig drängte er die beiden Unternehmergruppen zu einem Zusammenschluß ihres Kapitals. Auf dieser Basis entstand in Ägypten die erste moderne Industriestruktur des arabischen Raums (Textil-, Lebensmittel- und Pharma-Industrie, Transport und Tourismus, Baumaterialien und später auch Metall- und Chemieprodukte und gehobene Konsumgüter), die am Ende des Zweiten Weltkriegs 12% des Bruttosozialprodukts erwirtschaftete. Als das ausländische Kapital nach dem Krieg wieder zurückkehrte, mußte es sich der neuen Situation anpassen. Viele Waren wurden jetzt in Ägypten hergestellt, aber die Metropolen lieferten von nun an Halbfertigprodukte und Produktionsmittel, so daß die wirtschaftliche Abhängigkeit nur auf eine höhere Ebene verschoben wurde. Diese ägyptische Industrialisierung war jedoch von den Minoritäten getragen, in deren Umarmung die Bank Misr-Gruppe aufgegangen war. Für die Entwicklung der ägyptischen Gesellschaft sollte das tiefgreifende Folgen haben: wie im Osmanischen Reich die gesamte herrschende Klasse, so war die ägyptische Industriebourgeoisie am Ende der 40er Jahre ebenfalls sozial ausgegrenzt. Wie war das möglich?

Im Gegensatz zum Osmanischen Reich entwickelte sich in Ägypten aus den Minoritäten heraus eine „einheimische" Industriebourgeoisie. Dies konnte geschehen, weil neben dem Kapital auch die Arbeitskraft vorhanden war (Proletarisierung der Bauern durch die Kolonialmacht). Im Zuge der Industrialisierung entwickelten die Minoritäten antiimperialistische Züge, forderten einen eigenständigen ägyptischen Staat und strebten selber nach Einfluß auf diesen, um eine protektionistische Wirtschaftspolitik durchzusetzen. Nachdem es aber einer breiten nationalen Bewegung gelungen war, die britische Kolonialverwaltung abzuschütteln, blockierte der neue Staat des Großgrundbesitzes die Industrialisierung ebenso wie die Kolonialmacht. Erst eine Regierung der Bürokraten, die in der Krise ernannt wurde und in der Tradition orientalischer Bürokratien weder auf das Ausland Rücksicht nahm noch dem Druck der Massen ausgesetzt war, stützte die ägyptische Industriebourgeoisie. Für sie waren die Unternehmer der Minoritäten ebenso „einheimisches Kapital" wie die Bank Misr. Doch diese Koalition aus Bürokraten und Industriellen wurde bald wieder von einer Regierung des Großgrundbesitzes abgelöst.

Das postkoloniale Ägypten geriet in den 40er Jahren trotz erfolgreicher Industrialisierung in eine umfassende Krise. Verantwortlich dafür waren vor allem die Dominanz der konjunkturanfälligen landwirtschaftlichen Monokultur, das Bevölkerungswachstum und der finanzpolitische Druck Großbritanniens, das in der wirtschaftlichen Notlage des Zweiten Weltkriegs auch das abhängige Ägypten finanziell rigoros schröpfte. Der Druck auf die Lebensverhältnisse breiter sozialer Schichten mobilisierte vor allem die städtischen Massen, die, von radikalen Parteien organisiert, mit zunehmend nationalistischen Parolen das nach außen abhängige Regime bekämpften. In diesem Kontext versuchte die ägyptische Arbeiterschaft mit ihren Gewerkschaften höhere Löhne und bessere Arbeitsbedingungen zu erreichen. Die Absolventen höherer Schulen wiederum (neue Mittelschicht), die der relativ kleine postkoloniale Staatsapparat nicht mehr aufnehmen konnte, drängten in die Verwaltung und das Management der Industrie-, Handels- und Finanzbetriebe, in denen überwiegend Angehörige der Minoritäten beschäftigt waren. Beide soziale Gruppen, Arbeiter und gebildete Mittelschichten, führten ihren Kampf immer nachhaltiger mit nationalistisch-ethnischen Slogans und rückten damit die Industriebourgeoisie an die Seite der verhaßten Kolonialmacht. Diese politische Stigmatisierung, der sich alle politischen Kräfte anschlossen, die einen Massenanhang suchten, führte bei der Industriebourgeoisie zu Verunsicherung, Entfremdung, Investitionsstop und zur Kapitalflucht. Und was noch problematischer war: die Furcht vor den Massen trieb die Industriebourgeoisie in eine Kooperation mit dem anderen Teil der herrschenden Klasse, dem Großgrundbesitz, dessen natürliche Interessen in der vollen Weltmarktintegration lagen. Da dies aber den Bedürfnissen der Industrie nach staatlicher Abschottung vor übermächtiger ausländischer Konkurrenz widersprach, verbündeten sich aus politischen Gründen (soziale Abschließung) zwei wirtschaftspolitische Gegenspieler, die überdies machtpolitisch sehr ungleich waren. Die Dominanz des Agrarsektors erstickte in dieser Interessenfusion die ägyptische Industrialisierung vollends. Die dem Auslandskapital verbundene herrschende Klasse blockierte somit in Ägypten die Entfaltung einer einheimischen Industriebourgeoisie.

Ähnliche Prozesse, wenn auch auf viel niedrigerem Niveau, lassen sich in Syrien und im Irak beobachten. Im Irak[24] führte die wachsende Beteiligung des Staates an den Öleinnahmen nach dem Zweiten Weltkrieg dazu, daß sich zwischen Handels- und Agrarbourgeoisie eine kleine Gruppe von Unternehmern (Textil- und Nahrungsmittelindustrie, Baumaterialien) herausbildete. Diese kam aufgrund guter politischer Beziehungen an staatliche Kredite heran und konnte so kleinere Teile der

Importgüterpalette im Lande herstellen. Da sich der Staat jedoch im Spannungsfeld von Auslandskapital und Großgrundbesitz nur am Rande für die Industrialisierung einsetzte, war die Entwicklung einer Industriebourgeoisie schon im Keime blockiert. Zweckrational verteilten die Unternehmer ihre Investitionen auf Grund und Boden, landwirtschaftliche Technologie, Handelsunternehmungen und Industrieprojekte. Die wirtschaftliche Diskriminierung der nationalen Unternehmer hatte die Konsequenz, daß sie sich in den 50er Jahren auf die Seite der Revolution schlugen. In Syrien[25] wiederum hatte die Kolonialmacht Frankreich jede industrielle Entwicklung erstickt. Konnte sich die traditionale Textilindustrie Syriens im Osmanischen Reich immerhin noch behaupten, so fiel sie in der Mandatszeit vor allem der Umstrukturierung der Landwirtschaft (Privatisierung und Konzentration) und damit der Verelendung der Bauern zum Opfer, die bis dahin ihre Hauptabnehmer waren. Erst im Zweiten Weltkrieg etablierte sich in Syrien wieder eine winzige einheimische Warenproduktion, um gleich nach dem Krieg wieder von amerikanischen Importen verdrängt zu werden. Das Militärregime al-Schischaklis, das die herrschende Klasse aus Handels- und Finanzbourgeoisie und Großgrundbesitz 1949 entmachtete, versuchte die Entwicklungschancen einer nationalen Industriebourgeoisie und eines modernen Agrarkapitalismus im Rahmen abhängiger Entwicklung zu verbessern. Der Staatsinterventionismus dieses Regimes ermöglichte die Herausbildung einer ersten modernen Industriestruktur in Syrien (Baumwollverarbeitung, Zement, Zukkerraffinerie, Seife, Glas und Petroleum). Industrieunternehmer und Agrarkapitalisten (merchant tractorists) repräsentierten eine neue und innovative Fraktion innerhalb der herrschenden Klasse Syriens. Wie in Ägypten verdankten sie ihre Herausbildung einem bürokratischen Regime, das die Macht der herrschenden Klasse kurzfristig unterbrochen hatte. Als das Militärregime 1954 von einer breiten Front sehr widersprüchlicher Kräfte gestürzt wurde, bedeutete dies auch das Ende eines kapitalistischen Modernisierungsversuchs. Erneut setzten sich die Interessen der außenorientierten Handels-, Finanz- und Agrarbourgeoisie durch.

Zusammenfassend läßt sich also festhalten, daß der durch den Imperialismus ausgelöste soziale Wandel im Vorderen Orient durchaus auch Ansätze zur Herausbildung einer einheimischen Industriebourgeoisie verzeichnen konnte. Doch in allen Fällen wurde diese weitergehende Entwicklung der Sozialstruktur durch den Verbund von Großgrundbesitz, Handels- und Finanzbourgeoisie vereitelt. Damit war gleichzeitig die Industrialisierung aus der gesellschaftlichen Dynamik heraus gescheitert. Eine Alternative bot nur noch der Staatsapparat.

### *1.1.4. Die politische Kontrolle der Region*

Die Durchsetzung europäischer Wirtschaftsinteressen und die Kanalisierung der damit verbundenen sozialen und politischen Virulenzen im Vorderen Orient konnte nur auf der Basis politischer Kontrolle gelingen. Für das Zeitalter der imperialistischen Durchdringung waren dafür zwei komplexe Herrschaftsmuster maßgebend: die politische Intervention und die indirekte Herrschaft.

- Die politische Intervention reichte von diplomatischem Druck über manifeste Drohungen, punktuelle Militäreinsätze, die Zerschlagung und Eroberung politischer Strukturen bis hin zur Kolonialherrschaft, die wiederum durch ein Militärregime, einen europäischen Beamtenstab oder einen Siedlerkolonialismus bestimmt werden konnte.

- Die indirekte Herrschaft hatte ebenfalls vielfältige Formen. Sie beinhaltete Methoden der Machtbalance (divide et impera) innerhalb politischer Systeme (Etablierung widersprüchlicher Machtblöcke) und innerhalb geographischer Räume (Nationalstaaten, Siedlerkolonien gegen arabischen Nationalismus), die Schaffung von Klientelbeziehungen zu einzelnen Staaten, Stämmen, sozialen Gruppen und Dynastien oder die Etablierung einer Finanz- und Wirtschaftskontrolle in einem ansonsten unabhängigen politischen System. Zur gleichen Kategorie gehört auch die Klassenherrschaft des Neokolonialismus: innerhalb einer Peripheriegesellschaft werden spezielle soziale Klassen privilegiert, an die Macht gebracht und als politisches Scharnier externer Kontrolle nach innen verwendet.

Der europäische Imperialismus hatte im Vorderen Orient je nach Interessenlage (Art und Gewicht des Interesses, Existenz traditionaler Macht, Entwicklung autochthoner Interessen) das gesamte Spektrum dieser Kontrollmechanismen eingesetzt. Aber generell war ein Trend zur Verschärfung der Kontrolle nicht zu übersehen. Dies trifft auch für die Hegemonialmacht Großbritannien zu, obwohl sich diese noch am häufigsten auf indirekte Herrschaftsformen verließ und eine flexible Anpassung der Kontrollmuster praktizierte, bis hin zur Aufgabe direkter Herrschaft zugunsten indirekter. Die politische Kontrolle des Vorderen Orients variierte auch auf der Zentrum-Peripherie-Achse. In den Gebieten des Zentrums wurden die Kontrollmechanismen bis zum Ersten Weltkrieg systematisch angezogen und später wieder gelockert. Die Chronologie imperialistischer Herrschaft reichte vom politischen Druck über ein Stadium indirekter Herrschaft zur direkten Kolonialverwaltung und schließlich zurück zur indirekten Kontrolle. In der Peripherie blieben die Methoden stabiler. Während die Golfregion überwiegend indirekt beherrscht wurde, gaben im Maghreb und in Mittelasien militärisch-bürokratische Kolonialverwaltungen und Siedlerkolonien den Ton an. Sowohl im Maghreb wie in Mittelasien integrierte der Kolonialismus die Peripherieökonomien in das überlegene Wirtschaftssystem der Mutterländer. Die Ansiedlung europäischer Kolonisten in den wenigen fruchtbaren Agrargebieten verdrängte die einheimische Bevölkerung in existenzbedrohende Randzonen. Da sie sich heftig wehrte, wurde die Kontrolle von europäischen Militärregimen (Algerien, Libyen, Mittelasien) ungewöhnlich brutal durchgesetzt (z. B. Völkermord in Libyen). Ganz anders sah es dagegen in der Golfregion aus. Hier ging es Großbritannien vor allem um die Sicherung der Seewege, der Wirtschaftszentren und strategischer Positionen. Dafür reichte es, die lokalen Machthaber zu gewinnen, ihre interne Stellung zu sichern und mit ihrer Hilfe Handel, Transport und Kommunikation zu schützen. Zu diesem Zweck lieferten die Briten ihnen moderne Waffen und unterstützten sie finanziell (Hilfsgelder). So konnten die meisten Dynastien der Golfregion erstmals ihre politische Stellung gegenüber Stammesclans und großen Handelsfamilien langfristig festigen (Verwaltung, Armee, Klientelismus). War es den Metropolen zunächst gleichgültig, was in den Binnenländern geschah, so halfen später die materiellen Zuwendungen an die Scheichs, Emire und Könige, die Zentralisation und Befriedung auch des Landesinneren durchzusetzen. Der indirekten Herrschaft verdankte auch das letzte arabische Handelsimperium seine Existenz[26]. Mitte des 19. Jahrhunderts konnte der Sultan von Oman mit britischer Duldung den Seehandel zwischen Indien, Ostafrika und der arabischen Halbinsel mit britischen Industriewaren, Sklaven aus Afrika und asiatischen Gewürzen unter seine Kontrolle bringen. Auf der materiellen Grundlage der Transitgewinne und der Durchfahrtzölle für die Straße von Hormuz stabilisierte der Sultan seine Herrschaft auch im Landesinnern und garantierte damit die Sicherheit der Küstengebiete. Als jedoch die Widersprüche zwischen britischen und arabischen Handelsinteressen zu groß geworden waren (Sklavenhandel, indisch-arabische Konkurrenz, Schiffahrtstechnologie), liquidierten die Briten den afrikanischen Pfeiler des arabischen Handelsimperiums (Sansibar) und degradierten den Sultan zu einer lokalen Marionette, die von den britisch-indischen Kaufleuten finanziell schnell abhängig wurde.

In den Zentren des Vorderen Orients mußten die Metropolen tiefgreifende wirtschaftliche Veränderungen im Kontext stark ausdifferenzierter Gesellschaften absichern. Hier war es weder möglich, Wirtschaftszonen mit europäischen Siedlern zu errichten, noch konnte man die gebrochenen traditionalen Strukturen sich selbst überlassen. Die Kontrollen mußten dem Stand der wirtschaftlichen Ausbeutung, der lokalen Konfliktträchtigkeit und der Kooperationsbereitschaft der orientalischen Herrscher angepaßt sein. Bis in die 50er Jahre hinein ging es den europäischen Mächten darum, ihren Kaufleuten und Agenten Handlungs- und Mobilitätsspielräume zu öffnen und die Abschottung der orientalischen Wirtschaftsräume aufzureißen. Dies geschah durch politischen Druck, internationale Verträge, den Oktroi europäischer Rechtsinstitute (Handelsrecht, europäische Gerichtshöfe u. a.) und die Demonstration militärischer Überlegenheit bis hin zur Auflösung orientalischer Armeen (Syrien, Ägypten). Im Mittelpunkt jener historischen Phase stand der anglo-osmanische Vertrag von 1838, der die Abschaffung wirtschaftlicher Monopole im ganzen Reich festlegte, die Zölle bestimmte (Importzoll 5%, Exportzoll 12%, Streichung von Binnenzöllen für europäische Kaufleute) und dem europäischen Handel Freizügigkeit und eigene Gerichtsbarkeit einräumte[27]. Die Durchsetzung dieses Vertrags in den autonomen Provinzen des Reiches übernahm die britische Flotte.

In den 60er Jahren folgte die Aushöhlung staatlicher Handlungsspielräume im Vorderen Orient durch eine systematische Finanzpolitik[28]. Ausländische Banken überhäuften die orientalischen Staaten mit Krediten, die zunächst günstig waren, dann aber bei wachsenden Zahlungsproblemen schwindelerregende Zinsen veranschlagten und die Staaten in den finanziellen Bankrott trieben. Diese Anleihenpolitik spiegelte auf europäischer Seite zum einen das hemmungslose Spekulationskapital wider, dessen Akteure dem orientalischen Staat in Rückzahlungskrisen zusätzliche wirtschaftliche Privilegien abpreßten (z. B. Infrastrukturaufträge auf der Basis neuer Kredite), zum anderen das politische Kontrollinteresse der metropolitanen Staaten. Der orientalischen Seite wurden häufig Naivität, finanzpolitische Unerfahrenheit, Selbstprivilegierung und Korruption als Ursachen der gigantischen Verschuldung zugeschrieben. Doch diese Faktoren spielten eine untergeordnete Rolle. Ausschlaggebend war die Blockierung interner Besteuerungsmöglichkeiten durch das Auslandskapital und die in ihrem Schutze stehenden privilegierten Schichten. Da der Staat aber für die Verteidigung nach außen (primär Osmanisches Reich), den Ausbau einer modernen Verwaltung, die geforderten Infrastrukturen und Reformen und den Schuldendienst dringend Kapital benötigte, blieb ihm keine Wahl als die Annahme ständig neuer Kredite. Die wenigsten Staaten lehnten die angebotenen Finanzmittel ab (Ausnahme Marokko[29]). Und je abhängiger die orientalischen Staaten von den externen Kräften wurden, desto weniger waren sie in der Lage, ihre interne Einkommensbasis auf neue Grundlagen zu stellen. Als der ägyptische Staat

z. B. private Eigentumstitel an Grund und Boden für die Vorauszahlung von Steuern anbot (muqabala), verlor er für einen nur unwesentlichen Einkommensschub die Kontrolle über seine zahlungskräftigste soziale Gruppe und öffnete der ausländischen Einflußnahme zusätzliche Schleusen.

Ägypten und das Osmanische Reich mußten in den 70er Jahren ihre Zahlungsunfähigkeit erklären. In Äypten[30] wurde zunächst eine europäische Kommission zur Kontrolle der Finanzen eingesetzt, dann eine Beteiligung europäischer Repräsentanten im Ministerrang mit eigenen Beamtenstäben an der Regierung erzwungen. Mit dieser Finanzkontrolle verlor Ägypten wesentliche Teile seiner Souveränität. Dementsprechend kam es 1881 zu einer politischen Krise, in der sich die turkotscherkessische Bürokratie zusammen mit einer nationalen Oppositionsbewegung von Offizieren und Notabeln dem europäischen Diktat widersetzte (Urabi-Aufstand). Die militärische Intervention Großbritanniens brach den Widerstand und leitete die direkte britische Kolonialherrschaft (Lord Cromer) ein, die erst 1923 endete.

Ganz ähnlich mündete auch in Tunesien[31] ein Regime europäischer Finanzkontrolle in den direkten Kolonialstatus. Nur im Osmanischen Reich blieb die Finanzkontrolle stabil, obwohl der osmanische Staat sicherheits- und finanzpolitisch völlig abhängig geworden war. Verantwortlich dafür war die politische Relevanz eines Reiches, das zwar über viele seiner Provinzen nur noch nominell verfügte, durch dessen formales Recht die imperialistischen Mächte jedoch weite Teile des Vorderen Orients beeinflussen und formen konnten. Dementsprechend waren alle europäischen Wirtschaftsmächte an der indirekten Herrschaft über das Osmanische Reich beteiligt.

Zur Regelung der Schuldenproblematik war 1881 die Ottoman Public Debt Administration ins Leben gerufen worden[32]. An ihrer Spitze stand ein siebenköpfiger Rat, der die wichtigsten Gläubigerinteressen repräsentierte. De facto wurde er jedoch von einer tripolaren Allianz, bestehend aus Großbritannien, Frankreich und Deutschland, gelenkt. Dem Rat unterstand ein eigener Beamtenstab von über 5000 Beamten, an seiner Spitze 55 Europäer, der sich mit der Verwaltung des Schuldendienstes beschäftigte. In der Tat nahm die europäische Schuldenverwaltung jedoch bedeutend weitreichendere Funktionen wahr. Zur Eintreibung spezieller Steuern und Abgaben, die der osmanische Staat hatte abtreten müssen, kam die systematische Planung und Vermittlung neuer Kredite für ausgewählte Infrastrukturprojekte (Eisenbahnbau u. a.) der öffentlichen Hand hinzu. Die Schuldenverwaltung repräsentierte demnach die ehemaligen Gläubigerinteressen, die beteiligten Staaten, das europäische Bankenkapital generell und die mit ihm kooperierenden Großunternehmen, die an einer weitflächigen wirtschaftlichen Durchdringung des Vorderen Orients interessiert waren. Unter der aktiven Mitwirkung dieser europäischen „Nebenregierung" in Istanbul (penetriertes politisches System) expandierte der europäische Handel in die Binnenzonen des Reiches, erschloß neue Gebiete für die kommerzielle Agrarökonomie (Syrien, Irak) und unterwarf die wichtigsten Bergbaugebiete europäischer Kontrolle. Die osmanische Bürokratie wurde durch dieses Eindringen europäischer Akteure in den politischen Apparat des Reiches langfristig politisiert, in einen internen Reformprozeß getrieben und z. T. auch antiimperialistisch geprägt. Als sich die europäischen Konkurrenzkämpfe um die Vorherrschaft im Ersten Weltkrieg entluden, versuchten Teile der osmanischen Reformkräfte (Jungtürken) durch eine Allianz mit Deutschland verlorene Handlungsspielräume wiederzugewinnen. Erst darauf reagierte die Hegemonialmacht mit der endgültigen Zerschlagung des Osmanischen Reiches. Damit endete vorerst das Kapitel der indirekten Kontrolle in den Zentren des Vorderen Orients. Mit Ägypten (1882), Syrien und dem Irak (Völkerbundsmandate nach dem Ersten Weltkrieg an Großbritannien und Frankreich) unterstanden die wirtschaftlich einträglichsten Gebiete europäischer Kolonialverwaltung. Daß sich dennoch in Anatolien ein selbständiger Staat herausbilden konnte (Türkei), war einerseits seiner neuen wirtschaftlichen Randstellung (blockierte agrarkapitalistische Entwicklung, Abtrennung ökonomischer Potentiale), andererseits den Konkurrenzbeziehungen im internationalen System zu verdanken. Doch während in der Türkei bereits ein neues Kapitel orientalischer Geschichte einsetzen konnte (vgl. 2.2.1.), wurde der Kolonialismus in Syrien und im Irak noch einmal zementiert, in der Levante (Kolonialkrieg 1925–27) sogar gewaltsam.

Der Erste Weltkrieg repräsentierte jedoch für den Vorderen Orient eine epochale Wende. Einerseits bildete er den Höhepunkt kolonialer Inbesitznahme, andererseits stellte er aber die Kontrollkapazitäten der europäischen Mächte erstmals auch auf eine harte Probe. Durch den Weltkrieg waren die neuen sozialen Schichten und Klassen in den Zentren der Region politisiert worden. Von den weltwirtschaftlichen und internationalen Ereignissen mitbetroffen, erkannten sie ihre politische Ohnmacht und forderten Beteiligung an den regionalen Entscheidungen. Vor allem die herrschende Klasse strebte nun auch nach politischer Macht und nationaler Unabhängigkeit. In Syrien und in Ägypten manifestierten sich diese Strömungen in einer bis dahin unbekannten Mobilisierung der Massen. Ihr lag eine Vielfalt von Kräften zugrunde:

- Teile der herrschenden Klassen verlangten nach einem Staat, der ihre wirtschaftlichen Handlungsspielräume erweitern und ihre sozioökonomischen Interessen schützen konnte.
- Die gebildeten Mittelschichten litten unter der Blockade ihrer Aufstiegs- und Entwicklungsmöglichkeiten durch einen extern beherrschten Verwaltungsapparat.
- Intellektuelle Sektoren der Mittel- und Oberschichten entwickelten unter dem Einfluß westlicher Vorbilder (Nationalismus, Selbstbestimmungsrecht der Völker) und unter dem Druck konkurrierender Ideologien (Turanismus, Zionismus, arabischer Nationalismus) nationale Identitäten, die sich popularisieren ließen und zu Mitteln der Massenmobilisierung wurden.
- Städtische Mittel- und Unterschichten und mittlere Bauern litten unmittelbar unter den Kriegsfolgen (Requirierungen, Entlassungen, Einkommensverfall) und ließen sich deshalb in die nationalen Bewegungen integrieren.

Dieser Druck leitete sukzessive eine Revision der regionalen Kontrollmechanismen zugunsten indirekter Herrschaftsformen ein. Auch wenn es lokale Ausnahmen gab (z. B. Syrien), setzte die britische Hegemonialmacht im Vorderen Orient zunehmend auf die Beteiligung kooperativer einheimischer Kräfte und zog sich ganz allmählich aus der direkten kolonialen Kontrolle zurück. In Ägypten und im Irak entstanden die ersten formal unabhängigen Staaten, deren Repräsentanten sich aus der neuen herrschenden Klasse rekrutierten. Doch dieser politische Rückzug erfolgte nur im Kontext weitaus komplexerer, wenn auch indirekter Herrschaftsformen.

Bis dahin hatten die europäischen Mächte nur in der syrischen Küstenregion um Beirut die politische Verselbständigung der herrschenden Klasse zugelassen[33]. Auf konfessioneller Basis organisiert, konnte die einheimische Handels-, Finanz- und Großgrundbesitzer-Bourgeoisie unter Leitung eines christlichen Gouverneurs dort schon in den 60er Jahren die Macht übernehmen (mutasarrif). Aber dies blieb ein Einzelfall, zumal die politische Eigenständigkeit als Sonderform konfessioneller Autonomie im osmanischen Reichsverständnis (millet-System) interpretierbar war[34]. Nach dem Ersten Weltkrieg sah sich Frankreich als Mandatsmacht angesichts einer voll entwickelten und politisch sehr bewußten syrischen Gesellschaft nicht in der Lage, seine wirtschaftlichen Interessen im Einklang mit den Oberschichten durchzusetzen. So wurde nicht nur der innersyrische Nationalstaat unter der Führung von Emir Faisal militärisch unterdrückt. Auch die politisch verselbständigte Küstenregion mußte sich der französischen Kolonialverwaltung beugen. Frankreich verwendete für die koloniale Neugliederung Syriens kommunalistische Kriterien (ethnische und konfessionelle Aufteilung und Repräsentation), die das Wiederstarken traditionaler Loyalitäten förderten, die „bürgerlichen“ Schichten zermürbten und die Integration des Landes bis heute erschwerten[35]. Ähnlich, wenn auch gemäßigter, verhielt sich die britische Verwaltung in Palästina. Hier wurde dem arabischen Nationalismus durch die zionistische Einwanderung ein Machtblock entgegengestellt, der es der Hegemonialmacht über Jahrzehnte erleichtern sollte, mit Hilfe regionaler Machtbalancen den Nahen Osten zu kontrollieren. Die Etablierung einer „europäischen“ Siedlergesellschaft im Zentrum des Vorderen Orients mit ihren überlegenen sozioökonomischen, technischen und wissenschaftlichen Kapazitäten prägte die Konfliktstrukturen der Region am nachhaltigsten. Das traditionale Syrien zerbrach in vier verschiedene staatliche Einheiten (Syrien, Libanon, Jordanien, Israel). Die neuen Grenzen im Nahen Osten teilten ethnische und konfessionelle Gruppen (Kurden u. a.) willkürlich auf, zerschnitten traditionale Wirtschaftsräume und Handelslinien und belasteten die Verwaltung der künstlichen Einheiten mit extremen Integrationsproblemen. Die „Balkanisierung“ des Vorderen Orients schuf Staaten mit starken sozioökonomischen Gegensätzen, deren Konflikte „Schlichtungen“ und Einflußnahmen von außen geradezu herausforderten. Diese imperialistische Reorganisation der arabischen Teile des Osmanischen Reiches hatte widersprüchliche und kuriose Folgen. Zum einen blockierte sie alle Einigungsbewegungen[36], vertiefte die regionale Spaltung und erleichterte den Metropolen die Kontrolle. Der Vordere Orient wurde in ein kompliziertes Netz ungleichgewichtiger bilateraler Beziehungen eingepannt, das sowohl regionale wie innergesellschaftliche Konkurrenzen schuf und übergeordneten, weltwirtschaftlichen Interessen unterwarf. Zum anderen aber wurden die Großmächte auch Opfer ihrer Strategie. Sowohl staatliche wie gesellschaftliche Akteure des Vorderen Orients machten aus der Not eine Tugend, indem sie ihrerseits die externen Mächte zu ihren Patronen erkoren, sie in lokale und regionale Konflikte involvierten, ihnen materielle Ressourcen abtrotzten, ihre internationalen Eitelkeiten nutzten und sie gegeneinander ausspielten. Trotz seiner abhängigen Position entwickelte der Vordere Orient auf der Basis globaler wirtschaftlicher und strategischer Interessen schon seit dem 19. Jahrhundert Handlungskapazitäten, die die Weltmächte immer wieder tiefer in die orientalischen Konflikte verstrickten als es ihnen lieb war[37]. Insofern hatten die imperialistischen Herrschaftsmechanismen mehrdeutige Konsequenzen: nicht nur die Unterwerfung des Vorderen Orients unter die Verwertungsinteressen des kapitalistischen Weltmarktes, sondern gleichzeitig auch die politische Alimentierung der regionalen Eliten, die es lernten, ihr Einkommen im internationalen System einzuwerben (vgl. 2.1. und 3.1.).

In dieses regionale Strukturmuster wurden von den Großmächten Kolonialregime (Syrien, Palästina), traditionale Dynastien (Transjordanien, Saudi-Arabien) und formal unabhhängige neokoloniale Staaten (Ägypten, Irak) plaziert. Doch darüber hinaus etablierten die Mächte auch in den einzelnen staatlichen Einheiten Machtblöcke, die sie gegeneinander ausspielen konnten. Darin waren vor allem die Briten Meister. Im Irak[38] verhalf Großbritannien als Mandatsmacht zunächst einmal dem privaten Großgrundbesitz zur vollen wirtschaftlichen Entfaltung. Ihm wurden auch weitgehende administrative und juristische Vollmachten auf lokaler Ebene übertragen. Dies hatte die osmanische Administration bis dahin stets zu verhindern gewußt. Aber so als herrschende Klasse etabliert, wurde den Großagrariern ein Staatsapparat gegenübergestellt, der von außen kam: eine Dynastie aus dem Hedschas (der aus Damaskus vertriebene Emir Faisal) und eine osmanisch-arabische Gruppe von Beamten und Offizieren. Um sich gegen die herrschende Klasse (und ihre Klienten) behaupten zu können, war diese Administration auf die politische und finanzielle Hilfe Großbritanniens und der Erdölkonzerne angewiesen. Einnahmen aus dem Erdölgeschäft versetzten Herrscherhaus und Bürokratie in die Lage, auf die Besteuerung des Großgrundbesitzes und der Handelsbourgeoisie weitgehend zu verzichten. Relativ unabhängig von einander, konnten sich herrschende Klasse und eingewanderte Administration politisch arrangieren. Großbritannien nutzte die Machtbalance zwischen beiden, dem Regime eine Kontrolle aller wesentlichen Politikfelder (Außenpolitik, Sicherheit, Verteidigung, Wirtschaft) aufzuzwingen. Das Arrangement von Staat, herrschender Klasse und imperialistischer Kontrollmacht funktionierte bald so gut, daß Großbritannien den Irak 1932 in die formale Unabhängigkeit entlassen konnte. Trotz Reibungen an der politischen Oberfläche (Kontakt des irakischen Regimes mit den Achsenmächten) änderte sich an den Grundstrukturen des neokolonialen Regimes bis zur Revolution von 1958 (vgl. 2.2.2.3.) nichts Wesentliches.

In Ägypten[39] war die nationale Frage während des Ersten Weltkrieges so populär geworden, daß in den Städten eine Massenbewegung entstehen konnte. Diese Bewegung wurde politisch-organisatorisch von den gebildeten Mittelschichten getragen (al-Wafd al-Misri), während sich die herrschende Klasse diesem Aufbruch eher anschloß. Ihre Unterdrückung schien Großbritannien nach einer ersten, nicht sehr effektiven militärischen Intervention zu kostspielig zu werden. Es war nicht abgeneigt, Ägypten die Unabhängigkeit zu gewähren, wenn die Stabilität des Baumwollkomplexes, die strategische Position am Suezkanal und der Schutz des kosmopolitischen Sektors (Minoritäten) garantiert würde. Aber die Briten mißtrauten den politischen Führern der Wafd (Zaghlul, später Nahhas) wegen ihrer antiimperialistischen Interessen (nationale Industrie, nationale Bürokratie) und ihrer städtischen Massenbasis. Deshalb wurde die neue politische Elite Ägyptens umgangen. Großbritannien führte die entscheidenden Verhandlungen, die zur Unabhängigkeit führten, mit Repräsentanten der Agrarbourgeoisie (Liberale Partei) und etablierte mit deren Hilfe ein neokoloniales System, das für seine formale Unabhängigkeit (1923) zahlreiche Souveränitätsrechte abtreten mußte (unbefristete Stationierung britischer Schutztruppen, britische Beamte und Offiziere in Schlüsselstellungen des Staatsapparates, Aufrechterhaltung der Privilegien für Ausländer und Minoritäten sowie Kolonialpräsenz im ehemals ägyptischen Sudan). Dieses ancien régime (1923–1952) besaß die Fassade eines parlamentarischen Systems mit einem konstitutionellen Monarchen, die eigentliche Herrschaft lag jedoch im Zusammenspiel dreier Machtblöcke: Palast (König), britischer Botschafter und Wafd (Parlamentsmehrheit). Ging es den Briten um eine möglichst kostengünstige Aufrechterhaltung der kolonialen Verhältnisse, so strebten Palast und Wafd nach voller nationaler Unabhängigkeit. Darunter verstand der König allerdings autoritär-bürokratische Strukturen, während die Wafd parlamentarisch-populistische Herrschaftsmuster vorzog. In dieser Konstellation diente die Wafd der Legitimation des politischen Systems (Parlamentarismus, Hoffnung auf Revision des anglo-ägyptischen Vertrags) und der Palast der Aufrechterhaltung von Spielräumen für die privilegierten Schichten und Gruppen. Die tripolare Herrschaftsstruktur Ägyptens repräsentierte ein raffiniertes politisches Geflecht der (indirekten) Stabilisierung imperialistischer Interessen im Kontext nationalistischer Eruptionen. Die Konstante dieser Struktur war die politische Neutralisierung der Wafd und damit der Massenkräfte. Zunächst wurden die Regierungen der Wafd (Koalition aus mittleren Grundbesitzern und gebildeten Mittelschichten) und ihre Entwicklungsziele in unzähligen erfolglosen Verhandlungen mit Großbritannien zerrieben. Als sie schließlich 1936 nur einen Teilerfolg erzielte (Nationalisierung des ägyptischen Staatsapparates bei weiterer militärischer Interventionsmöglichkeit der Briten), verlor die Partei ihre Popularität. Dies gab dem König die Möglichkeit, Regierungen der Bürokratie und der herrschenden Klasse zu berufen. Als sich jedoch auch der Palast zu verselbständigen drohte (bürokratische Tradition, nationale Industrialisierung, Kontakte mit den Achsenmächten Italien und Deutschland), sorgte die militärische Intervention Großbritanniens für einen erneuten Machtwechsel zugunsten der Wafd (1942). Diese Einbindung der national-populistischen Partei in die Stabilisierungspolitik der Briten blieb nicht ohne Auswirkungen auf ihre Mitgliederstruktur und ihren Wähleranhang. Abspaltungen verschiedener sozialer Gruppen und eine tiefgreifende Entfremdung zwischen Parteiführung und Massen distanzierten die Wafd von den dynamischen Kräften der ägyptischen Gesellschaft. Der nationale Widerstand konzentrierte sich jetzt immer eindeutiger in den radikalen Bewegungen außerhalb der tripolaren Herrschaftsstruktur (vgl. 2.2.2.1.). Oberflächlich betrachtet repräsentierte die Einbindung der Wafd in das ägyptische Machtkartell den Höhepunkt indirekter Herrschaft in Ägypten. De facto war dies jedoch der Anfang ihres Endes, da der Partei die Massenloyalität verloren ging. Ende der 40er Jahre stützte sich Großbritannien nur noch auf politische Kräfte, deren Eigendynamik zerschlissen war.

Dieser Verfall indirekter Kontrollkapazität spiegelt aber nur den Niedergang der britischen Hegemonialmacht im Vorderen Orient wider. Hatte Großbritannien nach dem Ersten Weltkrieg taktisch geschickt in den Zentren der Region die Entkolonialisierung eingeleitet, so fand es wirtschaftlich und politisch geschwächt in der Endphase seiner Vormachtstellung wieder zur Repression zurück (militärisch-politische Eindämmung des Nationalismus in Ägypten und im Irak, repressive Aufrechterhaltung der Mandatsherrschaft in Palästina). Die vorerst letzte Aktion dieser Epoche, die Suezintervention Großbritanniens und Frankreichs gegen das revolutionäre Ägypten 1956, endete nur noch als Posse[40]. Doch zu dieser Zeit waren für den Vorderen Orient bereits völlig andere weltwirtschaftliche und internationale Rahmenbedingungen maßgebend.

Und dennoch gab es eine Randzone im Vorderen Orient, in der jene klassischen Formen indirekter Kolonialherrschaft bis in unsere Tage hinein bestehen blieben.[41] Erst der Zusammenbruch der Sowjetunion zeigte, wie Moskau seine orientalischen Republiken durch willkürliche Grenzziehungen, Staatenbildungen, Deporationen ganzer ethnischer Gruppen sowie die Privilegierung spezieller Titularnationen und autonomer Gebiete strukturell reorganisiert und beherrscht hatte. Aber auch nach der Unabhängigkeit blieb die politische Macht weitgehend in Händen jener bevorzugten Ethnien und Eliten, mit deren Hilfe die Sowjetmacht autochthone orientalische Klientelstrukturen und Einflußmechanismen in das Lenkungsgefüge der Partei (KPdSU) und des Staates integrieren konnte. Diese „Kompradoren"-Bürokraten stehen heute, allerdings ohne sozialistische Rückendeckung, sowohl gigantischen Anpassungsproblemen (Integration in die kapitalistische Weltwirtschaft, Bekämpfung wirtschaftlicher und ökologischer Deformationen, Reorientierung in der internationalen Umwelt) als auch neu aufbrechenden Konflikten gegenüber (Territorial- und Grenzfragen, materielle Ungleichheiten, ideologische Gegensätze), die sie kaum meistern dürften. Insofern hat die Entkolonialisierung mit ihren zahllosen sozialen und politischen Eruptionen und internationalen Eingriffen an der nördlichen Peripherie des Vorderen Orients gerade erst begonnen. Wir wollen jedoch in jene Zentren der Region zurückkehren, in denen sich dieser Wandel bereits im Zweiten Weltkrieg eingestellt hatte.

## 1.2. Die Integration des Vorderen Orients in den Weltenergiemarkt

Die Einbindung des Vorderen Orients in das Weltwirtschaftssystem im 19. Jahrhundert war das Resultat einer wirtschaftlichen Dynamik, die alle Teile der Welt erfaßte – allerdings in verschiedenen Zeitperioden. Die Zementierung dieser Integration durch das Weltenergiesystem im 20. Jahrhundert löste dagegen im Vorderen Orient eine Sonderentwicklung aus. Die strategische Bedeutung seiner Erdöllager privilegierte den Vorderen Orient in der internationalen Politik und initiierte ungewöhnliche regionale Wachstumsprozesse, ließ ihn aber gleichzeitig auch zum Opfer seiner Vorteile werden. Die moderne Geschichte dieser Region ist ohne den Weltenergiemarkt nicht zu verstehen.

### *1.2.1. Der Weltenergiemarkt und das Erdöl im Vorderen Orient*

Ein weltweiter Energiemarkt[42] bildete sich aus dem Zusammenschluß nationaler und regionaler Märkte erst gegen Ende des letzten Jahrhunderts heraus. Am Anfang wurde er von der Kohle beherrscht, doch bald setzte sich das Erdöl als Hauptenergieträger durch (USA in der Zwischenkriegszeit, Europa und Japan nach dem Zweiten Weltkrieg). Die rasante Entwicklung des Weltenergiemarktes ging zunächst auf die Industrialisierung, das Technologie- und Infrastrukturwachstum (USA), die Mechanisierung und Rationalisierung (Europa) und die militärischen Konkurrenzkämpfe zwischen den Metropolen (Weltkriege) zurück. Sie wurde aber gleichzeitig auch durch die beteiligten Staaten forciert, die den großen Wirtschaftsunternehmen eine Expansion nach Übersee erleichterten. Dies war nicht verwunderlich, denn Energiepolitik war in der industrialisierten Welt zu einer Variante globaler Sicherheitspolitik geworden. Die Ursachen dieser Entwicklung lagen in der stragegischen Bedeutung der Energieproduktion:

- als Voraussetzung für die Produktivitätsentfaltung in allen industriellen Produktionssektoren[43] und
- als Determinante des Preisgefüges aller Industriewaren (ähnlich wie Nahrungsmittel in der vorindustriellen Welt)[44].

Diese übergeordnete Stellung des Energiesektors im Weltwirtschaftssystem führte dazu, daß das „Kapital" hier schon sehr früh neue Maßstäbe setzte. Im Energiebereich fand die erste gigantische Kapitalkonzentration der Weltgeschichte statt (Standard Oil Trust). Ölkonzerne[45] wurden die Pioniere weltweiter Operationen, die seit Ende des 19. Jahrhunderts mit Kapital, Hochtechnologie und politischer Aggressivität eine neue Ära kapitalistischer Durchdringung einleiteten. Dementsprechend waren auch ihre Interessen mit den politischen Funktionen der Metropolen verknüpft. Da sie den strategischen Sektor des Weltwirtschaftssystems repräsentierten, mußten die Ölkonzerne auch in die Ordnungspolitik der Hegemonialmächte einbezogen sein. Großbritannien gelang es am Ende seiner Vorherrschaft allerdings nicht mehr, den Weltenergiemarkt unter Kontrolle zu bringen. Erst die USA verwendeten ihn zur Steuerung weltweiter Wirtschaftsprozesse und zur Wahrnehmung politischer Kontrollfunktionen. Sie demonstrierten den Zusammenhang von Energie-, Sicherheits- und Hegemonialpolitik am komplexesten. Und dieses Interessengeflecht bestimmte die Geschichte des Vorderen Orients im 20. Jahrhundert.

In der Ära zwischen den Weltkriegen verlagerten sich die Interessen der Erdölindustrie aufgrund neuer Funde immer stärker aus der westlichen Hemisphäre (USA, Mexiko, Venezuela) in den Vorderen Orient. Dies war auf die hohe Qualität des orientalischen Erdöls, die kostengünstige Produktion, die großen Reserven und die Nähe zu den europäischen Märkten zurückzuführen. Im Zuge dieser Schwerpunktverlagerung stieg auch das politische Interesse der USA an dieser Region. Sie verdrängten ganz allmählich Großbritannien aus seiner regionalen Vormachtstellung[46]. Gleichzeitig konzentrierten sich die Metropolen innerhalb des Vorderen Orients nun auf die Golfregion (partiell auch auf den Maghreb), während sie sich aus den historischen (Agrar-)Zentren ihres Engagements zurückzogen. Der neue wirtschaftliche Mittelpunkt der Region lag am Golf.

Als Großbritannien im Ersten Weltkrieg die energiepolitische Verwundbarkeit seines Militärapparates erkannte (Abhängigkeit von Erdölimporten aus Amerika), richtete sich sein Streben auf eigene Erdölquellen innerhalb des Empire. Damit erhielten die britischen Einflußgebiete am Golf für das Foreign Office höchste Priorität. In Persien nutzte Großbritannien das Ausscheiden Rußlands aus dem Konkurrenzkampf, seinen Einflußbereich über das ganze Land auszuweiten und die Erdölkonzessionen britischer Staatsangehöriger an den britischen Staat zu binden (Mehrheitsaktionär der Anglo-Persian Oil Company, später British Pretroleum). Bei der Zerstückelung des Osmanischen Reiches überließ Großbritannien das agrarische Syrien Frankreich und übernahm selber die strategischen (Palästina) und energiewirtschaftlichen Provinzen (Irak). Noch unmittelbar vor Kriegsausbruch hatte sich in Istanbul ein britisch-deutsches Konsortium die Schürfrechte für die Provinz Mossul gesichert. Der Weltkrieg schaltete die deutschen Interessen aus und Großbritannien gedachte, das Erbe alleine anzutreten. Systematisch wurde die politische Kontrolle über das neue Mandatsgebiet ausgebaut. Doch jetzt versuchten die amerikanischen Ölkonzerne mit Unterstützung Washingtons, Großbritannien das Monopol streitig zu machen. Erst nach langen erbitterten Auseinandersetzungen, in denen es erstmals unter amerikanischen Vorzeichen um das Prinzip der „offenen Tür" für alle Wirtschaftsinteressen ging, einigten sich Großbritannien und die USA auf eine gemeinsame Ausbeutung der irakischen Erdölquellen. Mit der Iraq Petroleum Compay (IPC) entstand 1929 das erste multinationale Produktionskonsortium im Vorderen Orient: eine landesweite Monopolgesellschaft im Besitz der europäischen Ölkonzerne British Petroleum, Dutch Shell und Compagnie Française des Pétroles (rd. 82%) und zweier amerikanischer Firmen (Exxon und Mobil). Dieser Unternehmensverbund einigte sich zusätzlich auf eine regionale Aktionsgemeinschaft in der Energiepolitik (red-line-agreement) und wehrte in den folgenden Jahren unter britischer Führung das Eindringen weiterer Ölfirmen in die Golfregion ab. Dies betraf vor allem die Interessen der Achsenmächte Deutschland und Italien, die im Rüstungswettlauf von den Erdölquellen des Vorderen Orients abgeschnitten wurden. Deutschland mußte sich deshalb der Entwicklung synthetischer Treibstoffe zuwenden[47].

Die Energie-Autarkie Großbritanniens und die Eindämmung der deutschen Erdölpolitik entspannten das britisch-amerikanische Verhältnis am Vorabend des Zweiten Weltkriegs. Im Windschatten zunehmender Verständigung engagierten sich nun auch andere Ölfirmen der USA im Vorderen Orient. Am folgenschwersten waren die Ölfunde von Standard Oil of California (Socal) und Texaco (zusammen Caltex) 1938 in Saudi-Arabien[48]. Die Erschließung der Ölfelder überstieg allerdings die Finanzkraft beider Firmen. Hinzu kam, daß Großbritannien und die europäischen Ölkonzerne die amerikanische Expansion zu blockieren versuchten. So war es den im Irak engagierten US-Konzernen vertraglich nicht möglich, in Saudi-Arabien auszuhelfen, während Großbritannien auf diplomatischem Wege versuchte, die amerikanischen Firmen beim saudischen Königshaus auszumanövrieren. Der amerikanische Staat aber war vor dem Kriegseintritt zu keiner politischen Stutzung amerikanischer Wirtschaftsinteressen im Vorderen Orient bereit. Dies änderte sich erst während des Krieges. Maßgeblich für die staatliche Hilfestellung waren energiepolitische, militärstrategische und ordnungspolitische Interessen[49]. Gegen Ende des Krieges begannen sich die Hegemonialinteressen der USA herauszukristallisieren. Noch die Roosevelt-Administration formulierte erstmals das Ziel einer weltweiten Regelung der Energiepolitik. Angestrebt wurde eine internationale (staatliche) Organisation, doch die amerikanischen Konzerne widersetzten sich dem und blockierten das Vorhaben im Kongreß durch eine breite konservative Interessenallianz. Dementsprechend suchte der Staat unter Präsident Truman eine kooperative Lösung in der Energiepolitik unter Einschluß der Konzerne. Als erstes erzwang Washington gegen Großbritannien die Auflösung der „irakischen" Aktionsgemeinschaft (red-line-Abkommen) und gab den Weg frei für eine rein amerikanische Fusion des Erdölkapitals in Saudi-Arabien. 1947 wurde von Socal, Texaco, Exxon und Mobil das Aramco-Konsortium gegründet. Diese Ausschaltung Großbritanniens bedeutete die Wende in der regionalen Vormachtstellung. Zwischen 1947 und 1953 (Iran-Konsortium) setzten die USA als neue Hegemonialmacht ihre ordnungspolitischen Vorstellungen im Vorderen Orient durch. Im Rahmen ihrer globalen Sicherheitspolitik unterwarfen sie die westlichen kapitalistischen Interessen in der Region energiepolitischen Prioritäten und überließen sie der Kontrolle von vier

Konsortien (Iraq Petroleum Company, Aramco, Kuwait Oil Company, Iran-Konsortium), in denen die US-Konzerne den Ton angaben. Die Anpassung der Erdölpolitik im Vorderen Orient an die weltweit geltenden amerikanischen Normen (Vertragsrecht und Geschäftsphilosophie, Konzessionen, Steuern und Vergütung, finanzielle Stützung konservativer Staaten u. a.)[50] war von Großbritannien finanziell nicht zu verkraften und leitete seinen endgültigen Abschied als Führungsmacht der Region ein.

### *1.2.2. Die Regelung des Weltenergiemarktes und die internationale Politik*

Mit dem Aufstieg der USA in die Hegemonialposition des internationalen kapitalistischen Systems entstand eine neue Weltordnung, in der die Werte, Normen, Interessen und Strukturen der neuen Führungsmacht zum Ausdruck kamen. Die wichtigsten zwischengesellschaftlichen Beziehungen (Handel, Transport, Zölle, Währungsrelationen) wurden durch Mechanismen geregelt, die den amerikanischen Interessen entgegenkamen, wie die Bevorzugung von Verteilungsprozessen auf der Basis des Marktes (nicht staatlicher Absprachen) oder des Privateigentums (Gegensatz: öffentliches Eigentum)[51]. Diese liberalen Ordnungsprinzipien bevorzugten selbstverständlich die starken Ökonomien generell und blockierten die Entwicklungsinteressen der schwachen, die auf staatliche Hilfestellungen angewiesen waren. Auch die Regelung des Weltenergiemarktes stand unter dem Vorzeichen amerikanischer Hegemonie. Doch in diesem strategischen Politikfeld, das sowohl ökonomische wie militärische Sicherheitsprobleme berührte, wollte der amerikanische Staat das Geschehen nicht allein den Marktkräften überlassen. Eine rein staatliche Regelung scheiterte zwar, aber der Kompromiß mit den Ölkonzernen führte zu einer transnationalen Regelung, die staatliche und privatwirtschaftliche Interessen gleichermaßen befriedigte. Doch dieser politische Eingriff in den Weltenergiemarkt hatte bereits Vorläufer.

Bis in die 20er Jahre hinein hatten sich die Ölfirmen ununterbrochen bekämpft[52]. Nur Unternehmen, die auf der Basis unabhängiger Kapitalien, weltweiter Produktionsstätten und komplexer Infrastrukturen (Transportmittel, Märkte) operierten, hatten eine Chance, sich durchzusetzen. Sieben Konzerne, die majors, hatten die „Ausscheidungskämpfe“ überstanden und repräsentierten nun den internationalen Erdölsektor: fünf amerikanische (Exxon, Mobil, Socal, Texaco und Gulf) und zwei europäische (Shell und BP). Der Erdölsektor hatte kaum Verbindungen zu anderen Wirtschaftsbranchen, und obwohl er staatliche Hilfestellungen immer wieder mobilisierte, agierte er nicht selten im Widerspruch zur nationalen Politik, ja sogar zur gesellschaftlichen Moral der Mutterländer (Kooperation amerikanischer Ölkonzerne mit dem Dritten Reich). In der Phase der Überproduktion und des Preisverfalls fanden die majors jedoch zu einer ersten Absprache zusammen (As-Is-Abkommen), die einer gegenseitigen Anerkennung unter Ausschluß anderer Firmen gleichkam (Festschreibung der Produktionsrelationen), eine Produktionsregelung, Preisabsprache (Gulf-Plus-System) und einen Transportkosten-Ausgleich beinhaltete sowie gewisse Kontrollmaßnahmen vorsah (1928, 1934). Trotz zahlreicher Lücken war dieses Abkommen (Kartell) zumindest in Europa bis zum Weltkrieg wirksam. Danach ging die Initiative für die Regelung des Energiemarktes auf die USA über. Ihnen war es zu verdanken, daß das zentrale Erdöl-Produktionsgebiet der Welt unter einer Reihe von Konsortien aufgeteilt wurde, die nicht nur energiewirtschaftliche, sondern ebenso sicherheits- und ordnungspolitische Funktionen übernahmen. Dafür, daß die Hegemonialmacht auf die staatliche Regelung des Energiemarktes verzichtete, steuerliche Privilegien gewährte und die Konzerne gleichberechtigt beteiligte, mußten diese (z. T. widerwillig) in die Wahrnehmung regionalpolitischer Aufgaben im Rahmen der amerikanischen Außenpolitik einwilligen. Die ökonomische Kontrolle der zentralen Erdöl-Produktionsstätten wurde zum politischen Mechanismus regionaler Herrschaft.

Die Ölkonzerne schufen ein „transnationales Regime" (ein nach gemeinsamen Prinzipien und Normen strukturiertes Politikfeld), dessen Mechanismen eine Regelung von Produktion, Preis und Investitionen beinhalteten[53] (Schaubild 1). Über die gemeinsamen Produktionsmonopole (Konsortien) im Irak, in Saudi-Arabien, Kuwait und Iran kontrollierten sie die zentralen Erdöllager. Gleichzeitig verhinderten sie durch spezielle Absprachen und Firmenstrukturen Überschußproduktion. Dies geschah dadurch, daß die sieben majors (und die Compagnie Française des Pétroles als Juniorpartner) je nach Besitzquoten Anteile der laufenden Ölproduktion zum Selbstkostenpreis bezogen, darüber hinaus bei Marktfluktuationen aber auch zusätzliches Öl erhalten konnten, dann jedoch zu einem höheren Preis. Diese Garantie auf zusätzliches Öl war deshalb so wichtig, weil sie den Zwang zu individuellen Vorkehrungen für Notfälle aufhob, in denen plötzlicher Mehrbedarf an Öl auftreten konnte. Diese Eventualität verursachte in der Regel Überkapazitäten, die von Zeit zu Zeit abgebaut werden mußten und zu aggressiven Verdrängungskämpfen führten. Dies war jetzt nicht mehr der Fall. So schufen die Konsortien eine relativ zuverlässige Basis für gemeinsame Produktions- und Investitionsabsprachen. Die Koordination der Marktstrategien im Bereich des Vorderen Orients sicherte zudem einen Informationsaustausch, der auch die Konkurrenzkämpfe jenseits dieser Region eindämmte, da jedes Unternehmen über die weltweiten Aktivitäten seiner Rivalen bestens Bescheid wußte. Aber darüber hinaus sicherte auch die Struktur der beteiligten Unternehmen die Produktionskontrolle ab. Als „integrierte Gesellschaften", die Öl nicht nur produzierten, sondern auch verarbeiteten und auf dem Markt verkauften, waren sie alle an einer am eigenen Verkauf orientierten Produktion interessiert, da Überschußproduktion an Rohöl, auf dem freien Markt abgesetzt (Spot-Markt), nur neue Konkurrenzfirmen ins Leben gerufen hätte. Das Geflecht der Konsortien (horizontale Integration) und die Struktur der beteiligten Firmen (vertikale Integration) schufen ein komplexes System von „checks and balances". Auf deren Grundlage war es nunmehr möglich geworden, den exzessiven Konkurrenzkampf zu bändigen und den Weltenergiemarkt zu regeln.

Aber das Regelungssystem bestand nicht nur aus Wirtschaftsunternehmen. Die Drosselung der Erdölproduktion im Vorderen Orient war mit der staatlichen Produktionskontrolle in den USA koordiniert. Solange die majors die Produktion ihres billigen Erdöls im Vorderen Orient einschränkten und damit künstlich den Bedarf an teuerem amerikanischen Öl aufrechterhielten, konnten die relativ hohen amerikanischen Produktionskosten in Texas den Weltenergiepreis bestimmen. Der ökonomische Lohn der Konzerne für diese Zurückhaltung war ein Zusatzgewinn, der sich aus der Differenz der hohen amerikanischen (1,20 $ pro barrel) und der niedrigen mittelöstlichen Produktionskosten (10 cents pro barrel) ergab (Differentialrente). Der amerikanische Staat wiederum sicherte seine inländische Ölindustrie ab, konnte weltweit energiepolitische Entscheidungen beeinflussen und den Vorderen Orient politisch kontrollieren. Denn die Staatsbudgets der Ölländer waren

Schaubild 1: *Das transnationale Ölregime der Konzerne*

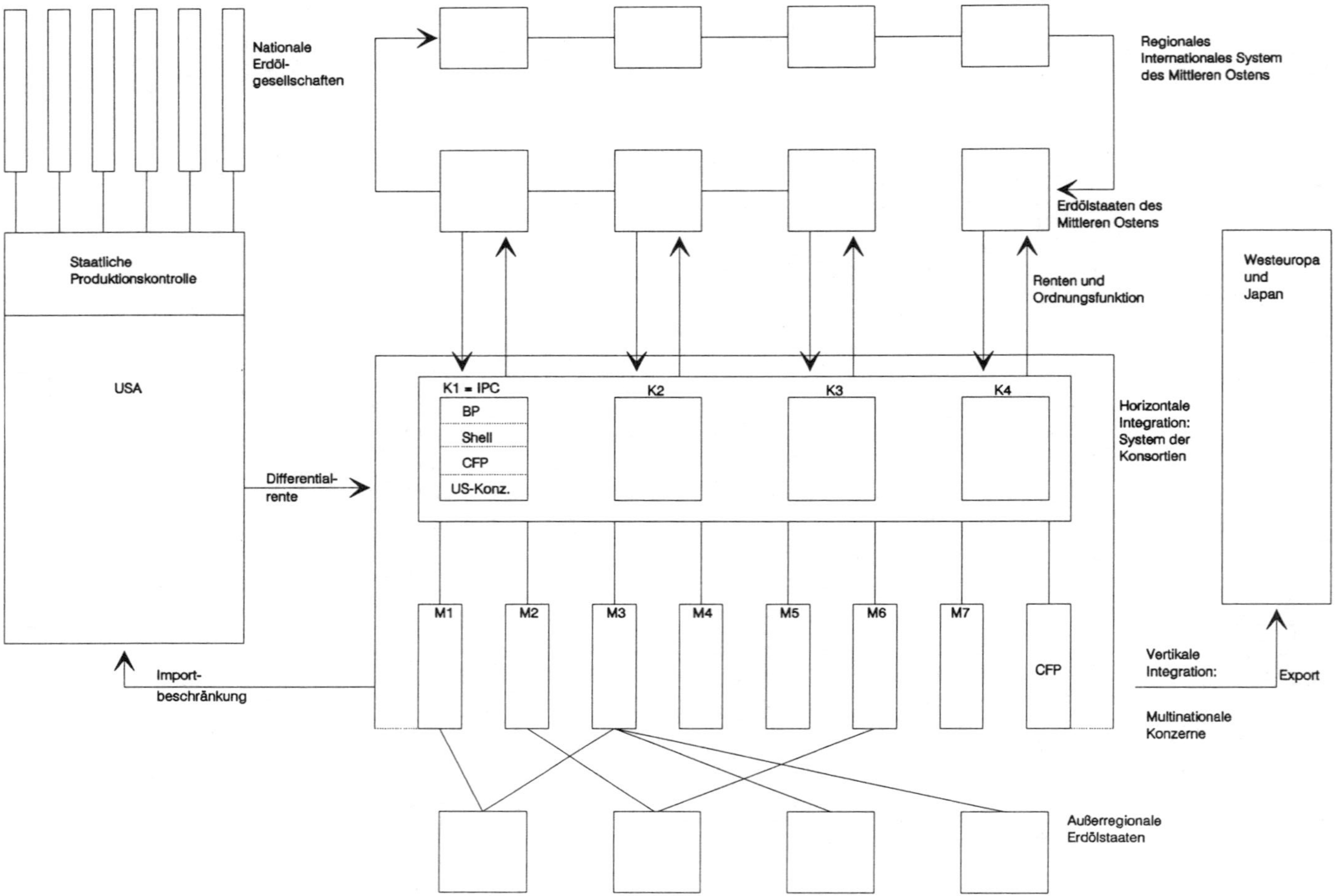

völlig abhängig von den Abgaben der Konsortien. Die Regierungen der Ölstaaten hatten nur begrenzten Einblick in die Geschäftspraktiken der Konzerne und diese manipulierten die Produktionen in den jeweiligen Öllländern (und damit deren Staatseinkommen) nach politischem Gutdünken. In manchen Fällen wurden prowestliche Regime finanziell regelrecht abgestützt (Iran nach 1953), in anderen aber konnten jederzeit Regierungen zu Fall gebracht werden. Die Konsortien bildeten also „Nebenregierungen", die das amerikanische Interesse vertraten und den wirtschaftlich wichtigsten Teil der Region im konservativ-westlichen Fahrwasser hielten. Primäre Nutznießer der hohen Öleinkommen waren die internationalen Konzerne, aber selbst die „Brosamen", die sie den Öleigentümerstaaten damals davon abgaben, beeinflußten im Vorderen Orient wirtschaftliches Wachstum und Klassenkonstellationen derart, daß politische Protestbewegungen und Konflikte entstanden.

Mit diesem ersten Erdölregime schufen die Konzerne einen Mechanismus, der Konkurrenz zwar weiter zuließ, aber das Ausarten systemgefährdender Rivalitäten unterbinden sollte. Das Erdölregime war nicht primär eine Institution zur Profitmaximierung. Es regulierte einen strategischen Wirtschaftssektor aus übergeordneten Aspekten der Sicherheitspolitik, der Energieversorgung und der hegemonialen Kontrolle. Das Regime war flexibler als ein Kartell und repräsentierte eine Verschränkung wirtschaftlicher und politischer Funktionen. Nur war es in seiner regionalpolitischen Wirkung begrenzt, da es die agrarischen Zentren der Region sich selbst überließ. Der Rückzug Großbritanniens aus dem Vorderen Orient hinterließ zudem ein Machtvakuum, das die USA wegen ihrer globalen Prioritäten (Eindämmung der Sowjetunion, Stabilisierung Westeuropas) nur unvollkommen ausfüllen konnten (Militäreinsätze der USA und Großbritanniens im Libanon und in Jordanien 1958). Für die hoch entwickelten Agrargesellschaften der Region ergaben sich daraus Handlungsspielräume, in denen Klassenkämpfe und Revolutionen ausbrachen (Ägypten, Syrien, Irak u. a.). Deren radikale sozioökonomische Zielsetzungen boten entwicklungspolitische Alternativen und gefährdeten damit das gesamte westliche Interessengefüge (vgl. Abschnitt 2). Die revolutionären Regime stellten die Kooperation der Ölstaaten, Konzerne und imperialistischen Mächte nicht nur rhetorisch in Frage, sie versuchten ihrerseits die Ölstaaten durch Propaganda und Infiltration zu destabilisieren. Gleichzeitig konkurrierten sie mit radikalen Parolen und Aktionen gegen Israel um die legitime Führungsrolle in der arabischen Welt. Mitte der 60er Jahre hatte sich dieser sozioökonomische Konflikt regional derart zugespitzt, daß es nur noch mit militärischen Mitteln gelingen konnte, die revolutionäre Dynamik zu bremsen. In dieser Situation nahm der israelische „Befreiungsschlag" gegen Ägypten, Syrien und Jordanien (Juni-Krieg 1967) nicht nur nationale israelische Interessen wahr, sondern löste gleichermaßen strukturell die sozioökonomische Konfrontation der Region insgesamt auf. Damit war deutlich geworden, daß der brüchige amerikanische Herrschaftsmechanismus für den Vorderen Orient nicht mehr ausreichte, die konservative Interessenallianz zu verteidigen. Repression allein konnte aber keine dauerhafte Stabilität erzeugen. So stand das Erdölregime der Nachkriegsära zur Disposition.

Die Reorganisation der Regelungsmechanismen im Weltenergiesystem zu Beginn der 70er Jahre hatte vielfältige Ursachen, kann also sicherlich nicht monokausal erklärt werden. Wir können mindestens vier ineinandergreifende Bedingungen unterscheiden[54]:

- eine komplexe Marktstörung, ausgelöst durch eine Hochkonjunktur in den Industriestaaten, der keine rechtzeitige Vorsorge zugunsten von Energiereserven außerhalb des Vorderen Orients gegenüberstand;
- eine Dezentralisierung der Erdölindustrie, verursacht durch das Eindringen vieler privater und staatlicher Erdölfirmen in den Markt mit der Folge unkontrollierter Mehrproduktion sowie dem Ausscheiden der amerikanischen Produktionskontrolle aus dem Ölregime;
- eine Gegenmachtbildung der Erdöleigentümerstaaten, die das Kontrollmonopol der Konzerne untergrub und systematisch die materielle und politische Beteiligung der Ölstaaten an der Erdölindustrie durchzusetzen versuchte und
- einen vielschichtigen Problemlösungsversuch der Hegemonialmacht in der Krise, wobei die amerikanische Energiepolitik sowohl wirtschaftlichen Innovationsschüben als auch regionalpolitischen Kontrollfunktionen zugute kommen sollte.

In diesem Kontext erfolgte zwischen 1970 und 1974 die Umstrukturierung des Weltenergiesystems, die gemeinhin als „Erdölpreisrevolution" bekannt ist und fälschlicherweise auf das Erstarken der Erdölstaaten zurückgeführt wird. Der Widerstand der Erdölstaaten gegen die Ausbeutung durch die Konzerne muß auf dem Hintergrund der anderen, gleichrangigen Bedingungen interpretiert werden.

Gewaltsame Versuche, das Erdölgeschäft zugunsten der Eigentümerstaaten revolutionär zu verändern, waren in Mexiko (1937/38) und im Iran (1950/53) gescheitert. Venezuela leitete hingegen eine langfristige Reformstrategie ein[55], durch die der Widerstand der Ölstaaten internationalisiert und 1960 mit der Gründung der Organisation Erdölexportierender Länder (OPEC) erstmals institutionell abgesichert wurde. Erst mit Hilfe der OPEC-Bürokratie eigneten sich die Erdölstaaten in langwierigen Lernprozessen rechtliche, wirtschaftspolitische und betriebswirtschaftliche Kompetenzen an, deren Standard dem der Konzerne allmählich ebenbürtig wurde. Auf dieser Grundlage begann schließlich ein zähes Ringen um Art und Umfang der Gewinnbeteiligung, Firmenanteile, Einfluß auf den Produktionsprozeß und die Ölpreise. Bis Ende der 60er Jahre ging es vor allem um die Gewinnbeteiligung. Während die Eigentümer der Ölquellen eine möglichst hohe Beteiligung auf der Basis von Gewinnteilung oder Einkommensteuern anstrebten, war es das Ziel der Konzerne, nur fixe Abgaben (royalties), allenfalls anteilsmäßige Vergütungen vom Verkaufspreis zu zahlen. Gewinnbeteiligung und Einkommensteuer setzten eine weitgehende Offenlegung der Produktions- und Geschäftsprozesse voraus, während Abgaben schon auf der Basis von Fördermengen und Verkaufspreisen zu berechnen waren. Und nur die Einkommensteuer repräsentierte volle staatliche Souveränität, während alle anderen Konzessionen dem internationalen Vertragsrecht unterlagen. Solange die Konzerne den Weltenergiemarkt alleine prägten, zahlten sie an die Eigentümer der Öllager keine Einkommensteuer, nur an die Metropolen (Mutterländer der Konzerne). Schon der Gewinnteilung zwischen Konzernen und Ölstaaten nach dem 50:50-Prinzip waren langjährige Auseinandersetzungen vorangegangen. Um 1950 wurde dieses Prinzip unter dem Druck der USA internationale Regel, auch wenn die Konzessionen und die Berechnungsmodi sehr unterschiedlich blieben. Erst der OPEC gelang eine gewisse Vereinheitlichung der Konzessionen. Darüber hinaus forderte sie zusätzliche Abgaben, die einem Erschöpfungszuschlag gleichkamen (Abschreibungen), ohne diese Regel jedoch durchsetzen zu können. Am Ende der 60er Jahre eskalierten die Konflikte, verlagerten sich aber gleichzeitig auf die Ölpreise und die staatliche Beteiligung an den Produktionsfirmen (Konsortien). Dies war nur deshalb möglich, weil andere Rahmenbedingungen in die Auseinandersetzung intervenierten: Marktstörungen, Strukturschwächen der Erdölwirtschaft und Kontrolldefekte der Hegemonialmacht, ausgelöst durch weltweite Machtverschiebungen (Nuklearparität der Supermächte, ökonomische Konkurrenz von EG und Japan).

Die Erdölstaaten setzten sich zwischen 1970 und 1974 in drei Etappen[56] gegen die Konzerne durch:
- Den ersten Schritt wagte 1970 das neue libysche Revolutionsregime. Seine Ausgangsbasis bei der Forderung nach einer höheren Gewinnbeteiligung war günstig, weil in Libyen vor allem kleinere Ölfirmen operierten, Gegenspieler der majors, die der staatlichen Produktionsdrosselung im Konfliktfall wenig entgegensetzen konnten. Als sich die USA weigerten, den Firmen politisch zu Hilfe zu kommen, hatte sich ein Erdölstaat erstmals gewaltsam gegen die Erdölindustrie durchgesetzt. Doch dies lag daran, daß (jetzt) sowohl die Erdölindustrie wie die Industriestaaten (Gegensatz USA – EG) gespalten waren und der amerikanische Staat zudem intern Wirtschaftsinteressen gegenüberstand, die zum einen Teil den Ölpreis stabil erhalten wollten, zum anderen aber wegen der europäischen Konkurrenz höhere Ölpreise befürworteten.
- Der libysche Erfolg hatte Demonstrationseffekt. Gestützt auf das Know-how der OPEC forderten die konservativen (Saudi-Arabien, Iran) und die radikalen Ölstaaten (Libyen für den Maghreb) getrennt neue Aufbesserungen. Alarmiert durch die politische Taktik der Ölstaaten (leap frogging) übernahmen jetzt die majors die Führung der Kapitalseite und organisierten die gesamte Erdölindustrie gegen die Ölstaaten (London Policy Group 1971). Als diese mächtige Wirtschaftslobby jedoch die staatliche Hilfe der USA mobilisieren wollte, hatte sich Washington bereits entschieden. Das brüchig gewordene Ölregime wurde zugunsten spezieller Beziehungen zu den konservativen Ölstaaten fallengelassen, die Konzerne durch Staaten ersetzt. Als die Vertreter der Ölindustrie den Repräsentanten der (konservativen) Ölstaaten gegenüberstanden, mußten sie von diesen erfahren, daß Washington bereits hinter ihrem Rücken Zustimmung zu einer höheren Gewinnspanne erteilt hatte. In dieser Verhandlungsrunde (Teheran und Tripolis 1971) endete die Kontrollmacht der majors. Zwar gaben sie die höheren Kosten an die Verbraucher weiter, doch mußten sie auch Zugeständnisse bei der Beteiligung der Ölstaaten an der Ölproduktion machen (staatliche Rohölanteile, Besitzanteile an den Konsortien). Das Einkommen der Ölstaaten war allerdings erst mäßig gestiegen.
- Die dritte Phase wurde durch Marktverzerrungen (Energieverknappung) und politische Krisen (Oktoberkrieg 1973) akzentuiert. Zum ersten Mal konnten die Ölstaaten einseitig der Welt einen höheren Ölpreis diktieren (Wien 1973). Doch kurze Zeit darauf zeigte das politisch nur mäßig wirksame Ölembargo, was für Preise in Krisen auf dem (Spot-)Markt zu erzielen waren. Im Windschatten des arabischen Ölembargos (OAPEC) steigerten die Ölstaaten den Rohölpreis in bisher ungeahnte Höhen (1969: 1,20 $; 1973: 11,65 $) und konsolidierten gleichzeitig ihre Eigentumsrechte an den Produktionsfirmen (Verstaatlichungen mit oder ohne Kompensation).

In der „Revolution" des Weltenergiemarktes 1973/74 setzten sich die Eigentümer der Öllagerstätten, also souveräne Staaten, als Hauptnutznießer des größten interregionalen Ressourcentransfers der Geschichte durch. Die neue Ära des Weltenergiemarktes ist in der wissenschaftlichen Literatur sehr widersprüchlich dargestellt worden, den meisten Interpretationen ist jedoch eine gewisse Überbewertung der Ölstaaten zu eigen[57]. Ob die OPEC von nun an als eine Art von Kartell angesehen oder die fluktuierende Ölproduktion als Resultat politischer und sozioökonomischer Interessen verschiedener Gruppen von Ölstaaten interpretiert wurde, stets stand die Gegenmachtbildung der Ölstaaten im Mittelpunkt. Doch diese Darstellung war unzureichend. Gehen wir von den Regelungsmechanismen des transnationalen Ölregimes aus, so stellt sich die Frage, ob Teile seiner Funktionen übrig geblieben waren, von welchen Akteuren sie nunmehr wahrgenommen wurden und ob es Äquivalente jener alten Mechanismen gab. Unter diesem Blickwinkel wird deutlich, daß die Konzerne keineswegs sang- und klanglos verschwunden waren, daß die OPEC von sich aus nur sehr begrenzt die Rolle der Konsortien übernehmen konnte und daß die Industriestaaten auch in dieser Phase an der Regelung beteiligt waren[58].

Die Konzerne hatten zwar ihre zentrale Stellung auf dem Energiemarkt verloren, doch nahmen sie nach wie vor wesentliche Funktionen bei der Regulierung des Ölmarktes wahr (Schaubild 2). Immer noch flossen rund drei Viertel der weltweiten Ölproduktion durch die vertikalen Strukturen der großen Ölgesellschaften. Diese intaktgebliebenen Teile des alten Ölregimes sorgten weiterhin für verläßliche Marktsignale, auf deren Grundlage Saudi-Arabien im Rahmen einer aufwendigen Konferenzdiplomatie Produktionsvolumina und Preise technisch und politisch einpendeln konnte. Die „swing"-Entscheidungen der saudischen Ölbürokratie (Produktionssteigerung oder -drosselung des dominanten Produzenten) mit dem Ziel, den Markt entscheidend zu beeinflussen, gingen auf die Markt-Expertisen der Aramco-Spezialisten zurück. Die Ölgesellschaften wiederum erhielten für diese Funktion privilegierten Zugang zu den Ölquellen. Die OPEC wäre damals alleine gar nicht in der Lage gewesen, stabile Preise aufrechtzuerhalten, da sie die Produktionsmengen nicht kontrollierte. Daß es ihr aber darüber hinaus gelang, eine Vielzahl extrem unterschiedlicher Staaten in der Energiepolitik zusammenzubinden, um auf die ökonomischen Signale einheitlich zu reagieren, war der ursprünglichen Leistung ihrer Mitglieder zuzuschreiben. Vor allem aber war es das Verdienst Saudi-Arabiens, das erkannt hatte, wie eine leistungsfähige OPEC das politische Gewicht eines Kleinstaates überdimensional aufwerten konnte. Für die politisch und sozioökonomisch heterogenen Ölstaaten war es sehr viel schwieriger als für die wirtschaftlich homogenen Konzerne, einheitliche Verhaltensweisen durchzusetzen. Daher war die Kohäsion der Ölstaaten weitaus brüchiger als die der Ölkonzerne, zumal es ihnen nicht gelang, die Regelung des Weltenergiemarktes internationaler staatlicher Kontrolle zu unterstellen. Der zweite Regelungsmechanismus verfügte nämlich, ebenso wie der erste, über eine staatliche Stütze der industrialisierten Welt. Im Gegensatz zu damals (Hegemonialmacht) war es jetzt ein energiepolitischer Verbund der Industriestaaten (Internationale Energieagentur), der zunächst als Gegenmacht errichtet worden war, das neue Regelungssystem aber bald akzeptierte (non-decision-making). Eine breite Interessenkoalition, die an der Beibehaltung des hohen Energiepreises interessiert war (Industriebranchen für energiesparende und alternative Technologien, Interessenten an neuen Ölexplorationen, Umweltschutz-

*Schaubild 2: Das Ölregime der Eigentümer-Ära*

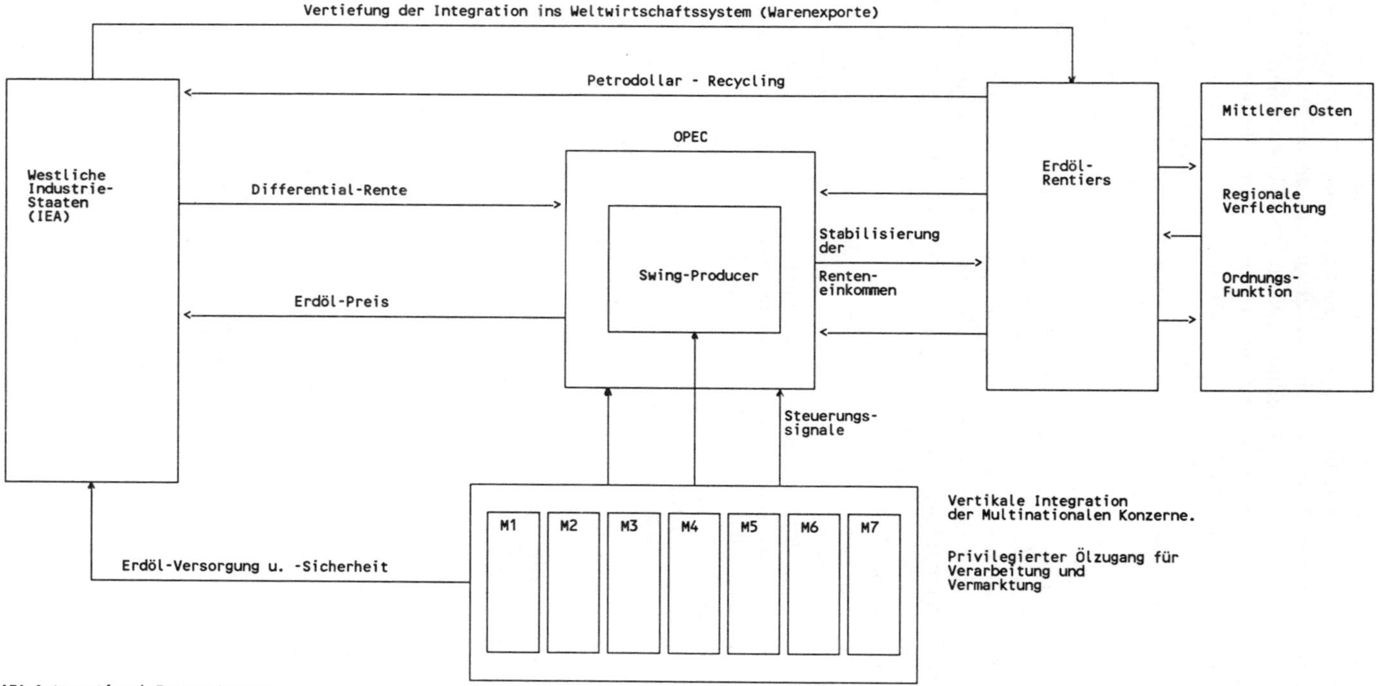


IEA=International Energy Agency

Verbände) und vom Energiesektor Innovationsimpulse in verschiedenste Wirtschaftssektoren erhoffte, stützte die neue Ölregelung politisch ab. Wie latent und widersprüchlich die Konstellation jedoch war, zeigte sich daran, daß auf beiden Seiten Kräfte existierten, die das Regelungssystem des Weltenergiemarktes auf eine internationale Ebene transferieren wollten. Sowohl die Ölstaaten wie auch einige europäische Länder, vor allem Frankreich, strebten eine weltweite Energievereinbarung auf zwischenstaatlicher Basis an, gewissermaßen ein „pluralistisches" Äquivalent zu jener hegemonialen Stützung des ersten Ölregimes. Doch diese Bestrebungen scheiterten 1977 an den USA, deren Interessen trotz zeitweiliger ökonomischer Schwäche letztlich immer noch im Rahmen von Marktmechanismen besser aufgehoben schienen.

In den 70er Jahren war es demnach den staatlichen Eigentümern der Erdöllager nur gelungen, Einfluß auf die Regelung des Weltenergiemarktes zu gewinnen, und zwar auf Kosten des Kapitals (Konzerne) und seiner politischen Stützen (Industriestaaten). Diese Einbindung der „Ölrentiers" (vgl. Abschnitt 3) in die Kontrolle des Weltenergiemarktes machte es möglich, den Vorderen Orient im westlichen Interesse politisch zu stabilisieren. Aber dies war durch eine weniger formalisierte und labilere Marktregulierung sowie einen extrem hohen Ressourcentransfer von Nord nach Süd erkauft worden. In den 80er Jahren erfolgte eine Korrektur dieses Arrangements. Die Ölstaaten wurden nun strukturell gezwungen, einseitig Regelungsfunktionen wahrzunehmen, die zwar kollektiven weltwirtschaftlichen Interessen zugute kamen (Versorgungssicherheit und Preisstabilität), den Eigentümerstaaten aber nur Einkommen hart an der Grenze zur politisch-sozialen Destabilisierung beschieden. Die Regelung des Weltenergiemarktes beruht seitdem weitgehend auf einer Art „Sisyphus"-Funktion der Ölstaaten: ihre internen Strukturen zwingen sie zur Wahrnehmung einer Aufgabe, deren Nutzen international zwar nicht einheitlich anerkannt, aber dennoch breit gestreut ist (Konkurrenz der Wirtschaftsbranchen), an deren Kosten sich aber niemand beteiligt, weil sie von den Ölstaaten aus Existenzgründen erbracht werden müssen[59].

Preisverzerrungen auf dem Energiemarkt, die durch die iranische Revolution 1979 verursacht wurden, zerbrachen das latente Interessengeflecht von Ölstaaten und Konzernen endgültig[60]. Die Irankrise zog zwar keine realen Störungen der Energieversorgung nach sich, führte aber über marktpsychologische Effekte zu einer künstlichen Nachfragesteigerung, die die Preise auf dem Spot-Markt (freie Auktionen jenseits langfristiger Lieferverträge) emporschnellen ließ. In dieser Situation wurde der brüchige Charakter der Ölmarktregulierung deutlich, denn sowohl Konzerne wie Ölstaaten nutzten die Gelegenheit, unabhängig von einander lukrative Sondergeschäfte zu tätigen. Beide Seiten nahmen die Gelegenheit wahr, sich auf Kosten der Partner zu bereichern. Dies löste Konflikte aus, denen die speziellen Beziehungen zwischen den Ölstaaten und den Großkonzernen zum Opfer fielen. Die politische Verlagerung der Ölgeschäfte auf den bis dahin unbedeutenden Spot-Markt stellte die kooperative Struktur der 70er Jahre zur Disposition. Die Ölstaaten entzogen den Firmen das Vorrecht, zu Sonderkonditionen billiges Rohöl zu beziehen, und begannen, es zu aktuellen Preisen auf dem freien Markt zu verkaufen. Der Verlust des privilegierten Zugangs zu den Ölquellen führte wiederum in der internationalen Ölindustrie zu Strukturreformen (Verselbständigung der Raffinerien, Firmenfusionen, Aufgabe von Märkten, Diversifikation der Aktivitäten, Termingeschäfte) und ließ sie aus dem Regelungsmechanismus ausscheiden. Auch wenn sich einige der großen Erdölfirmen mit ihrer exklusiven Hochtechnologie seit den 80er Jahren erneut im Vorderen Orient engagierten (Exploration, petrochemische Anlagen, Infrastruktur), so ist ihr finanzielles Gewicht und damit ihre politische Bedeutung (Kontroll- und Autonomieverlust) signifikant gesunken.

1981 standen die Ölstaaten mit ihrer OPEC alleine einem Ölpreisverfall gegenüber, der das Resultat weltweiter Überproduktion einerseits und alternativer Energien bzw. Energieeinsparungen andererseits war und auf die extrem hohen Ölpreise der Vorjahre zurückging. Der Anteil der OPEC-Staaten an der Weltölproduktion sank auf 42% (1970: 63%), ihr Anteil an der Weltenergieproduktion sogar auf 19% (zuvor 39%). Erst jetzt erkannten die OPEC-Staaten, daß sie nur durch Produktionsdrosselung dem Preisverfall (und damit hohen Einkommensverlusten) entgegentreten konnten. Aber ohne die Kenntnisse, Daten und Signale der vertikal integrierten Ölindustrie war die OPEC schon technisch, geschweige denn politisch (interne Konflikte) zu keiner Produktionskontrolle in der Lage. Zahllose Krisen erschütterten die OPEC, vor allem Nebenkonflikte an der Preisfront. Saudi-Arabien verlor in dieser Phase beinahe seine Führungskapazität, da es die früheren Produktionsmanipulationen im Interesse der politischen Lenkung nicht mehr erbringen konnte. Produktionsvolumen und finanzielle Bedürfnisse hatten seine Flexibilität eingeschränkt. Dennoch mußte die Organisation Mitte der 80er Jahre unter dem Druck eines existenzgefährdenden Preissturzes ohne Hilfe der Industriestaaten technische (eigenes Informationssystem über weltweite Ölgeschäfte) und politische Kapazitäten entwickeln, um die Ölproduktion unter Kontrolle zu bekommen (Volumen und Quotierung). Auch wenn dies jetzt nur noch ein Drittel der weltweiten Erdölproduktion betraf (OPEC-Anteil), blieb ein latenter Regelungsmechanismus erhalten.

Seither (Schaubild 3) hält nämlich eine einseitige Produktionsdrosselung der OPEC-Staaten einen Erdölpreis aufrecht, der einerseits weltweit kostspielige Ölproduktionen und alternative Energieprogramme rentabel erhält, andererseits aber den Ölproduzenten viel geringere Einnahmen als zuvor in den 70er Jahren beschert (15–20 $ pro barrel gegenüber bis zu 40 $). Die Ölstaaten sind gezwungen, unter härtesten Auseinandersetzungen Produktionsabsprachen zu treffen, die den Industriestaaten (besser: Teilen ihrer Ökonomien und Lebensbereiche) nützen, ihnen selber aber nur unzulängliche Gewinne einbringen, wenn man sie an den Bedürfnisstrukturen mißt, die sich zuvor herausgebildet hatten. Ein Ausbruch aus dieser Zwangslage (Mehrproduktion oder höhere Produktionseinschränkung zum Zwecke des Niederkonkurrierens alternativer Energien und anderweitiger Ölproduktionen) wird jedoch durch die Struktur der Ölstaaten verhindert. Unter „Struktur“ verstehen wir sozioökonomische und politische Mechanismen. Ölstaaten der Dritten Welt sind durch „strukturelle Heterogenität“ gekennzeichnet, was ein doppelt vermitteltes Produktionsgefälle bedeutet[61]. Zum einen verfügen sie (verglichen mit den Industriestaaten) nur über einen einzigen international konkurrenzfähigen Wirtschaftssektor, die Ölindustrie. Zum anderen bestehen intern zwischen dieser und anderen Branchen so große Produktionsunterschiede, daß an ökonomische Alternativen kurz- oder mittelfristig nicht zu denken ist. Ölstaaten verfügen also (im Gegensatz zu Industriestaaten mit Ölquellen) im Falle krisenhafter Entwicklungen auf dem Ölmarkt weder über Vorteile in anderen Wirtschaftsbranchen (geringere Energiekosten, Verschiebung wirtschaftlicher Investitionen) noch über

 *Schaubild 3: Die strukturelle Regulierung des Ölmarktes*

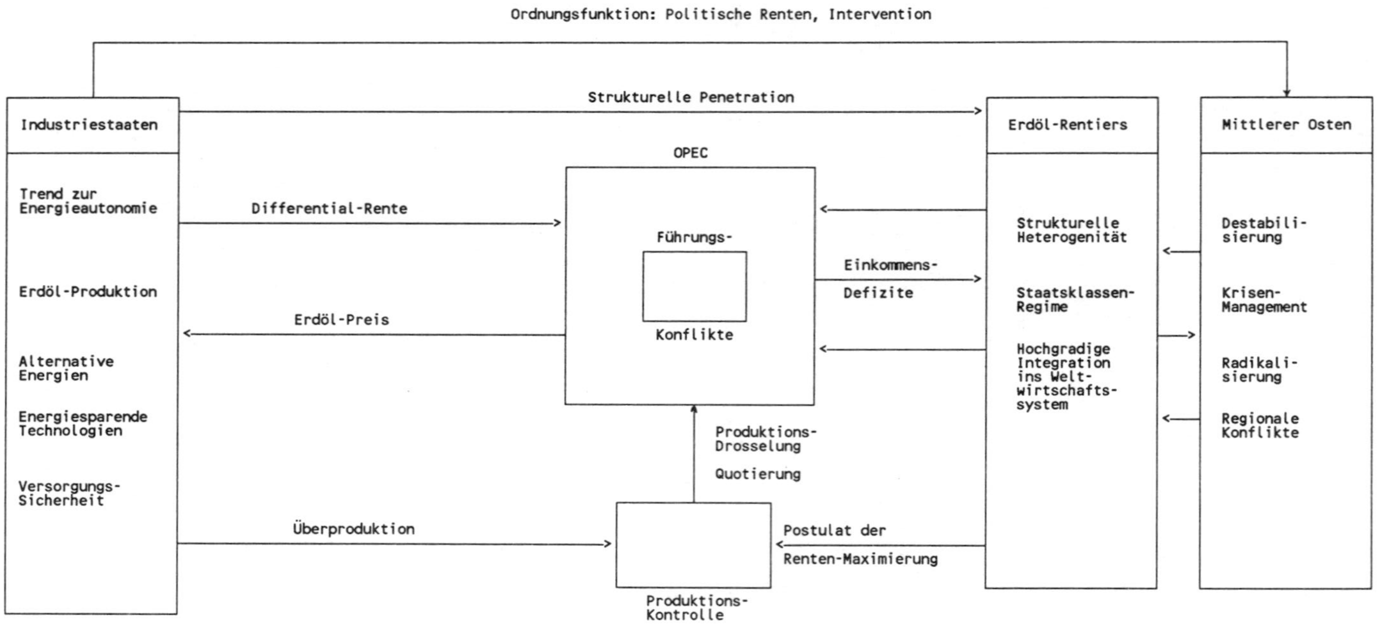

alternative Strategien der Wirtschaftsförderung. Einzig und allein der Ölsektor garantiert nach marktwirtschaftlichen Kriterien adäquate Einkommen.

Politisch wird diese Struktur durch den Herrschaftscharakter der politischen Eliten gestützt. Diese hatten seit den 70er Jahren mit Hilfe ihrer riesigen Erdöleinnahmen vielfältige soziale Gruppen an sich gebunden (Rentierstaaten; vgl. Abschnitt 3.1.). Ihr politisches Ansehen (national und regional) hängt von sicheren, überdurchschnittlichen Einkommen ab, die ihnen nur der Ölsektor liefern kann. Dieser sozioökonomische Rahmen, der dem Regime eines Ölstaates in seiner Wirtschaftspolitik wenig Spielraum läßt, ist, wie wir gesehen haben, Resultat historischer Prozesse der Einbindung in das Weltwirtschaftssystem. Aber darüber hinaus ist diese Struktur in den 70er Jahren gerade durch den exzesessiven Einkommensfluß von Nord nach Süd noch vertieft worden.

Die heutige Regulierung des Weltenergiemarktes beruht demnach auf einer einseitigen Produktionskontrolle der OPEC, die nur unter dem Druck weltweiter Energieüberproduktion und dem Zwang der Erdölstaaten, aus ihrem einzigen dynamischen Wirtschaftssektor maximale Einkommen zu schöpfen, zustandekommt. An dieser Regelung sind die Industriestaaten nicht direkt beteiligt. Aber ihre ordnungspolitischen Funktionen halten Rahmenbedingungen aufrecht, die den Weltenergiemarkt sehr wohl beeinflussen. So ist die Dynamik der Energiewirtschaft und -technologie nicht zuletzt auf Fördermaßnahmen der Industriestaaten zurückzuführen, die den Energiemarkt stärken sollten. Und die sozioökonomische Struktur der Ölstaaten ist wiederum das Resultat struktureller Penetration und politischer Kontrolle durch die Metropolen. Sie haben damit ein strategisches Minimum an energiepolitischer Kontrollkapazität aufrechterhalten, ohne dieser zu viel Autonomie zuzubilligen. Insofern sind die Ölstaaten auch Opfer ihrer Privilegierung geworden, denn sie hat die sozioökonomische Verzerrung der Vergangenheit erst zementiert und neue entwicklungspolitische Sackgassen geschaffen. Nachdem das Widerstandspotential der Ölstaaten strukturell und politisch eingedämmt worden war, konnte der Privilegierungsgrad wieder zurückgeschraubt werden. Dies kann man aus ökonomischer Perspektive als Entlastung des Weltenergiemarktes, seiner führenden Akteure und der Verbraucher in den Industriestaaten interpretieren. Doch diese politökonomische Rationalität der Metropolen ließ außer acht, daß der Weltenergiemarkt im Vorderen Orient Bedürfnisstrukturen, Abhängigkeiten und Stabilisierungsmechanismen geschaffen hatte, denen jetzt der Boden entzogen wurde.

### *1.2.3. Die komplexe Weltmarktintegration in der Krise*

Die Umstrukturierung des Erdölmarktes in den 70er Jahren hatte für den Vorderen Orient enorme sozioökonomische und politische Folgen. Die konservativen Ölstaaten wurden mit finanziellen Ressourcen ausgestattet (Nord-Süd-Transfer), die es ihnen ermöglichten, ihre labilen Regime zu stabilisieren und groß angelegte Entwicklungsprogramme einzuleiten[62]. In der Dekade des Erdölbooms verfügte die Region insgesamt trotz massiver Importe über einen aggregierten Handelsüberschuß von rund 390 Mrd. $. Iran und Saudi-Arabien übernahmen als Garanten westlicher Interessen an Stelle der Konzerne auch international die Aufgabe, durch Militärapparate und finanzielle Einflußnahme den Vorderen Orient politisch zu festigen. Der Wandel der regionalen Rahmenbedingungen legte den revolutionären

Regimen Mäßigung nahe und löste Anpassungsprozesse aus, die zu einer ideologischen Kehrtwendung führten. Kapitalhilfen und Arbeitsplatzangebote schlossen Erdölländer und Nichterdölländer zusammen[63]. Die Erdölstaaten gaben direkt oder über regionale und weltweite Finanzinstitutionen Entwicklungshilfe, finanzierten kommerzielle Kredite und Kompensationshilfen (Ausgleichszahlungen an die „Frontstaaten") und stützten damit die Zahlungsbilanzen der Länder ohne Erdöl, ihre Subventionen und Militärkomplexe. Außerdem benötigten sie für zahllose Entwicklungs- und Verwaltungsaufgaben Millionen von Arbeitskräften aus den bevölkerungsreichen und zum Teil höher entwickelten Nachbarländern. Deren Einkommen flossen zurück in die Volkswirtschaften der Nichterdölländer und veränderten dort die Lebensbedingungen selbst bis ins letzte Dorf hinein. So erfaßte der wirtschaftliche Aufstieg die gesamte Region. Westliche Normen, Bedürfnisse und Konsummuster wurden geweckt und führten den Vorderen Orient in neue, weitaus komplexere Abhängigkeiten:

- Im Rahmen neuer Entwicklungsinvestitionen bevorzugten die Staaten des Vorderen Orients Strategien und Schwerpunkte, bei denen sie auf westliche Spitzentechnologie, Ausrüstungen und Experten, ausländisches Management und Marketing angewiesen waren. Beeinflußt durch Reklame, Beratungsfirmen, westliche Sozialisation, hoch spezialisierte Monopolunternehmen (erdölabgeleitete Industrien) und Eigeninteressen (Vermeidung sozialen und politischen Wandels) entschieden sich die politischen Akteure für Entwicklungskonzepte, die eine ständig wachsende Importabhängigkeit vorprogrammierten.
- Wachsender Lebensstandard, Bevölkerungsexplosion und ökonomische Verzerrungen im Kielwasser des Erdöleinkommens reduzierten die Leistungsfähigkeit der Landwirtschaft und zwangen den Staaten ständig wachsende Nahrungsmittelimporte auf. Die natürlichen Grenzen der Landwirtschaft, veränderte Eßgewohnheiten und fragwürdige politische Prioritäten der Eliten (städtisches bias) trieben die gesamte Region in eine Ernährungskrise mit politisch sehr gefährlichen und äußerst kostspieligen Konsequenzen.
- Weltweit wirkende Massenmedien, Werbekampagnen, Vorbilder der wohlhabenden Schichten und das Bestreben der politischen Eliten, Legitimation durch Konsum zu festigen, lösten einen „Kaufrausch" bei ausländischen dauerhaften Konsumgütern aus. Produkte der Elektro-, Elektronik- und Autoindustrie sowie Luxusgüter jeder Art wurden importiert. Die Befriedigung dieser Bedürfnisse erhielt hohen politischen Stellenwert und schuf einen weiteren, bisher unbekannten Abhängigkeitssektor.
- Rüstungsgüter bildeten eine vierte Dimension. Neben dem Selbstprivilegierungstrieb einflußreicher Militäreliten war es vor allem die latente und manifeste Konfliktträchtigkeit der Region, die einen hohen finanziellen Tribut forderte. Doch damit allein waren die exorbitanten Militärausgaben nicht zu erklären. Die konservativen Ölstaaten mit ihren unzulänglichen Verteidigungskapazitäten leisteten sich militärische Infrastrukturen, Militärapparate und -technologien sowie ausländische Expertenstäbe, die eine transkontinentale Militärintervention der Metropolen vorwegnahmen[64].
- Als weitere Dimension ist die Einbindung in die Finanzkontrolle des Weltwirtschaftssystems zu nennen. Die reichsten Erdölstaaten wurden als Kapitalanleger im internationalen Bankensystem, als Aktionäre und Teileigentümer westlicher Unternehmen und als Garanten der internationalen Ordnung (Weltbank-

Position Saudi-Arabiens) in die Finanzoligarchie des Weltsystems aufgenommen. Damit kamen nicht nur große Finanzüberschüsse unter Kontrolle; die neuen Mitglieder übernahmen auch die Regeln und Normen der metropolitanen Kapitalmärkte und blockierten damit alternative Entwicklungsstrategien im Vorderen Orient (wirtschaftliche Integrationsprozesse, regionale Investitionsentscheidungen, innovative Entwicklungsprojekte). Darüber hinaus halfen sie mit, die Nichterdölstaaten der Region finanziell und politisch zu binden. Die Abhängigkeit dieser Staaten von den Finanzspritzen der „Erdölwirtschaft" leitete Verschuldungskrisen ein, durch die sich die regionale Kontrollmacht der internationalen Finanzinstitutionen (Internationaler Währungsfonds, Weltbank, internationale Gläubigergruppen) vergrößerte.

– Weniger materieller Natur, doch mindestens ebenso folgenreich war die kulturelle Abhängigkeit. Die Einbindung in das vom Westen geprägte Werte- und Normensystem ist auf die Vorherrschaft der Metropolen in der weltweiten Kommunikation (Satelliten, elektronische Medien) zurückzuführen, der sich jeder einzelne Haushalt der Region erschließt. Hinzu kommt das Nachrichtenmonopol der westlichen Medien und das Vorbild des Bildungs- und Wissenschaftssystems der Metropolen. Dadurch werden Informationen, Bedürfnisse, Konsummuster, Lebensstile und -orientierungen in den Vorderen Orient transportiert, die auf fremden Bedingungen, Identitäten und Interessen beruhen.

War der Vordere Orient bis Ende der 60er Jahre vor allem über den Rohstoff-Export (agrarisch und mineralisch) in das Weltwirtschaftssystem integriert, so schufen die Impulse des Ressourcentransfers von Nord nach Süd im Vorderen Orient ein ganzes Netz neuer Abhängigkeiten. Die Vielfalt der Verflechtungsdimensionen (Technologie, Nahrungsmittel, Konsumgüter, Rüstung, Finanzen, Kultur) spiegelte den Sonderstatus der Region im internationalen System wider, verwies jedoch gleichzeitig auch auf ihre hochgradige Sensibilität und Anfälligkeit[65].

Die finanzielle Einbindung in das Weltwirtschaftssystem an privilegierter Position bildete den Höhepunkt kapitalistischer Kontrolle im Vorderen Orient. Sie stützte sich auf ein ganzes Geflecht von „Rentenflüssen" und schuf eine perfekte Pyramide von „Rentiersystemen" (vgl. Abschnitt 3.1.). Doch der Zusammenbruch der Regelungsmechanismen zu Beginn der 80er Jahre löste im Vorderen Orient einen Einkommenssturz aus, der auf den verschiedenen Abhängigkeitsebenen zu Finanzierungsproblemen führte, die materiellen Kapazitäten der Staaten untergrub und eine Vielzahl krisenhafter Prozesse einleitete[66]. Jetzt traten die Dysfunktionen der Weltmarktintegration zutage. Das Erdöleinkommen hatte die produktiven Wirtschaftssektoren der Region (Landwirtschaft, Industrie) in ihrer Entwicklung blockiert. Die wichtigsten Exportgüter der Region jedoch, Rohstoffe, verloren im Vergleich zu den verarbeiteten Importwaren (Nahrungsmittel, Kapital- und Rüstungsgüter, Technologie und Konsumwaren) ständig an Wert. Dies führte systematisch zur Verschuldung der Nichterdölländer, dämmte die Entwicklungsdynamik der bevölkerungsreichen Ölstaaten ein, trieb auch sie in Zahlungsschwierigkeiten und senkte die Kapazitäten und Motivationen der reichen Ölstaaten, für die Aufrechterhaltung der regionalen Hilfsleistungen zu sorgen. Daraus entstanden vielfältige Konfliktmuster, die in absehbarer Zeit an Dynamik gewinnen werden:

- Konflikte zwischen armen und reichen Staaten, deren Entwicklungschancen durch die Natur oder willkürliche Grenzziehungen der imperialistischen Ära ungleich verteilt worden waren.
- Konflikte um natürliche Ressourcen (Ölfelder, Land, Wasser) oder Märkte.
- Konflikte um internationale Rangpositionen, die externe Hilfsleistungen nach sich ziehen und wirtschaftliche Nachteile kompensieren.
- Klassenkonflikte zwischen den in das Weltwirtschaftssystem privilegiert eingebundenen Bevölkerungsteilen und den in der Krise aufgegebenen Gruppen und Schichten.
- Konflikte zwischen ethnischen, konfessionellen und kommunalistischen (lokal verankerten) Gruppen, deren Loyalitäten in Verteilungskrisen zum politischen Rückhalt werden.
- Konflikte um die geeignete Strategie, dem kulturellen Identitätsverlust Einhalt zu gebieten und eine neue Basis des sozioökonomischen Widerstands zu errichten (Islamismus gegen säkulare Ideologien).
- Steuerungskonflikte der Regime, deren Mechanismen der materiellen Legitimationsbeschaffung nicht mehr funktionieren und die sich in internen Auseinandersetzungen nach alternativen Stabilisierungsstrategien (Entwicklungskonzepte, politische Beteiligungsformen) umsehen müssen.

Viele der alten Konflikte (Nahostkonflikt, Palästinenserfrage, Minoritätenkonflikte, Führungskonflikte) erhielten durch die Krise der regionalen Ordnung aktuelle Perspektiven und Impulse. Ihre Verzahnung mit den neuen Problemen läßt für die Zukunft Konfliktmuster erwarten, die auf der Basis des politischen Status quo kaum zu kontrollieren sein werden. Die ungebrochene Relevanz des Erdöls als Hauptenergieträger der industrialisierten Welt wird daher nach neuen Kontrollmechanismen verlangen. Die Rückkehr zur militärischen Intervention (Zweiter Golfkrieg 1991) und Präsenz der Metropolen (Stützpunkte, Spezialtruppen, militärische Kooperation), also allein zu Repressionsmechanismen, dürfte auf Dauer nicht ausreichen. Insofern stellt sich die Frage nach einer zukünftigen Ordnung der Region dringender denn je. Unter diesem Druck könnten sich durchaus rudimentäre Ansätze einer regionalen Kooperation herausbilden (arabisch-israelische Friedensverhandlungen, Regelung zwischestaatlicher Wasserprobleme). Doch inwiefern dabei das Utopia einer schrittweisen Kooperation oder Konföderation der orientalischen Staaten[67] Chancen erhalten könnte, wird nicht zuletzt durch die anstehende Reorganisation des internationalen Systems nach dem Zerfall des sowjetischen Imperiums entschieden.

# 2.
# Der Widerstand des bürokratischen Staates und die autonome Entwicklung im Vorderen Orient

Unser erster Abschnitt behandelte die Überlagerung des Vorderen Orients durch den kapitalistischen Weltmarkt und die herrschenden Kräfte des internationalen Systems. Wir haben die wirtschaftliche Durchdringung skizziert, die externen Abhängigkeiten, die Entwicklung verzerrter wirtschaftlicher Strukturen und ihre ersten Folgen für die Gesellschaften und politischen Systeme der Region. Doch diese strukturelle Umgestaltung erfolgte nicht ohne Gegenwehr. Der zweite Teil beschäftigt sich daher mit dem Widerstand der orientalischen Gesellschaften gegen die externen Kräfte und ihre regionalen Helfershelfer. Konstitutiv für diese Auseinandersetzung wurde die Herausbildung eines starken, autonomen und interventionistischen Staates im Vorderen Orient. Es war ein Staat, dessen Führungspositionen in einem revolutionären Akt von Randgruppen der Bürokratie übernommen wurden. Diese neuen Eliten stammten aus den gebildeten Mittelschichten und ihr Ziel war es, die Gesellschaft mit Hilfe radikaler sozioökonomischer Transformation aus Rückständigkeit und Abhängigkeit herauszuführen. Sie operierten zwar im Rahmen einer abhängigen kapitalistischen Entwicklung, verselbständigten sich jedoch auf der Basis staatlicher Machtmittel, Ressourcen und Traditionen von den unmittelbaren Zwängen, Mechanismen und Rationalitäten der kapitalistischen Produktionsweise. Aus ihrer autonomen Position heraus konnten sie sowohl mit der imperialistischen Struktur wie mit der herrschenden Klasse brechen und gegen deren Interessen radikale Eingriffe in den Wirtschaftsapparat und die Sozialstruktur vornehmen. Der revolutionäre Staat strebte eine Industrialisierung und eine wohlfahrtspolitische Umverteilung an, die nur gegen die kapitalistischen Rationalitäten (komparative Kostenvorteile, existierende Märkte, Finanzierbarkeit u. a.) durchgesetzt werden konnten. Diese Radikalkur war jedoch nicht rückwärtsgewandt; sie sollte es den orientalischen Gesellschaften ermöglichen, sich auf einer komplexeren Wirtschaftsbasis in das kapitalistische Weltwirtschaftssystem wieder einzufügen. Die modernen Träger dieses radikalen Staates knüpften mit ihrem Selbstverständnis, doch nicht mit ihren Problemanalysen, an die bürokratischen Traditionen des Staates in der tributgebundenen Produktionsweise an und verhalfen dem orientalischen Staat zu einer Wiedergeburt im Rahmen moderner Strukturen.

Die Konzentration des gesellschaftlichen Widerstands gegen die strukturelle Durchdringung von außen in einem expandierenden Staatsapparat war kein Zufall und erschien politisch bewußten Teilen der orientalischen Gesellschaften legitim:

- Zum einen war das gesellschaftliche Reaktionspotential blockiert; während die herrschenden Klassen aufgrund ihrer Interessenverflechtung mit den Metropolen unfähig oder unwillig waren, die Strukturprobleme ihrer Gesellschaften zu lösen, hatten die unteren Schichten der Gesellschaften unter den Bedingungen der abhängigen Entwicklung keine ausreichenden Organisations- und Handlungskapazitäten herausbilden können.
- Zum anderen fehlten dem Vorderen Orient die liberalen Traditionen gesellschaftlicher Organisation; in der politischen Kultur der Region war es naheliegend, dem Staat das Problemlösungsmonopol in der Systemkrise zuzuschreiben, denn im Gegensatz zu anderen Kulturkreisen (Westeuropa/angelsächsischer Raum und lateinischer Süden Europas und Amerikas) hatte der Vordere Orient weder eine legitime gesellschaftliche Interessenvertretung je anerkannt noch die Beteiligung gesellschaftlicher Gruppen an übergreifend gesamtgesellschaftlichen Problemlösungen akzeptiert[1].

Insofern können wir auch beobachten, wie die wichtigsten und nachhaltigsten Herausforderungen imperialistischer Dominanz von den Staatsapparaten des Vorderen Orients ausgingen. Schon im 19. Jahrhundert begannen Reformbewegungen innerhalb der traditionalen Bürokratien diesen Widerstand zu signalisieren. Wir können hierbei primär politisch-ökonomische und politisch-administrative Versuche unterscheiden (2.1.). Im 20. Jahrhundert spitzten sich die Auseinandersetzungen zu und explodierten in einer ganzen Reihe von Revolutionen: schwerpunktmäßig in den 50er und 60er Jahren, doch vorauseilend in der Türkei zwei Dezennien davor und nachholend im Iran zwei Jahrzehnte später. Wir werden im folgenden diese Revolutionen vergleichend analysieren (2.2.) und danach fragen, wie erfolgreich ihre Transformationsstrategien waren (2.3.).

## 2.1. Die Reformpolitik des traditionalen Staates im 19. Jahrhundert

In unserer kurzen Skizze der tributgebundenen Produktionsweise (1.1.1.) haben wir die Bedeutung der Bürokratie im traditionalen Staat hervorgehoben. Sie war zuständig gewesen für die Sicherung der wirtschaftlichen, sozialen und politischen Reproduktion des Systems, was eine ständige, umfassende Staatsintervention voraussetzte. Die Erosion der staatlichen Kontrollkapazitäten leitete den Verfall der traditionalen Ordnung ein und überließ den Vorderen Orient den zersetzenden Kräften des Imperialismus. Die orientalischen Staatsbürokratien registrierten erstmals seit Ende des 18. Jahrhunderts, daß die wachsenden außen- und innenpolitischen Schwierigkeiten existentieller Natur waren. Die Wahrnehmung einer Systemkrise löste sowohl im Osmanischen Reich wie in Persien Reflexionsprozesse und Reformbewegungen aus. Dafür verantwortlich waren jedoch vorerst nur kleinere Gruppen von Bürokraten, die mit den Außenkontakten betraut waren (Diplomaten, Militärs). Als sie die grundsätzliche Überlegenheit der europäischen Mächte erkannt hatten, ein traumatisches Erlebnis für die sich noch immer überlegen wähnenden Beamten (1720 osmanische Gesandtschaftsdelegation in Europa), begannen sie für eine pragmatische Politik der Information und Reform zu kämpfen. Ihnen gegenüber stand das Gros der Traditionalisten, das die alten Strukturen erhalten wollte und mehr auf Abschottung setzte. Auch die modernen Bürokraten versuchten die Reichsstrukturen zu erhalten, doch sie erkannten, daß dafür einschneidende Reformen nötig waren, bis hin zur Opferung von Teilen der eigenen Klasse. Zunächst mußte die Zentralgewalt wiederhergestellt und durch Steuerreformen abgesichert werden. Dann war der Militärapparat zu modernisieren und die Reaktionsfähigkeit des Staates auf den verschiedenen Politikfeldern (Handels-, Wirtschafts-, Rechts-, Bildungspolitik etc.) europäischen Vorbildern anzupassen. Dies setzte eine selektive Verwestlichung der bürokratischen Kader voraus: die Schaffung eines modernen Beamtentypus, der sowohl den Status wie die Rekrutierung der traditionalen Bürokratie in Frage stellen mußte. Der Konflikt zwischen den beiden Bürokratiesegmenten währte über einhundert Jahre, durchlief verschiedene Phasen der Stagnation und der Mobilisierung, hatte mancherorts ganz unterschiedlichen Tiefgang und kam nicht überall zum gleichen Resultat. In den Kernländern des Osmanischen Reiches (Rumelien und Anatolien) und im Iran waren die bürokratischen Reformen auf die Erneuerung des politischen Systems beschränkt, in Nordafrika und Syrien erfaßten sie aber auch das ökonomische System und tangierten damit die Frage nach einer entwicklungspolitischen Transformation.

In Nordafrika nahm der Staatsinterventionismus in den Produktionsprozeß und in den Außenhandel schon Ende des 18. Jahrhunderts zu[2]. Auf der Grundlage agrarischer Handelsmonopole steigerten die lokalen Bürokratien ihre Einnahmen und investierten sie in politischen Strukturreformen (Ali Bey al-Kabir in Ägypten und der Bey von Constantine in Algerien). Eine qualitative Steigerung fand dieser Trend jedoch in der komplexen Entwicklungspolitik von Muhammad Ali (1805–49) in Ägypten und Syrien[3].

Der osmanische Vizekönig in Ägypten erzielte mit Hilfe rigoroser Methoden (physische Liquidierung der Steuerpächter und Verwaltungszentralisation) in wenigen Jahren eine Machtkonzentration, die seit Jahrhunderten erstmals wieder eine volle staatliche Besteuerung der Landwirtschaft ermöglichte. Darüber hinaus errichtete er ein staatliches Handelsmonopol für Agrarprodukte, dessen Gewinne (billiger Einkaufspreis im Inland – relativ hohe Verkaufspreise auf dem Weltmarkt) er abschöpfte. Aber der Staat steigerte seine Einnahmen aus dem Agrarexport auch durch Eingriffe in die Produktionssphäre. Er führte neue Anbauprodukte ein (Maulbeerbäume, langfasrige Baumwolle), neue Techniken (Rotation der Anbauprodukte, Schulung der Bauern, Kreditwesen) und organisatorische Neuerungen (Überwindung saisonaler Fluktuationen, Frauen- und Kinderarbeit, Produktionsanreize). Auf deren Grundlage wurde ein Militärapparat aufgebaut, der große Teile des Vorderen Orients eroberte, so die Rohstoffbasis erweiterte (Seidenproduktion in Syrien) und neue Märkte schuf. Damit bot sich ein Industrialisierungsprogramm an, das seine Schwerpunkte in der Rüstungsindustrie und in der Textilindustrie hatte. Protektionistisch abgeschottet, wurde in Ägypten die erste Industriebasis der Region aufgebaut. Die ägyptische Industrie, die aus einer staatlichen Konzentration des privaten Handwerks hervorging, mußte zwar viele Produktionsmittel aus Europa importieren, stellte aber auch bald eigene her. Sie erzeugte Rüstungsgüter, Kleider und Textilien relativ guter Qualität für den Eigenbedarf und Zwischenprodukte (Zwirn) sogar für den Export. In den 30er Jahren waren rund 30 000 Arbeiter in den ägyptischen Fabriken beschäftigt; etwa 20% der ägyptischen Baumwolle wurden im Lande verarbeitet. Sogar Ansätze zu einer Modernisierung der Bildung waren zu registrieren.

Das ägyptische Entwicklungsexperiment ist in der wissenschaftlichen Literatur häufig mit der japanischen Meiji-Restauration (1868–1912), dem Ausgangspunkt der Industrialisierung Japans, verglichen worden[4]. Die Komplexität der ägyptischen Wandlungsprozesse hätte nun tatsächlich eine tiefgreifende Transformation auslösen können, wenn nicht eine Reihe von Faktoren Zweifel aufkommen ließen. Kritische Analysen[5] verwiesen auf den staatlichen Zwangscharakter der Industrialisierung, die Ausschaltung autonomer Unternehmerschichten, unzureichende Energieressourcen, das Fehlen einer eigenen Forschung und kostspielige Produktionsmittelimporte. Es stellt sich die Frage, ob die ägyptische Entwicklungsstrategie nicht zu sehr von der tributgebundenen Produktionsweise inspiriert war. Die Entwicklungschancen des ägyptischen Modells müssen aber deshalb umstritten bleiben, weil es am Ende der 40er Jahre durch eine Koalition externer und interner Kräfte viel zu früh zu Fall gebracht wurde. Nachdem Großbritannien in einem Handelsvertrag mit der Pforte (1838) Freihandel und Zollmargen für das gesamte Reichsgebiet diktiert hatte, übernahm es auch die Aufgabe, die Vereinbarungen überall durchzusetzen. Dies geschah durch wirtschaftspolitische Allianzen und militärischen Druck. In Syrien[6] bedrohte das ägyptische Monopolhandelssystem unter Ibrahim Pascha, dem Sohn des Vizekönigs, die Handelsinteressen der einheimischen Kaufleute und trieb sie in eine Koalition mit Großbritannien und dem Osmanischen Reich, das sich seinerseits unter dem Druck Ägyptens befand. In der Geschichte Syriens gilt die „ägyptische Periode" (1832–40) mit ihrer starken staatlichen Kontrolle als Beginn der Modernisierung. Syrien wurde effektiv verwaltet, Sicherheit und Ordnung förderten das Wirtschaftswachstum. Aber diese kurze Blütezeit symbolisierte mehr. Sie stand für den orientalischen Reformstaat, der die produktiven Wirtschaftssektoren (Landwirtschaft und Manufakturhandwerk) unterstützte und von Imperialismus und einheimischer Handelsbourgoisie gemeinsam bekämpft wurde. Aber auch in Ägypten selbst fanden die Metropolen Bundesgenossen. Nachdem Muhammad Ali in einer Weltmarktflaute Zahlungsprobleme durch eine Verteilung von Landnutzungsrechten finanziell überwunden hatte, entwickelte sich diese Schicht von Großgrundbesitzern (Mitglieder der politischen Elite, Dorfscheichs) zu Gegnern der Handelsmonopole und Partnern Großbritanniens. Die Entwicklungspolitik des Vizekönigs wurde schließlich extern durch eine Dezimierung des ägyptischen Militärapparats zu Fall gebracht und intern durch eine wirtschaftspolitische Öffnung, für die der Großgrundbesitz seinen Nachfolger Abbas (1849–54) zu gewinnen wußte. Mit dieser Wende brach die sozioökonomische Basis der eigenständigen Politik Ägyptens. Der Industriesektor wurde aufgelöst, der Rohstoffexport trat in den Vordergrund. Das lokale Textilhandwerk profitierte noch bis in die 70er Jahre hinein von den Kenntnissen, die es in den Fabriken erworben hatte. Nachdem der Versuch in Ägypten gescheitert war, dem Imperialismus eine eigenständige, modernisierte sozioökonomische Basis entgegenzusetzen, konzentrierten sich die Reformkräfte der Region vor allem auf die Reorganisation des Staatsapparats.

In Iran scheiterten die Reformbemühungen der Qajaren-Bürokratie im 19. Jahrhundert allerdings bei zwei Anläufen an den traditionalen Kräften[7]. Daher konnte der iranische Staat die beachtlichen Spielräume, die ihm die Konkurrenz der Großmächte (Rußland und Großbritannien) in einer geographischen Randzone des Vorderen Orients bot, nicht nutzen. Der Zerfall des Staates intensivierte die wirtschaftliche Durchdringung von außen und stärkte die politischen Kapazitäten führender sozialer Klassen (Kaufleute, Großgrundbesitzer), die nun ihrerseits den

Widerstand gegen den Imperialismus und seine iranischen Stützen trugen (Konstitutionelle Bewegung 1906–11) und deren Interessen eine spätere Erneuerung des Staates unter Reza Schah nicht mehr übergehen konnte. Dies war im Osmanischen Reich anders. Hier führten die Reformen über vier Etappen zur Kristallisation einer modernen Staatsbürokratie, die keine gesellschaftlichen Kräfte neben sich duldete[8].

In einer ersten Phase (1789–1839) erfolgte gegen den erbitterten Widerstand der traditionalen Streitkräfte (Janitscharen) eine Armeereform (westliche Organisation und Technik). Mit ihrer Hilfe konnte die Herrschaft der lokalen Potentaten (āyān) in Anatolien und Rumelien zerschlagen werden. Die westliche Ausbildung von Beamten und Offizieren (Militärakademie 1834) wurde eingeleitet und die Verwaltung wieder weitgehend zentralisiert. Die Großmächte unterstützten diese Reformen, da sie Ordnung und Sicherheit förderten und somit die wirtschaftliche Durchdringung erleichterten. Der zweite Reformschub (1839–76), bekannt unter dem Begriff tanẓīmāt (Ordnungen), paßte das osmanische Rechtssystem westlichen Vorbildern an (Strafrecht, bürgerliches Recht, Handelsrecht), modernisierte das Bildungssystem (Naturwissenschaften, Technik, Medizin, Militärwesen, Verwaltung), führte eine Neugliederung der Verwaltung durch und etablierte die allgemeine Wehrpflicht. Westliches Recht und moderne Bildungsinhalte schränkten die Funktionalität des Islam ein und drängten seine Repräsentanten (ulama) allmählich in den Hintergrund. Weniger erfolgreich waren die Reformer allerdings in ihren Versuchen, neue Steuerquellen zu erschließen, um die staatlichen Kontrollkapazitäten und Handlungsspielräume zu erweitern. Weder das Auslandskapital noch die herrschende Klasse waren fiskalisch zu erreichen. Der Versuch, durch eine gezielte Privatisierung von Grund und Boden Finanzmittel zu akkumulieren, erwies sich jedoch bald als Bumerang, da der Staat einen geregelten Steuereinzug nicht erzwingen konnte. So ließ er das Experiment versanden. Unzureichende Ressourcen zwangen dem Reformstaat in entlegeneren Provinzen (z. B. Syrien) Zugeständnisse (politische Beteiligung der Notabeln) und Kompromisse (privater Landbesitz u. a.) auf.

Die Reformen der tānẓīmāt-Periode fanden noch im Einklang mit dem Sultan statt. Jetzt zeigte sich aber, daß die „Reformen durch Anpassung" immer größere Probleme aufwarfen: wirtschaftliche Krisen, militärische Niederlagen, Souveränitätsverlust durch Verschuldung, soziale Konflikte. Diese Fehlschläge desillusionierten den Staatsapparat, führten aber zu unterschiedlichen Reaktionen: während das moderne Bürokratiesegment immer radikaler wurde, suchten Sultan und traditionale Bürokratie nach restaurativen Maßnahmen der Systemerhaltung. Die beiden nächsten Reformphasen erfolgten im Kontext gesellschaftlicher Umbrüche. Sie wurden von sozialen Bewegungen getragen, in denen sich blockierte Aufsteiger (Intellektuelle aus wirtschaftlich erfolgreichen muslimischen Familien) und frustrierte Absteiger (traditionaler Mittelstand) zu radikalen Oppositionellen entwickelten. Die radikalen Bewegungen gaben der modernen Bürokratie neue Impulse. Die Jungosmanen (70er und 80er Jahre) suchten die Macht des Sultans einzuschränken (Konstitutionalismus), entwickelten eine moderne Ideologie für den antiimperialistischen Abwehrkampf (islamisch-säkularer Patriotismus) und formulierten erstmals ein ökonomisches Ziel (staatliche Wirtschaftsförderung). Sie erreichten kurzfristig die Errichtung eines Parlaments (1877), wurden dann aber von der konservativen Bürokratie unterdrückt. Mit Sultan Abdülhamid II. (1876–1909) setzte sich das letzte Mal eine große Persönlichkeit der traditionalen Zentralgewalt durch. Die Restauration der islamischen Kräfte und seine autokratische Herrschaft blockierten den Reformkurs über Jahrzehnte. Aber trotz seiner Popularität bei den muslimischen Massen konnte auch der konservative Kurs die Destabilisierung des Reiches nicht aufhalten. Dies gab erneut den Modernisten Auftrieb. Die Bewegung der Jungtürken (1908–18) richtete sich gegen den rückwärtsgewandten Absentismus des Sultans ebenso wie gegen die Kräfte des Imperialismus. Ihr Ziel war die Ausschaltung des traditionalen Bürokratiesektors. Darüber hinaus hatten sie eine nationalistische Ideologie (Turanismus) entwickelt, die sich bereits vor dem Ende des Osmanischen Reiches auf die Mobilisierung des türkischen Kernbestandes konzentrierte. Im wirtschaftlichen Bereich strebten die Jungtürken den Aufbau einer national-türkischen Bourgeoisie gegen die überlegene herrschende Klasse der Minoritäten und des Auslandskapitals an. Die jungtürkische Bewegung diente einer Gruppe von Offizieren der Balkanarmee, die politische Macht in Istanbul an sich zu reißen (1908). Aber dieser Staatsstreich fiel bereits mit einer Verschärfung der internationalen Konkurrenzkämpfe im Vorfeld des Ersten Weltkriegs zusammen. Dies löste im Osmanischen Reich neue Sezessions- (Balkan) und Kolonialkriege (Tripolitanien) aus. Die Jungtürken waren fast nur noch mit Abwehrkämpfen beschäftigt. Erst während des Weltkrieges deuteten sie entwicklungspolitische Initiativen an: die systematische Privilegierung eines kleinen national-türkischen Bürgertums und der muslimischen Mittelschichten auf Kosten der Minoritäten sowie vermehrte Eingriffe des Staates in die bestehenden Wirtschaftsstrukturen. Aber die Auseinandersetzung zwischen moderner Staatsbürokratie und herrschender Klasse mündete in keine sozioökonomische Transformation, sondern in einen ethnopolitischen Konflikt um die Existenz beider Klassen nach dem verlorenen Krieg.

Zurückblickend läßt sich der Reformprozeß der osmanischen Bürokratie nur als unzureichend charakterisieren. Zwar hatte er zur Herausbildung eines modernen, aktiven Bürokratiesegments geführt und dieses sollte in der Existenzkrise der türkischen Kernlande noch eine entscheidende Rolle spielen (2.2.1.). Doch war es nicht gelungen, das multinationale Reich zu erhalten. Dies ist auf den verengten politischen Blickwinkel der osmanischen Bürokratie zurückzuführen, die es versäumt hatte, in Kooperation mit der herrschenden Klasse wirtschaftspolitische Spielräume zu erkämpfen und eine eigene sozioökonomische Basis zu schaffen („einheimische" Bourgeoisie). Daraus resultierte ein entfremdetes Bürgertum (Handels- und Finanz-, mit etwas Industriekapital) einerseits, das seine Zukunft überwiegend jenseits der osmanischen Herrschaft suchte (Nationalstaaten), und eine finanziell entmachtete Staatsbürokratie andererseits, deren Handlungskapazitäten ständig abnahmen. Unfähig, die extern dominierte Ökonomie angemessen zu besteuern, hatte die Staatsbürokratie ihre Zuflucht bei einer neuen „Einnahmequelle" gesucht: ausländischen Anleihen. Lange Jahre erhielt der Osmanische Staat ständig neue europäische Kredite. Und selbst als er unter Finanzkontrolle gestellt war, hielten sich Schuldendienste und neue Kredite die Waage[9]. Die Rivalitäten der Metropolen um möglichst günstige Startpositionen bei der wirtschaftlichen Erschließung des Vorderen Orients machten das Osmanische Reich zu einem Netto-Kredit-Empfänger, der viel größere Summen erhielt als er je zurückzuzahlen hatte. Dieses Einkommen begründete zwar keine neue Handlungsfreiheit, doch sicherte es der Staatsbürokratie eine hohe Unabhängigkeit innerhalb der Gesellschaft und ein Überleben, das riskante und gefährliche Strukturreformen erübrigte. Der Reformschub der osmanischen Bürokratie fiel also einer Art „Renteneinkommen" (vgl. 1.1.4. und 3.1.) zum Opfer. Der Staat wurde von den Metropolen für seine administrativen, politischen und völkerrechtlichen Funktionen alimentiert. Und er suchte seinerseits die Bedingungen, die zu dieser Privilegierung führten, zu verbessern: durch kooperatives Verhalten, höhere Attraktivität und das Schüren der europäischen Konkurrenz[10]. Auf diese Art und Weise konnten Herrschaftspositionen stabilisiert werden, deren Charakter sich auf der Basis von Tributen einer längst überholten Produktionsweise herauskristallisiert hatten, im Rahmen einer abhängigen kapitalistischen Entwicklung jedoch auf äquivalente Rahmenbedingungen stießen. Erst das Einschwenken der Jungtürken auf die Seite einer der Metropolen (Deutsches Reich), ein tödlicher Verstoß gegen die „Regeln", kostete die Existenz.

## 2.2. Die „Revolution von oben" im Vorderen Orient

Seit dem Ersten Weltkrieg spitzten sich die sozioökonomischen Probleme der abhängigen kapitalistischen Entwicklung im Vorderen Orient zu. Die traditionalen Staatsbürokratien und neokolonialen Klassenregime, denen die Metropolen die politische Verwaltung nach und nach überlassen hatten, waren immer weniger dazu fähig, die daraus herrührenden Systemkrisen zu bewältigen. Sie mündeten, wenn auch mit vielfältigen Verzögerungen, in Revolutionen, aus denen ein neuer Regimetyp hervorging: Staatsklassen übernahmen die Macht, Politikspezialisten, deren Organisationskapazitäten denen der alten politischen Eliten überlegen waren und deren Bestreben es war, das politische System wieder zu stabilisieren. Innerhalb von sechs Jahrzehnten erschütterten Revolutionen fast alle Teile der Region. Stellvertretend für sie werden im folgenden die fünf bedeutendsten Revolutionen behandelt. Sie repräsentierten die epochalen Eckpfeiler der Entwicklung im Vorderen Orient, ihre regionalen Wirkungen waren kaum zu überschätzen und sie bestimmten die Geschichte der wichtigsten Gesellschaften der Region. Im Anschluß an die Einzelanalysen werden wir nach den Gemeinsamkeiten und Unterschieden dieser Revolutionen fragen und zu klären versuchen, weshalb einige wenige Länder diesen Revolutionen entgangen sind (2.3.).

Unter „Revolution"[11] wollen wir Prozesse eines schnellen, grundlegenden und gewaltsamen Wandels des politischen Systems, der Gesellschaftsstruktur, der Werte und der politischen Legitimität verstehen, die mit nicht legalen Mitteln durchgesetzt werden (auch „soziale Revolution"). Revolutionen können durch unterdrückte Klassen (Revolution von unten) oder spezielle Segmente des Staatsapparats erzwungen werden (Revolution von oben)[12]. Stets muß jedoch eine sozioökonomische und politische Transformation gegeben sein, in der die herrschende Klasse sowohl politisch wie auch wirtschaftlich zerstört wird. Antikoloniale Unabhängigkeitskriege (Algerien, Südjemen) werden hier als Sonderform der Revolutuion nicht weiter erörtert. Unsere These ist, daß es im Vorderen Orient bisher nur „Revolutionen von oben" gegeben hat[13]. Dies mag bezüglich der iranischen Revolution von 1979 verblüffen und steht auch im Gegensatz zum überwiegenden Urteil in der wissenschaftlichen Literatur. Wir werden jedoch zeigen, daß auch sie ihren Erfolg primär den organisatorischen Kapazitäten einer bürokratischen Schicht verdankte. Unsere Revolutionsanalysen sind des weiteren der modernen Revolutionstheorie verpflichtet, wie sie in vergleichenden Untersuchungen entwickelt worden ist[14].

Insbesondere sind wir davon überzeugt, daß Revolutionen stets durch extern determinierte Krisen ausgelöst werden und nur zustande kommen, wenn der alte Staatsapparat vorher zerbricht. Revolutionen sind auch nicht ausschließlich auf Klassenkämpfe zurückzuführen, sondern spiegeln Auseinandersetzungen um das staatliche Machtmonopol wider. Vor allem aber: Die Resultate von Revolutionen sind durch die bewußten politischen Aktivitäten von Individuen und Gruppen nicht erklärbar. Sie ereignen sich vielmehr beim Aufeinandertreffen sehr komplexer struktureller Bedingungen, die nie planbar sind. Insofern wurden die Revolutionen in der Türkei, in Ägypten und im Iran auch nicht von Mustafa Kemal, Nasser oder Khomeini „gemacht", sondern waren politische Prozesse, die durch extern hervorgerufene Systemkrisen eingeleitet wurden, in denen der alte Staat scheiterte, und die es politischen Akteuren (Gegeneliten) ermöglichten, ihre überlegenen Organisationskazapitäten ins Spiel zu bringen.

### *2.2.1. Die türkische Revolution (1923–1950)*

Die Niederlage des Osmanischen Reiches im Ersten Weltkrieg war nur das konsequente Resultat eines sozioökonomischen Zusammenbruchs, wie er sich schon über mehrere Jahrzehnte hin abgezeichnet hatte[15]. Während die Staatsbürokratie des Reiches von den europäischen Metropolen politisch gestützt und finanziell alimentiert wurde, entzog ihr der wirtschaftliche Imperialismus die materielle Basis. Die Inkorporierung der osmanischen Wirtschaft in den Weltmarkt hatte eine herrschende Klasse hervorgebracht, die ihre Existenz dem europäischen Schutz verdankte. Demgegenüber hatte die Staatsbürokratie in ihrem politischen Schonraum Reformen durchgeführt, die ihr Selbstbewußtsein und ihre Eigendynamik stärkten. Dieser Gegensatz führte zu Konflikten, die das „einheimische" Kapital veranlaßten, sich auf ethnische, religiöse und nationale Loyalitäten zu stützen und das multinationale Reich in Frage zu stellen. Während die Staatsbürokratie die Sanierung des Osmanischen Reiches anstrebte, wurde das „Bürgertum" immer deutlicher zum Kristallisationspunkt partikularer Nationalinteressen. Die Entfremdung zwischen Staatsbürokratie und Wirtschaftseliten schwächte die Problemlösungskapazität des Staates erheblich. Seine sozioökonomischen Reflexionen blieben minimal. Dagegen konzentrierte er sich auf rein politische Gegenstrategien. Als das kolonial zu kurz gekommene Deutsche Reich Ambitionen im Vorderen Orient entwickelte, sah es sich einer Vielzahl von Konkurrenten gegenüber, die in Kooperation mit den lokalen Finanz- und Handelsbourgeoisien (Minoritäten) an der Zerstückelung des Reiches arbeiteten. Die deutsche Orientpolitik begann daher die muslimischen Zentralkräfte zu unterstützen, um ihren Einfluß auf die gesamte Region ausweiten zu können. Für die jungtürkische Fraktion der Staatsbürokratie schien Deutschland der geeignete Koalitionspartner zu sein, um die Erosion des Reiches zu unterbinden. Aber damit wurde das Osmanische Reich 1914 in den Weltkrieg gerissen und an allen Fronten geschlagen. Die Siegermächte (Friedensvertrag von Sèvres 1920) teilten die arabischen und europäischen Teile des Reiches auf (vgl. 1.1.4.). Selbst das Kernland Anatolien wurde in Einflußzonen, Protektorate und unabhängige Gebiete aufgeteilt und zum Teil annektiert (Griechenland und Italien). Istanbul kam unter alliierte Militärverwaltung, der alte Staatsapparat (Sultan, Bürokratie, Militär) wurde unter Kuratel gestellt.

In dieser Existenzkrise übernahm erneut das moderne Bürokratiesegment die

Initiative und rettete in einem revolutonären Akt (fünfter Reformschub) das türkische Kerngebiet des Osmanischen Reiches[16]. Die Sultansregierung schickte 1919 General Mustafa Kemal[17] als Armeeinspekteur in das unbesetzt gebliebene Nord- und Zentralanatolien (Bevölkerung rund 4,5 Millionen), um dort eine verläßliche Militärstruktur aufzubauen; doch dieser machte von seinen Vollmachten einen anderen Gebrauch. Mustafa Kemal (1881–1938) stammte aus einer einfachen Beamtenfamilie in Saloniki, erhielt eine moderne westliche Bildung und durchlief alle osmanischen Militärschulen bis zur Stabsakademie in Istanbul. Als Offizier im diplomatischen Dienst und Mitglied der Jungtürkischen Bewegung entwickelte er persönliche Beziehungen bis in die höchsten Beamtenkreise hinein. Er war hoch gebildet, überwiegend Logistiker und Organisator, politisch sehr interessiert, verwestlicht, verfügte über ein fast krankhaftes Selbstbewußtsein und war für sein libertinäres Privatleben ebenso bekannt wie für seine labile Physis. Im Krieg bewährte er sich als einziger General, der in einer der Schlachten die alliierten Truppen schlagen konnte (Gallipoli-Front). Mit diesem Prestige ausgestattet, schuf er in Anatolien zuerst eine Kommunikationsstruktur zwischen allen Institutionen, politischen Gruppen und Organisationen und etablierte sich als Konfliktschlichtungsinstanz[18]. Dann folgte der Aufbau einer neuen hierarchischen Sturktur aus Militärkommandanten, lokalen jungtürkischen Parteigremien (Lehrer, Beamte, Intellektuelle) und Notabelngruppen (meist Großgrundbesitzer). Auf dieser Basis entstanden regionale Kongresse, die 1920 in Ankara zur „Großen Türkischen Nationalversammlung" (Medschlis) zusammengefaßt wurden. Diese „Volksvertretung", durch geflohene Abgeordnete aus Istanbul ergänzt, bestand überwiegend aus Beamten (43%), aus Angehörigen Freier Berufe (18%), ulama (17%), Handelsbourgeoisie (13%) und Großgrundbesitzern (6%). 70% der Versammlung verfügten über Hochschulbildung (Analphabetenrate der Bevölkerung rund 90%). Zwar versuchte das alte Regime diese illegale Reorganisation des politischen Systems mit Intrigen und rechtlichen Interventionen (fetwa) zu hintertreiben, doch Friedensdiktat und ausländische Invasion hatten seine Legitimität völlig untergraben. Die Abschaffung des Sultanats durch die neue Nationalversammlung (1921) beendete die Existenz des Osmanischen Reiches auch formal.

Erst jetzt wandte sich das Revolutionsregime der nationalen Verteidigung zu. Drei Jahre nach dem Weltkrieg waren die Rivalitäten und Verteilungskonflikte zwischen den Siegermächten erneut voll ausgebrochen. Die Verständigung mit der neuen Sowjetmacht und Italien sowie die britisch-französische Konkurrenz gaben den Türken freie Hand gegen Griechenland. Die Okkupationstruppen Griechenlands in Westanatolien wurden 1922 vernichtend geschlagen. Kemal wurde zum Retter des Vaterlandes und konsolidierte seine Position als charismatischer Führer der modernen Türkei (Beiname: Atatürk = „Vater der Türken") mit der Revision des Siegerdiktats im Frieden von Lausanne (1923). In diesem Vertrag behauptete die Türkei neben Anatolien Ostthrakien, Armenien und Kurdistan, verlor allerdings das erdölreiche Mossulgebiet an den neuen Irak. Die Dardanellen wurden entmilitarisiert (bis 1936). Die Privilegien für die Ausländer (Kapitulationen) konnten im gegenseitigen Einvernehmen auf das Jahr 1929 hin storniert werden, dafür mußte die Türkei 62% der osmanischen Schulden übernehmen. Und schließlich wurde ein Bevölkerungsaustausch mit Griechenland vereinbart.

Der Bevölkerungsaustausch[19] beendete eine gesellschaftliche Transformation ersten Ranges, die seit dem Weltkrieg durch militärische Vernichtung, Massaker und Exilierung eingesetzt hatte. Die Bevölkerung in den Grenzen der neuen Türkei war von 15 Millionen auf 13,6 Millionen geschrumpft. Der Anteil der nichtmuslimischen Minoritäten (vor allem Griechen und Armenier) war von 20% auf 2,6% gesunken. Dies betraf auch Teile der Landbevölkerung, vor allem aber die Städte: Arbeiter und bürgerliche Kreise. Über ein Viertel der Bevölkerung hatte ihren Wohnort gewechselt. Am wichtigsten war jedoch, daß 90% der „Vorkriegs-Bourgeoisie" durch diesen Prozeß eliminiert worden waren; nur wenige Türken, die jetzt von außen einwanderten (Balkan, Rußland), waren bürgerlicher Herkunft. Damit besaß die Staatsbürokratie machtpolitisch eine absolute Monopolstellung. Der türkischen Wirtschaft schadete dieser Wandel allerdings nur wenig. Zum einen drang das europäische Kapital sehr schnell in die Lücken, die durch die Liquidation der Minoritäten entstanden waren (Landwirtschaft, Bankensystem, Manufaktur). Zum anderen aber förderte der Staat die Etablierung einer national-türkischen Bourgeoisie: Anhänger des neuen Regimes und Neueinwanderer erhielten den zurückgelassenen Besitz der Minoritäten. Sie etablierten sich sozioökonomisch als Großgrundbesitzer und Kaufleute, politisch aber als Klienten der autokratischen Staatsklasse.

In den 20er Jahren konsolidierte das revolutionäre Staatsklassen-Regime seine Macht. Im Mittelpunkt standen die politische Beseitigung oppositioneller Kräfte und der Aufbau eines neuen politischen Systems. Im nationalen Unabhängigkeitskrieg war Mustafa Kemal von einer breiten Koalition sozialer Kräfte unterstützt worden: Anhängern der alten Ordnung (Rechtsgelehrte, religiöse Funktionäre, Großgrundbesitzer, türkische Kaufleute und Finanziers), reformorientierten Bürokraten (Befürworter einer gemäßigten Anpassung), bürokratischen Revolutionären (Kemalisten) und marxistischen Intellektuellen. Eine solche Koalition barg große Widersprüche in sich, und demnach gab es in der Großen Nationalversammlung langwierige Konsensbildungen. Dies entsprach nicht den Vorstellungen der radikalen Bürokraten. Vor allem war ihnen die Teilung der Macht und die Partizipation unterschiedlicher sozialer Gruppen fremd.

Für die herrschende Staatsbürokratie war der konservative Block der gefährlichste. Die religiösen Funktionäre bildeten einen markanten Teil des alten Staatsapparates und standen den modernen Segmenten über Jahrzehnte als Gegner gegenüber. Neben der Religion (politische Legitimation) hatten sie immer noch Teile des Rechtssystems, des Kultur- und Bildungssystems unter sich. Außerdem konnten sie sich wirtschaftlich auf die religiösen Stiftungen (waqf) stützen und verfügten über enge Beziehungen zu den Notabeln und zum Großgrundbesitz. Handels- und Finanzbourgeoisie und Großgrundbesitz waren jedoch für die Wirtschaft des Landes wichtig und mußten gefördert werden. Da sich hier aber eine nationale Oberschicht erst herausbilden mußte, waren die Wirtschaftsgruppen schwach und vom Staat extrem abhängig. Ihre wirtschaftliche Privilegierung machte sie gefügig und politisch unschädlich. Dies traf jedoch nicht für die ulama zu. Die Methode der politischen Eliminierung der ulama durch die Staatsbürokratie war neu[20]. Sie war einerseits radikal (Zerstörung der sozioökonomischen Basis), andererseits aber auch behutsam und technokratisch. Es gab keine physische Vernichtung und es blieben vielfältige Nischen, in die sich das traditionale Bürokratiesegment zurückziehen konnte. Nur allzu häufig stehen der symbolische Charakter oder die kulturelle Modernisierung der kemalistischen Reformen im Vordergrund historischer Beschreibungen (Abschaffung der arabischen Schrift, Verbot von Fez und Schleier).

Viel wichtiger für uns ist jedoch der politische Inhalt der Reformen. Die staatliche Kontrolle der religiösen Stiftungen, die Schließung der islamischen Gerichtshöfe, die Säkularisierung der Schulen, die Abschaffung des Religionsunterrichts im öffentlichen Bildungswesen und die Einführung der lateinischen Schrift waren wichtige Schritte zur Modernisierung des Landes. Gleichzeitig bedeuteten sie in ihrer Radikalität vor allem die Ausschaltung des ulama-Segments der Staatsbürokratie. Insbesondere die Schriftreform bedeutete ein tabula rasa mit dem gesamten kulturellen Erbe. Damit waren die ulama überflüssig geworden, allenfalls noch in religiösen Funktionen zu gebrauchen (Moscheen) und selbst dort wurden sie staatlicherseits kontrolliert. Wo dies nicht so leicht möglich war, wie bei den islamischen Orden, unterdrückte das Regime den religiösen Sektor gewaltsam. Die Ausschaltung der ulama durch die moderne Bürokratie in der Türkei ist als Opferung von Teilen der eigenen Klasse (Staatsbürokratie) zu werten. Das sich modernisierende Segment der Staatsklasse vernichtete die Teile seiner selbst, die sich seiner Reorganisation widersetzten.

Nach der Eliminierung der Traditionalisten kamen die gemäßigten Reformer und die linken Intellektuellen an die Reihe. Den Moderaten war die Säkularisierung und der Staatsinterventionismus zu radikal. Auch sie waren hohe Beamte des alten Regimes. Mustafa Kemal schloß sie aus dem inneren Kreis aus, schickte sie ins Exil und gewährte ihnen später eine Amnestie. Ihre Unterdrückung war „sanft". Sozialisten und Kommunisten waren in ihrem Denken dagegen viel radikaler als das kemalistische Bürokratiesegment. Sie wurden als eigenständiger Machtfaktor ausgeschaltet, doch individuell in das Regime integriert. Als Spezialisten für Ideologieentwicklung (Kemalismus) und der ökonomischen Planung spielten sie innerhalb des Revolutionsregimes eine wichtige Rolle.

Das politische System[21] der Kemalisten war formal ein Präsidialsystem mit einer dominanten Partei und einem Parlament. De facto kam dem Präsidenten (Mustafa Kemal) jedoch eine Stellung zu, die der des Sultans in einem patrimonialen Herrschaftsgefüge glich, gleichermaßen abgesichert durch traditionale und charismatische Legitimität. Die zivile Staatsbürokratie beherrschte den Staatsapparat, das Parlament und die „Republikanische Volkspartei" (Cumhuriyet Halk Partisi), die überwiegend Kontroll- und Kommunikationsaufgaben wahrnahm und als „Wahlmaschine" fungierte. Neun Zehntel der Abgeordneten gehörten ihr an. Das Militär hielt sich aus dem politischen Prozeß heraus, fühlte sich aber als Garant des bürokratischen Regimes. Auf dem ersten Kongreß der Staatspartei (1927) wurden drei Prinzipien des „Kemalismus" verabschiedet: Republikanismus (Antimonarchismus), Nationalismus (politische und wirtschaftliche Unabhängigkeit) und Laizismus (Trennung von Religion und Staat). Diese Ideologie war modern, westlich und elitär. Sie repräsentierte die Staatsklasse, war jedoch völlig jenseits der kulturellen Traditionen und des Vorstellungsvermögens der Bevölkerungsmehrheit. Auf dieser politischen Basis begann das Revolutionsregime mit einer radikalen sozioökonomischen Transformation.

In den 20er Jahren war die Wirtschaftspolitik des bürokratischen Regimes noch weitgehend in traditionalen Bahnen verlaufen[22]. Das Hauptgewicht lag auf der Agrarexport-Ökonomie, in der sich das ausländische Kapital und die neue türkische Oberschicht nach Eliminierung der Minoritäten festgesetzt hatten. Das Revolutionsregime strebte zwar rhetorisch eine Industrialisierung an, doch existierten keine diesbezüglichen Grundlagen und der Staat konnte wegen der noch geltenden

Kapitulationen keine protektionistischen Maßnahmen einführen. So blieb den Kemalisten gar nichts anderes übrig, als ebenfalls die kommerzielle Agrarökonomie zu unterstützen. Aber mit der Weltwirtschaftskrise 1929 veränderten sich diese Rahmenbedingungen schlagartig. Der Exportmarkt brach zusammen. Preisstürze ruinierten viele Bauern oder trieben sie in die Subsistenzwirtschaft zurück. Der Großgrundbesitz war angeschlagen und der Außenhandelskomplex verzeichnete einen Bankrott nach dem anderen. In der größten Krise des kapitalistischen Weltmarktes ging es für das türkische Regime nicht mehr um die Frage von Handlungsspielräumen. Vielmehr mußte es jetzt eigenständig handeln, um eine wirtschaftliche und politische Katastrophe abzuwenden. Also erst zu Beginn der 30er Jahre eröffneten sich dem Revolutionsregime Rahmenbedingungen, die eine radikale sozioökonomische Transformation ermöglichten. Welchen Gebrauch machte das Regime von dieser Chance?

Im Mittelpunkt der neuen Entwicklungspolitik stand das staatliche Engagement im Industrialisierungsprozeß. Das bürokratische Regime erkannte, daß die Türkei als unterentwickeltes Land eine spezielle sozioökonomische Ordnung und Konzeption benötigte, um die Barrieren aus der langen imperialistischen Ära zu überwinden. Auf seiner pragmatischen Suche nach einem geeigneten Konzept lernte das Regime von zwei Vorbildern:

- der sozialistischen Planwirtschaft der Sowjetunion; hier wurde die staatliche Planung und die industrielle Schwerpunktsetzung übernommen (türkische Delegation unter Ministerpräsident Inönü in Moskau) und
- der kollektivistischen Wirtschaftskonzeption des faschistischen Italien (Carta del Lavoro); hier wurde die intensive staatliche Intervention in die Arbeitsbeziehungen bei Beibehaltung privatwirtschaftlicher Initiative sowie die staatliche Korporierung der Verbände übernommen.

Diese Komponenten der beiden Vorbilder verschmolzen in der Türkei zum Etatismus-Konzept. Darunter verstand das Regime ein aktives Engagement des Staates im Industrialisierungsprozeß (makroökonomische Planung, staatliche Investitionen, staatliche Lenkung privatwirtschaftlicher Aktivitäten) ohne Aufgabe der Privatwirtschaft: eine mixed economy. Dem Prinzip des Etatismus als vierter Säule der kemalistischen Ideologie (neben Republikanismus, Nationalismus und Laizismus) folgten noch zwei weitere Grundsätze: der Populismus (Verantwortung des Staates für Gleichheit und Wohlfahrt aller Bürger) und das Revolutionäre Prinzip repräsentierten die ideologische Radikalisierung des Regimes in der sozioökonomischen Sphäre, was bis dahin gefehlt hatte. Sie bildeten die ideologische Konzeption einer „Revolution von oben". Alle diese Prinzipien forderten tiefgreifenden sozioökonomischen Wandel, wiesen die Initiative dazu aber exklusiv der staatlichen Führung zu. Hier begegnen wir wieder dem Erbe der osmanischen Bürokratietradition.

Am Beginn der wirtschaftlichen Entwicklung[23] stand der Aufbau eines neuartigen Steuerungs- und Planungsinstrumentariums. Dazu war die Ausschaltung des ausländischen Kapitals notwendig, das die türkische Infrastruktur, die Bergwerke, das Bankensystem und verschiedene Industriebetriebe kontrollierte. Sukzessive kaufte der Staat alle ausländischen Unternehmen und Beteiligungen auf. Eine Zentralbank wurde gegründet, um den Devisenfluß und die Währung beeinflussen zu können. Ein System entwicklungsorientierter Staatsbanken diente der Mobilisierung türkischen Privatkapitals sowie der Planung und Entwicklung von Industrie- und Bergbauunternehmen auf der Grundlage öffentlicher und privater Finanzen. Unter Beteiligung sowjetischer Experten wurde 1931 der erste Industrieplan erstellt. Gleichzeitig kam es zur Ausdifferenzierung technokratischer Kader aus der türkischen Bürokratie. Diese Beamten übernahmen das Management der staatlichen Großbanken und Industrieunternehmen. Aus ihren Reihen rekrutierten sich später viele Unternehmer, so daß es nicht übertrieben ist, die türkische Industriebourgeoisie der ersten Stunde als Klientel der Staatsklasse zu bezeichnen. Eine „Vereinigung für Nationale Wirtschaft und Sparsamkeit" propagierte die Verwendung nationaler Produkte, empfahl Selbstgenügsamkeit und sorgte später auch für die Drosselung der Importe. Gleichzeitig erfolgte die Inkorporierung aller türkischen Unternehmer. Im Zeichen der wirtschaftlichen „Roßkur" unterband der Staat aber auch jede politische Eigenständigkeit. Alle sozialen Gruppen und Verbände wurden staatlicher Kontrolle unterworfen. Dies war die Kehrseite des wirtschaftlichen Aufbruches. Doch wie wurde die türkische Industrialisierung finanziert?

Zuerst ist festzuhalten, daß die finanziellen Ressourcen für die Industrialisierung überwiegend national erwirtschaftet wurden. Mit einigen wenigen Auslandskrediten, zu denen auch eine sowjetische Anleihe gehörte, wurden Industrieausrüstungen gekauft und die Schulden aus der osmanischen Zeit bezahlt. Das Gros der Finanzmittel kam jedoch aus der Landwirtschaft[24]. Die Agrarpolitik des Regimes mußte 1929 auf völlig neue Grundlagen gestellt werden. Wirtschaftspolitisch blieb die Landwirtschaft die einzige Finanzquelle und mußte daher geschützt werden. Aber sozialpolitisch hatten sich die Schwerpunkte verschoben. Die kommerzielle Exportökonomie der West- und Südküste Anatoliens (Izmir und Adana) war als zentraler Devisenbeschaffer (Baumwolle, Feigen, Trauben, Tabak, Haselnüsse) ausgefallen. Daher wurden die türkischen Nachfolger der Minoritäten (Großgrundbesitz und Handelsbourgeoisie) als privilegierte Klientele von der Staatsklasse fallengelassen. Die neue Agrarpolitik konzentrierte sich auf die Getreideproduktion, die sowohl der Ernährung der Bevölkerung, der Einsparung von Devisen (bisher Nahrungsmittelimporte) und der Finanzierung der Industrialisierung dienen sollte. Soziogeographisch verlagtere sich damit das Interesse des Regimes hin zum anatolischen Hochland mit seinen vielen mittleren und kleineren Getreidebauern. Die anatolischen Mittelbauern waren in den 20er Jahren erstmals in der Lage gewesen, ein gewisses Mehrprodukt zu erwirtschaften. Gewissermaßen als Nebeneffekt einer florierenden Exportökonomie waren sie in den nationalen Markt integriert worden. Das neue landwirtschaftliche Konzept des Regimes ging aber weiter, indem es die Mittelbauern vor externen Einflüssen des Weltmarktes schützte. Die Weltwirtschaftskrise hatte bei allen landwirtschaftlichen Produkten einen Preisverfall herbeigeführt. Dieser Preissturz drohte, die Mittelbauern wieder in die Subsistenzwirtschaft zurückzuwerfen. Daher übernahm der Staat die Funktion eines Zwischenhändlers, der den Bauern durch eine gezielte Preispolitik den Weizen über dem Weltmarktpreis abnahm und dadurch ihren Lebensstandard stabilisierte (1932–34). Die Mittelbauern als Klientel des Regimes reagierten durch Mehrarbeit und Konzentration auf das lukrative Agrarprodukt Weizen. Bisher vernachlässigtes Land wurde kultiviert, so daß die Anbauflächen bis zu 50% zunahmen. Weitere staatliche Maßnahmen umfaßten den Aufbau von Kooperativen, Technologieimpulse und eine Verteilung staatlicher Ländereien (8–12% des kultivierten Bodens). Eine größere Bodenreform fand allerdings nicht statt. Dem gegenüber wurde der kommerzielle Großgrundbesitz politisch vernachlässigt. Die staatliche Drosselung der Importe förderte die arbeitsintensive Landwirtschaft (Familienbetriebe) auf Kosten der technologieabhängigen Großbetriebe (Traktoren, Benzin, Ersatzteile). Auch auf dem Kreditsektor ließ die Förderung des Exportsektors nach. Und ständig war eine Agrarreform in Diskussion, die als existentielle Bedrohung über dem Großgrundbesitz schwebte. Das Regime hatte also die sozialen Fronten gewechselt. Doch darf dies nicht als ideologische oder soziale Reorientierung der Bürokraten mißverstanden werden; ihnen ging es primär um die Finanzierung der Industrieentwicklung.

Die staatliche Abschöpfung beim Agrarsektor wurde nicht durch Steuern bewerkstelligt, sondern durch die staatliche Preispolitik, genauer: die innergesellschaftlichen terms of trade. In der ersten Hälfte der 30er Jahre waren die Weltmarktpreise für landwirtschaftliche Produkte und Industriewaren depressionsbedingt niedrig. In der Türkei aber subventionierte der Staat die Agrarpreise und hielt sie auf dem früheren Niveau. Gleichzeitig verlangte er allerdings auch für die neuen Produkte der einheimischen Industrie hohe Preise. Die Bauern mußten die staatlichen Monopolwaren zu künstlich überhöhten Preisen kaufen und wirkten als manipulierbarer Binnenmarkt. In der zweiten Hälfte der 30er Jahre hatte sich das Weltwirtschaftssystem wieder erholt und die Agrarpreise lagen weit über dem Niveau der 20er Jahre. Jetzt aber kaufte der türkische Staat das Getreide der Bauern immer noch zum alten „Subventionspreis" auf und erzielte damit im Außenhandel extreme Gewinne. Die Bauern erhielten davon nur wenig. Der Staat konnte jetzt seine früheren Subventionskosten ausgleichen und hohe Industrie-Investitionen tätigen. Gleichzeitig hatten die Bauern auch weiterhin sehr hohe Preise für die einheimischen Industriewaren zu zahlen.

Trotz der hohen Abschöpfung, die den ersten Industrialisierungsschub finanziert hatte, war der Lebensstandard der mittleren Bauern nachhaltig verbessert worden. Damit war der Binnenmarkt gewachsen und dies wiederum war der entscheidende Impuls für die Industrialisierung. Außerdem war die Türkei im Bereich der Getreideproduktion autark geworden. Das Entwicklungskonzept des Regimes fußte auf einer Allianz zwischen Staatsbürokratie und mittlerem Grundbesitz. Mit Hilfe der abgeschöpften Ressourcen aus der Landwirtschaft (Außenhandelsmonopol des Staates und überhöhte Preise für Industriewaren) wurde eine importsubstituierende Industrie auf der Basis türkischer Rohstoffe aufgebaut: eine Massenkonsumgüter- (Textilwaren, Kleidung, Nahrungsmittel, Eisenwaren und Werkzeuge, Papier etc.) und eine Schwerindustrie (Zwischenprodukte, Montanindustrie, Zellstoff, Glas, Keramik, Chemieprodukte). Hinzu kam ein beachtlicher Infrastrukturausbau. Rund 90% aller Investitionen erfolgten im öffentlichen Sektor; zwischen 1927 und 1938 wuchs die türkische Industrieproduktion um 80%. Der Anteil der Industrie am Bruttoinlandsprodukt stieg von 10% auf 16%. Erstmals wurde auch eine positive Zahlungsbilanz erreicht. Doch darf man nicht übersehen, daß dieser Erfolg auf dem Rücken der jetzt wachsenden Arbeiterklasse erwirtschaftet wurde, deren Löhne extrem niedrig blieben. Der Staat sorgte zwar für subventionierte Nahrungsmittel, unterdrückte sonst aber jede gewerkschaftliche Regung.

Kaum zehn Jahre nach dem wirtschaftlichen Aufbruch veränderten sich die Rahmenbedingungen der türkischen Entwicklung erneut. Im Vorfeld des Zweiten Weltkriegs wurde die Türkei in ein komplexes diplomatisches Intrigenspiel verwikkelt. Ankara wollte auf keinen Fall wieder in einen Weltkrieg hineingerissen werden und bemühte sich um eine neutrale Position. Auf jeden Fall sollte aber ein Krieg gegen die westlichen Alliierten und die Sowjetunion vermieden werden. Diese Kalkulation schien jedoch 1939 durch den Hitler-Stalin-Pakt gefährdet. Als nun Ismet Inönü, der Nachfolger Atatürks (gestorben 1938), mit Stalin ein Separatabkommen auszuhandeln versuchte, nahm Moskau erstmals seit der Zarenzeit wieder Einfluß auf die Dardanellen. Nur mit äußerstem diplomatischen Geschick (Dreierallianz mit Großbritannien und Frankreich, Neutralitätsvertrag mit der Sowjetunion, Nichtangriffspakt mit Deutschland) und ständig am Rande einer militärischen Intervention, rettete das kemalistische Regime seine Neutralität über den Weltkrieg hinweg. Aber auch danach endete die Bedrohung nicht. Als die Verlängerung des sowjetisch-türkischen Freundschaftsvertrags (1925–1945) anstand, präsentierte Moskau die Rechnung für die türkische Neutralität. Erneut wurde die Meerengenfrage aufgeworfen und Grenzkorrekturen gefordert. Aus türkischer Sicht war die Souveränität des Landes seit 1938 wieder in Frage gestellt. Diese internationalen Rahmenbedingungen hatten für die Türkei wirtschaftliche, soziale und politische Konsequenzen.

Schon der zweite Fünfjahresplan (1939–44) mußte den Vorbereitungen auf einen eventuellen Kriegsfall geopfert werden. Der Aufbau eines kampfbereiten Militärapparates (eine Million Soldaten) verschlang große Teile der Staatsfinanzen, kostete Arbeitskräfte und reduzierte die landwirtschaftlichen und industriellen Produktionskapazitäten. Hinzu kamen Notstandsmaßnahmen, die in den Produktionsprozeß und den Markt eingriffen. Und auch der überbesetzte Staatsapparat (35% des Budgets für Gehälter) wurde zu einer stetig wachsenden Last. Diese „Kriegswirtschaft“ setzte auch weiterhin auf einen raschen Industrie- und Infrastrukturausbau, doch war das Industriewachstum (1938–48 um 56%) jetzt mit hohen Kosten verbunden, vor allem in der Landwirtschaft. Daraus folgten neue soziopolitische Konstellationen.

Das Revolutionsregime hatte seit Beginn der 30er Jahre den traditionalen Wirtschaftssektor vernachlässigt und diskriminiert. Dafür hatte es den Lebensstandard der mittleren Bauern Anatoliens nachhaltig verbessert und durch die Industrialisierung eine starke soziale Mobilität in den Unterschichten verursacht. Ober- und Mittelschichten wurden also gewissermaßen als Klientele des Regimes vertauscht und die apolitischen Unterschichten soziopolitisch neutralisiert. Aber die „Kriegswirtschaft“ zerbrach die Klientelbeziehung zwischen Regime und Mittelbauern. Mobilmachung und Rekrutenaushebung trafen vor allem die arbeitsintensive Produktion in der Landwirtschaft; gleichzeitig kam es zu keiner Entlastung der Mittelbauern auf der Seite der Konsumgüterpreise. Sie finanzierten auch weiterhin unter schwersten Produktionsbedingungen die fortschreitende Industrialisierung. Und als sie sich dadurch wehrten, daß sie Teile des produzierten Getreides auf dem Schwarzen Markt zu verkaufen begannen, schlug der Staat durch Steuererhöhungen, Requirierungen und umfangreiche Kontrollen zurück. Während die Großgrundbesitzer und das Handelskapital auf dem Schwarzen Markt hohe Gewinne erzielten und staatliche Gegenmaßnahmen (Vermögenssteuer-Gesetz 1942) politisch abwehrten, trugen die Mittel- und Kleinbauern die Hauptlast der „Kriegswirtschaft“. Doch dies sollte politische Folgen haben. Die Integration des mittleren Grundbesitzes in den Markt hatte seine Träger auch politisiert. Als sie in den 40er Jahren Vernachlässigung und Ausbeutung registrierten, wechselten sie die politischen Fronten und verbündeten sich mit dem Großgrundbesitz. Erst jetzt begann sich eine wirksame politische Opposition herauszubilden, da die Mittelbauern gewissermaßen „opinion leaders“ in den Dörfern waren und der Oberschicht Zugang zu den ländlichen Massen verschafften. Der kommerzielle Großgrundbesitz mit seinen städtischen Partnern aus Handel und Finanzen organisierte nun mit Hilfe der Mittelbauern und der Reste des religiösen Sektors (hodschas) ein breites Widerstandspotential. Damit aber war die soziale Stütze des Regimes auf die städtischen Mittelschichten im Staatsdienst, die Intelligenz und die Industrie-Elite zusammengeschmolzen.

In den 40er Jahren entbrannte innerhalb der türkischen Staatsklasse ein Konflikt darüber, wie das Revolutionsregime auf die zunehmende Krisenakkumulation reagieren sollte. Dieser Konflikt verlagerte den Entscheidungsprozeß nach dem Tode des Staatsgründers in die Republikanische Volkspartei und in das Parlament. Ein Teil der Staatsbürokratie, zu dem lange Zeit auch Inönü gehörte, strebte die Vertiefung oder Radikalisierung des Transformationskurses an. Dies bedeutete, daß das Regime entwicklungspolitische Konzepte aufgreifen sollte, die den Unterschichten zugute kommen würden. Ein anderer Teil der politischen Elite war bestrebt, die sich wandelnden internationalen Rahmenbedingungen (u. a. Kalter Krieg) zu berücksichtigen und sich dem „Hilfsangebot“ der kapitalistischen Mächte zu öffnen. Dies bedeutete innergesellschaftlich Rücksichtnahme gegenüber den Kräften, die für eine Öffnung zum Weltwirtschaftssystem hin funktional sein konnten: Großgrundbesitz und Handelsbourgeoisie, die Eckpfeiler der Exportökonomie. Die radikale Alternative suchte eine Allianz des Regimes mit den bäuerlichen Massen: Kleinbauern, Pächtern und Landarbeitern[25]. Diese sollten durch Alphabetisierungskampagnen, Breitenbildung und landwirtschaftlich-technische Erwachsenenbildung mobilisiert und politisiert werden (Konzept der „Dorfinstitute“). Gleichzeitig wurde eine Bodenreform angestrebt, die den Grundbesitz auf höchstens 10 ha festschreiben sollte und durch die Umverteilung des Bodens eine Ausweitung des Binnenmarktes hervorgerufen hätte. Außerdem war auch die Verstaatlichung des Außenhandels im Gespräch. Diesem Entwicklungskonzept einer binnenmarktorientierten Industrialisierung stand ein Öffnungskurs gegenüber. Ihm folgte die Staatsklasse schließlich, weil er sicherer und bequemer erschien und den elitären Bürokraten das Bündnis mit den Massen ersparte. Ausschlaggebend für die entwicklungspolitische Wende waren vor allem zwei Faktoren. Zum einen wurde die sowjetische Politik auch nach dem Weltkrieg als Bedrohung der Türkei wahrgenommen. Dies zwang die Staatsklasse zur Kooperation mit der westlichen Supermacht, die ihrerseits wiederum „Weltmarktintegration“ forderte und „sozialistische“ Strategien des Staatsinterventionismus ablehnte. Zum anderen bot der Westen umfangreiche Kredite und Warenlieferungen an, mit deren Hilfe die Legitimität des Regimes qua Verteilung schlagartig wiederhergestellt werden konnte, während das alternative Entwicklungskonzept langwierige, unsichere und umstrittene Wandlungsprozesse voraussetzte. Rüstungshilfe, Kredite, Marshallplan (1948) und NATO-Beitritt (1952) etablierten die Türkei fest im westlichen Lager. Aber die damit verbundenen sozioökonomischen und politischen Veränderungen führten 1950 zum Sturz des Revolutionsregimes.

Die Konflikte innerhalb der Staatsklasse verursachten 1946 Machtverschiebungen zugunsten der „gemäßigten“ Bürokraten. Die radikalen Systemveränderer verloren ihre Führungspositionen. Damit fand eine Demontage der massenorientierten Bildungspolitik statt, während die Agrarreform bis zur Unkenntlichkeit verwässert wurde. Der Großgrundbesitz erhielt durch Marshallplan-Kredite einen neuen Technologieschub. Gleichzeitig setzten massive amerikanische Interventionen ein. Wirtschaftsexperten der USA kanalisierten die Kredite in die Landwirtschaft, und da vor allem in den exportorientierten Bereich. Der Primat der Industrialisierung fiel und die staatlichen Steuerungs- und Kontrollmechanismen wurden abgebaut. Die Modernisierung und Professionalisierung der türkischen Armee reduzierte ihr politisch-ideologisches Engagement, während Bildungs- und Medienpolitik den westlichen Einflüssen erlagen. Und schließlich forderten die USA ein Mehrparteiensystem.

Die Staatsklasse hatte bereits 1945 der Gründung einer „Demokratischen Partei" (DP) zugestimmt, war jedoch überzeugt gewesen, deren Handlungsspielraum kontrollieren zu können. Doch dabei unterschätzte sie die Politisierung der Gesellschaft durch die Opposition. Die DP konsolidierte ihre innenpolitische Stellung auf der Grundlage jener Kräfte, die das bürokratische Regime ablehnten: kommerzieller Großgrundbesitz, Handelsbourgeoisie, Mittelbauern und religöser Sektor. Im Gegensatz zur elitären Staatsbürokratie verfügte diese Koalition über eine echte Massenbasis, auch wenn diese weitgehend auf Klientelstrukturen beruhte. Sie wurde darüber hinaus von den USA unterstützt, die sie für zuverlässiger hielten als die Staatsklasse. Und so verlor diese in den Parlamentswahlen von 1950 sang- und klanglos ihre Macht. War die Türkei bis dahin von einer Staatsbürokratie geführt worden, die überwiegend vom Balkan stammte, so repräsentierte das neue Regime die herrschende Klasse der kommerziellen Agrarexportökonomie aus Anatolien. Die revolutionären Erben der osmanischen Bürokratietradition waren mit ihrem Konzept der autonomen Entwicklung und rücksichtslosen Modernisierung gescheitert.

### 2.2.2. *Die Epoche der arabischen Revolution*

Die Reorganisaton des internationalen Systems nach dem Zweiten Weltkrieg hatte im Vorderen Orient unterschiedliche Folgen. Während sich die politische Kontrolle durch die kapitalistischen Metropolen an den Rändern des Sowjetimperiums verstärkte (u. a. Türkei, Iran), verringerten sich die staatlichen Kontrollkapazitäten im arabischen Raum, gaben dadurch regionale Handlungsspielräume frei und lösten massive Reaktionen gegen die abhängige Entwicklung und ihre Träger aus. Diese Eruptionen erfaßten zunächst Ägypten (1952), dann Syrien und den Irak (1958). Darüber hinaus brachen Revolutionen aber auch im Nordjemen (1962), in Libyen und im Sudan (1969) aus, während sie im Libanon und in Jordanien (1958) durch westliche Militäreinsätze im Keime erstickt und anderswo (z. B. in Tunesien unter dem Destour-Sozialismus 1962–69) politisch aufgefangen wurden. Wir konzentrieren uns hier stellvertretend für die „Arabische Revolution" der 50er und 60er Jahre auf drei Fallstudien (Ägypten, Syrien, Irak), wobei Ägypten im Zentrum unserer Argumentation steht.

#### 2.2.2.1. *Die ägyptische Revolution (1952–1970)*

In Ägypten geriet der neokoloniale Staat (vgl. 1.1.4.) Ende der 40er Jahre in Bedrängnis. Ausgelöst durch die imperialistische Deformation, brachen wirtschaftliche (Rezession), soziale (Klassenkämpfe), kulturelle (Identitätskrise) und politische Probleme (Souveränitätskonflikt) auf, die sich gegenseitig verstärkten und das politische System mit einer Existenzkrise konfrontierten. In dieser Situation war der tripolare Staat (Palast, Großbritannien, Wafd) aufgrund seiner Widersprüche zu einer Problemlösung nicht in der Lage. Während die herrschende Klasse (Großgrundbesitz, Handels- und Finanzkapital) einen entwicklungspolitischen Durchbruch qua Industrialisierung blockierte, stellte sich Großbritannien allen Lösungen der nationalen Frage in den Weg. Wirtschaftlich und politisch angeschlagen, klammerte sich die frühere Hegemonialmacht an alle übriggebliebenen Kontrollpositionen im Vorderen Orient. Insofern gelang es den populistischen Kräften (Wafd) nicht, Ägypten die volle Souveränität zu gewinnen und die Reste des Kolonialismus (Verteidigungsbündnis mit London, Sonderrechte Großbritanniens, Abtrennung des Sudan) abzustreifen. Dies wiederum schwächte die Popularität des parlamentarischen Systems, warf die Frage nach der nationalen Identität Ägyptens auf und entzog dem neokolonialen Staat die Legitimation der Massen. Als schließlich auch die proarabische Intervention in Palästina (1948/49) zur blamablen Katastrophe führte, waren Prestige und Moral des Staates untergraben. Die politische Initiative (Kampfaktionen in der Suezkanalzone) schien auf die radikalen Gruppen und revolutionären Bewegungen überzugehen, die sich seit den 30er Jahren in Ägypten herausgebildet hatten. Als am 26. Januar 1952 die Innenstadt Kairos dem plündernden Mob zum Opfer fiel (Schwarzer Samstag), war die Handlungsunfähigkeit des Staates nicht mehr zu übersehen. Keine sechs Monate später übernahmen die Militärs die Macht.

Die Leidtragenden der ägyptischen Krise waren vor allem die bäuerlichen Massen, die Arbeiterschaft und die neuen Mittelschichten. Obwohl es den Bauern am schlechtesten ging, bildete sich kein bäuerliches Revolutionspotential heraus[26]. Die Vielfalt bäuerlicher Produktionsformen (landlose Lohnarbeiter, saisonale Wanderarbeiter, Kleinsteigentümer, Pächter, Teilzeitbauern, Grundbesitz verschiedenster Größenordnung – traditional und kapitalistisch) ließ es nicht zu, bäuerliche Interessen organisatorisch zu vereinheitlichen. Außerdem wurden die Bauern durch ihre klientelistische Anbindung an die Dorf-Notabeln ('umdas) und ihre Abhängigkeit vom Bewässerungssystem bürokratisch kontrolliert. Und schließlich blieb den Bauern die Landflucht als individuelle Problemlösung in einer teilindustrialisierten Gesellschaft. Bäuerlicher Widerstand brach sich nur sporadisch in lokalen Gewaltausbrüchen (anomisch) Bahn. Ganz anders sah es dagegen in den Städten aus. Schüler, Studenten, Intellektuelle, gebildete Mittelschichten und moderne Arbeiter bildeten die Basis eines ununterbrochenen sozialen Protestes, der sich in den 20er und 30er Jahren herausgebildet hatte und in den 40er Jahren explodierte: in politischen Kundgebungen, Massendemonstrationen, Schlägereien, Terrorismus und Konspiration. Hinter diesem städtischen Widerstand standen drei systemfeindliche Bewegungen, deren Ideologien zur Politisierung und Mobilisierung der Gesellschaft beitrugen:

- die kommunistische Bewegung[27], deren marxistische Analysen zwar nur gebildete Schichten ansprachen (höchstens 3000 Mitglieder), aber den revolutionären Prozeß über die Offiziere (indirekt) weitaus substantieller als alle anderen Ideologien beeinflußten;
- die Bewegung „Junges Ägypten“[28], die auf einem ägyptisch-pharaonischen Nationalismus fußte und die große Masse der Mittelschichten in den antikolonialen Protest riß und

– die Gesellschaft der Muslimbrüder[29], deren islamistische Interpretation der Gegenwart vor allem den Teilen der neuen Mittelschichten zusagte, die unter kultureller Entfremdung und sozialer Blockierung litten und durch eine konkrete Utopie (islamische Ordnung, islamischer Staat) politisierbar waren.

Diese Bewegungen waren modern organisiert, autoritär geführt und politisch sehr wirksam. In den 40er Jahren konkurrierten Nationalisten und Islamisten um die Führungsposition, doch zu Beginn der 50er Jahre hatten die Muslimbrüder (rund eine Million) die Oberhand gewonnen. Kommunismus, pharaonischer Nationalismus und politischer Islam waren die zentralen Ideologien der revolutionären Bewegungen im ancien régime. Sie waren stark genug, das politische System zu lähmen, aber stürzen oder ersetzen konnten sie es nicht. Dies blieb den Militärbürokraten vorbehalten.

Die ägyptische Armee[30] des ancien régime war eine Schöpfung der Kolonialmacht, als Repressionsorgan konzipiert, geführt von britischen Offizieren und Angehörigen der herrschenden Klasse. Erst 1936 endete die externe Kontrolle der ägyptischen Armee; eine Militärakademie wurde gegründet und allen Abiturienten geöffnet. Damit setzte eine Umstrukturierung des Offizierscorps ein. Für die diskriminierten Mittelschichten entstand ein kleiner, aber attraktiver Aufstiegskanal. Eine ganze „Generation" von Söhnen mittlerer und kleiner Bauern, Beamter, Kaufleute und Lehrer wurde zu Offizieren ausgebildet. Sie waren geprägt durch ihre soziale Herkunft, die revolutionäre Politisierung ihrer Generation, die durch höhere Offiziere der herrschenden Klasse blockierten Aufstiegschancen und vielfache persönliche Kontakte zu den radikalen Bewegungen. In den 40er Jahren entstanden daher verschiedene oppositionelle Offizierszirkel, aus denen sich schließlich die „Freien Offiziere" unter Nasser[31] als erfolgreichste Gruppe herauskristallisierten. Oberstleutnant Gamal Abdel Nasser (1918–1970) wurde als Sohn eines kleinen Postbeamten in Alexandria geboren, wuchs bei Verwandten in Kairo auf und wurde dort bereits als Schüler aktives Mitglied der Bewegung „Junges Ägypten". Seine Karriere als Offizier begann in der Militärakademie und war vor allem durch Lehrtätigkeit und Organisationsaufgaben geprägt; auch wenn er persönlich mutig war, gehörten militärische Fähigkeiten weniger zu seinen Talenten. Seine formale Bildung war begrenzt, aber er verfügte über eine hohe Intelligenz, eine überragende Rednergabe, exzellente organisatorische Kapazitäten, war ein besessener Arbeiter und eine äußerst machtbewußte, elitäre Führerpersönlichkeit. Im persönlichen Bereich bevorzugte er einen sehr bescheidenen, allen materiellen Verlockungen resistenten Lebensstil, zu dem auch ein „kleinbürgerliches", glückliches Familienleben gehörte.

Der Staatsstreich der „Freien Offiziere" 1952[32] war keine korporative Angelegenheit des Militärsektors. Es waren vielmehr Randgruppen der Militärbürokratie, die sich illegal des Staatsapparates bemächtigten, um ihn zu reorganisieren und damit einer revolutionären Massenerhebung zuvorzukommen. Ihre Machtergreifung erfolgte planmäßig, organisatorisch und politisch gut abgesichert. Der politische Zielkatalog der Offiziere war sehr vage, doch ihr politischer Gestaltungswille eindeutig. Die Offiziersjunta schaffte die Monarchie und das parlamentarische System ab, verbot nach und nach alle politischen Parteien und Verbände und zerschlug durch die Einleitung einer Agrarreform die wirtschaftliche Macht des Baumwollkomplexes; der gesamte Großgrundbesitz über 200 feddan (1 feddan =

0,42 ha) wurde enteignet. Die Militärbürokraten sahen in der formalen Demokratie des ancien régimes nur eine Fassade, hinter der sich die privilegierten Klassen und Schichten stets durchzusetzen verstanden. Aber sie waren auch nicht bereit, ihre Macht mit den revolutionären Bewegungen zu teilen. Als sich die Muslimbruderschaft nicht beugen wollte, wurde ihre Organisation unnachsichtig liquidiert, ihre Führung hingerichtet (1954). Mitte der 50er Jahre war die politische Macht der Militärbürokraten gesichert, aber die sozioökonomischen Strukturen setzten dem Handlungsspielraum des Staates nach wie vor enge Grenzen.

Die externe Rückendeckung des Neokolonialismus in Ägypten war jedoch labil geworden. Die USA hatten Großbritannien als Führungsmacht der Region verdrängt, konzentrierten sich jedoch nur auf die Ölstaaten und waren auch sonst anderweitig mehr beschäftigt (Eindämmung der Sowjetunion, wirtschaftlicher Aufbau Westeuropas). Dies eröffnete dem ägyptischen Regime außenpolitische Spielräume[33]. Erstmals seit Muhammad Ali entwickelte Ägypten wieder eine regionale und überregionale Außenpolitik, die ganz allmählich antiimperialistische Züge annahm (Kooperation mit der Bewegung der Blockfreien, Kontakte mit den sozialistischen Ländern). Als die USA den ägyptischen Flirt mit der Sowjetunion zu bestrafen suchten (Entzug der zugesagten Kredite für den Bau des Assuan-Hochdamms), traf die Gegenreaktion Kairos (Verstaatlichung des Suezkanals) die alten Kolonialmächte Großbritannien und Frankreich (1956). Deren letzte Strafaktion (unter Beteiligung Israels) führte zwar zu einem militärischen Debakel für Ägypten, doch die politische Intervention der neuen Hegemonialmacht USA rettete das Militärregime und zwang die Okkupationsmächte zum Rückzug. Nasser konnte seine militärische Niederlage zu einem politischen Sieg ummünzen, dem ersten arabischen Erfolg über die Mächte des Westens seit Sultan Saladin im Jahre 1187. Damit etablierte er sich für die nächsten Jahre als unumschränkter Herrscher Ägyptens und charismatischer Revolutionsführer der gesamten Arabischen Welt.

Der Zusammenbruch der metropolitanen Kontrollkapazitäten in Teilen des Vorderen Orients und die Systemkonkurrenz der Supermächte gaben den ägyptischen Militärbürokraten freie Hand nach innen. Zunächst erfolgte eine Konzentration innerhalb des Staatsapparates. Nasser entmachtete die Militärjunta und schuf ein neopatrimoniales ziviles Herrschaftssystem[34], dem er als Präsident mit de facto unumschränkten Vollmachten vorstand. Unter Neopatrimonialismus verstehen wir eine personale Herrschaftsform im Kontext moderner bürokratischer Strukturen, deren Legitimationsgrundlage traditionale Bindungen und materielle Leistungen bilden. Die politischen und bürokratischen Eliten des Systems (Staatsklasse), eine in sich segmentär gespaltene Schicht, waren durch personale Loyalitäten an den Revolutionsführer gebunden und wurden von diesem mit häufig wechselnden bürokratischen Aufgaben (Ämtern) betraut. Untereinander konkurrierten sie mit unterschiedlichen Vorschlägen, Programmen, Orientierungen und Ideen um die Gunst des über allen thronenden Präsidenten. Die Wiedereinführung eines Parlaments und der Aufbau einer Staatspartei dienten lediglich der Kontrolle, Information, Rekrutierung und Kommunikation von oben nach unten. Aber die Reorganisation des politischen Systems ging tiefer; sie wandte sich jetzt der herrschenden Klasse zu. Mit der politischen Niederlage Großbritanniens in der Suezkrise hatten die Großgrundbesitzer, das Großbürgertum und vor allem die Minoritäten ihren politischen Schutzschild verloren. Mit der Demontage ihrer Vormachtstellung sollten sich dem Revolutionsregime aber auch Freiräume für eine eigenständige Wirtschafts- und Entwicklungspolitik eröffnen[35].

Die ersten Verstaatlichungen nach der Suezkrise trafen das Auslandskapital: die Suezkanalgesellschaft, die großen Banken und Versicherungen und eine Reihe von Industriebeteiligungen. Die einheimischen Oberschichten kamen nacheinander an die Reihe. Am härtesten traf es den Großgrundbesitz (über 50 feddan), der durch eine dreistufige Agrarreform wirtschaftlich und politisch eliminiert wurde. Das Großbürgertum (Handel, Finanzen, Industrie) wurde zunächst geschont, um seine Finanzmittel in die Industrie zu kanalisieren. Doch als sich seine Investionsbereitschaft in diesem ungewissen Klima verringerte, erfolgten seit 1958 mehrere Verstaatlichungswellen, denen das private Bankensystem, die Dienstleistungsbetriebe und alle Industrieunternehmen mit mehr als zehn Beschäftigten zum Opfer fielen. Die Eingriffe des Staates in die Eigentumsverhältnisse und das Wirtschaftssystem beseitigten die alte herrschende Klasse. Vor allem die Minoritäten verließen Ägypten unter dem Druck der nationalen Politik Nassers. Mit diesem kosmopolitischen Sektor verschwand die Eleganz und Intellektualität der ägyptischen Gesellschaft. Ägypten wurde „provinzieller", aber die nationale Renaissance der Volkskräfte erzeugte eine neue politische Dynamik. Die dekadente mediterrane Kultur der neokolonialen Epoche wurde abgelöst durch eine national-arabische Aufbruchstimmung. An die Stelle des neokolonialen Staates trat ein autonomer Staat, in dem sich die autochthone Elite etablierte. Es entstand eine Staatsklasse, die der kemalistischen Führungsschicht nicht unähnlich war.

Die neue Staatsklasse Ägyptens kam überwiegend aus den mittleren und unteren Teilen der ländlichen Mittelschicht (wohlhabende und reiche Bauern), allerdings aus Familienteilen, die schon mindestens seit einer Generation in den Städten lebten und in der Regel einen Aufstieg qua moderne Bildung erzielt hatten. Der Bildungsgrad dieser Elite war im internationalen Vergleich überdurchschnittlich hoch (zwei Drittel Universitätsabsolventen); vorherrschend waren Ingenieure, Manager, Verwaltungsspezialisten und Naturwissenschaftler. Diese politische Führung war nicht bereit, ihre Macht mit irgendeiner gesellschaftlichen Gruppe zu teilen. An die Stelle einer Vielfalt politischer Parteien, Verbände und einflußreicher Institutionen trat ein hoch komplexer, hierarchisch strukturierter bürokratischer Apparat. Durchzogen das ancien régime Klientelstrukturen, die von der herrschenden Klasse ausgingen, so waren es jetzt Klientelnetze der Topbürokratie. Nur eine Ausnahme machte das Revolutionsregime bezüglich der Machtteilung[36]. Auf dem Lande etablierte sich jetzt eine neue kommunale Elite. Sie stammte aus dem mittleren Grundbesitz und garantierte dem Revolutionsregime Stabilität und Ordnung im ländlichen Raum. Aber auch diese ländlichen Notabelngruppen nahmen nur eine Vermittlungsrolle zwischen politischer Elite und Massen wahr; Einfluß auf die nationale Politik hatten sie nicht.

Mit der Konsolidierung bürokratischer Macht und der Ausschaltung der alten herrschenden Klasse hatte der ägyptische Staat die Voraussetzungen für eine tiefgreifende sozioökonomische Transformation geschaffen. Aber im Gegensatz zur Türkei sollte sie nicht nur das eigene Land betreffen, sondern die ganze nahöstliche Region einschließen. Insofern war die Zielsetzung des neuen ägyptischen Pharaos viel ambitionierter als die des bürokratischen Sultans in Anatolien.

Im ägyptischen Falle war es kein Zusammenbruch des Weltwirtschaftssystems, der einen neuen entwicklungspolitischen Aufbruch auslöste und die Revolution radikalisierte. Das ägyptische Regime nutzte vielmehr das metropolitane Kontrollvakuum im Vorderen Orient, um eigene Wege zu gehen. Im Zuge der Auseinandersetzung mit den neokolonialen Kräften und den internationalen Barrieren entwikkelte das Revolutionsregime eine immer radikalere Ideologie (Nasserismus), die sich einer sozioökonomischen Transformation von oben, einer panarabischen Verantwortung und einer wohlfahrtspolitischen Abfederung des Entwicklungsprozesses verpflichtet fühlte. In diesem Sinne übernahm der Staat Ende der 50er Jahre mit dem Ausbau eines Planungs- und Lenkungsinstrumentariums die entwicklungspolitische Initiative. Im Zentrum der autonomen Entwicklung Ägyptens stand eine komplexe Industrialisierung, die binnenmarktorientiert war und entscheidende Impulse aus einer radikalen Agrarreform (Kapitalabschöpfung, Arbeitskräftefreisetzung, Rohstoffproduktion, Markterweiterung), einer sozialen Transformation in den Städten (Klassenbildung, Einkommenshebung, Bildungs- und Mobilitätsförderung) und einer regionalen Großmachtrolle (Ressourcenmobilisierung, wirtschaftliche Integration) beziehen sollte.

Die dreistufige Agrarreform Ägyptens (1952, 1961, 1969) hatte neben ihren machtpolitischen Absichten (Auflösung des Großgrundbesitzes) weniger sozialreformerische (Reduktion der sozialen Ungleichheit) als vielmehr produktivitätssteigernde Ziele. So blieben ihre Wirkungen auf die Bodenverteilung und das Einkommen (Pachtverträge, Landarbeiterlöhne) der ländlichen Massen quantitativ gering. Aber an die Stelle des Großgrundbesitzes (0,4% der Landbevölkerung) trat eine breitere agrarkapitalistische Trägerschicht von Mittelbauern (5,5%), die auch politisch in das Regime eingebunden wurde (politische Elite auf kommunaler Ebene). Der überwiegende Teil des Agrarsektors wurde in staatlich gelenkte Genossenschaften überführt und durch umfangreiche Infrastruktur- und Technologieinvestitionen gefördert. Ziel des Revolutionsregimes war es, das damit wachsende landwirtschaftliche Mehrprodukt abzuschöpfen und in der Industrie zu investieren. Auch in Ägypten bediente sich der Staat überwiegend indirekter Abschöpfungsmechanismen, indem er über die Kooperativen das staatliche Handelsmonopol zwischen Weltmarkt und Produzentenbasis strategisch nutzte.

Der zweite Impuls für die Industrialisierung sollte aus der sozialen Transformation der städtischen Bevölkerung kommen. Die umfangreiche Wohlfahrtspolitik des Revolutionsregimes diente sicherlich auch der unmittelbaren politischen Bändigung der städtischen Massen und der Legitimationsbeschaffung generell. Sie war aber darüber hinaus eingebettet in das Entwicklungskonzept und hatte die Aufgabe, den bestehenden Binnenmarkt für einheimische Industriewaren zu erweitern. Nur ein Staatsklassen-Regime[37] konnte Produktionskapazitäten antizipierend und über Marktrationalitäten hinweg Binnenmärkte sozialtechnokratisch manipulieren. Die Expansion der Staatsaufgaben schuf eine breite Schicht von Beamten, Angestellten und Facharbeitern im Staatsdienst, die das Sozialgefüge in den mittleren Kategorien der städtischen Bevölkerung gewaltig anschwellen ließen. Eine gezielte Einkommenspolitik stattete diese sozialen Gruppen mit einer bemerkenswerten Kaufkraft aus. Auch die Arbeiterschaft im organisierten Sektor (mittlere und große Betriebe in staatlicher und privater Hand, Staatsapparat) wurde von diesen paternalistischen Einkommenshebungen nicht ausgeschlossen. Dagegen ging die ländliche Bevölkerung und die Masse der Beschäftigten im nichtorganisierten Sektor (kleine private Reparatur- und Handwerksbetriebe, personale Dienstleistungen, Kleinsthandel, diffuse Tätigkeiten im Überlebenskampf) leer aus. Ihnen kam der Staat nur mit einer umfangreichen Preis- und Subventionspolitik entgegen, von der allerdings alle Schichten profitierten. Auch die Bildungs- und Beschäftigungspolitik des Revolutionsregimes kam vor allem den mittleren Schichten zugute und trug zu einer rapiden sozialen Transformation bei, deren Schwerpunkt in einer Verlagerung der Privilegierung von einer winzigen Oberschicht in ein signifikantes Spektrum mittlerer Sozialkategorien lag. Wie die Agrarpolitik schloß die städtische Wohlfahrtspolitik nur wenige Gruppen der Gesellschaft völlig aus; ihr Nutzen konzentrierte sich jedoch stets auf die mittleren Schichten und eröffnete diesen einen sozialen Aufstieg, wie er nur in seltenen Perioden sozialer Umwälzungen vorkommt. Diese eindeutige Ausrichtung des Regimes auf die mittleren und unteren Teile der Gesellschft war jedoch weniger Ausdruck einer ideologischen Präferenz der Staatsklasse als vielmehr Resultat sozioökonomischer und politischer Zwänge. Weil das Regime aus Gründen der Stabilität eine autonome Entwicklungspolitik durchsetzen zu müssen glaubte, war es auf die Mobilisierung der unteren Bevölkerungsschichten angewiesen. Doch gleichzeitig verschmolzen auch Teile der Staatsklasse und der bevorzugten Mittelschichten mit Restbeständen der alten Oberschicht. Sie trugen in das Regime nicht nur restaurative Neigungen, die in Krisenzeiten virulent werden konnten, sondern gaben ihm auch hohe Flexibilität. Wir werden in einem späteren Abschnitt sehen, zu welchen Anpassungsleistungen an konservative, kapitalistische Rahmenbedingungen das ägyptische Revolutionsregime in der Lage sein würde (vgl. 3.1.2.1.).

Der dritte Entwicklungsimpuls kam aus der regionalen Großmachtrolle Ägyptens. Das Regime übernahm schon unmittelbar nach der Revolution die Repräsentation der Arabischen Welt und Afrikas in der weltweiten Bewegung der Blockfreien. Sein Panarabismus, sein revolutionäres Entwicklungsmodell und die Spitzenstellung im Zentrum der arabischen Kultur führten zum Aufstieg Ägyptens in der Prestigehierarchie der Weltpolitik. Doch darüber hinaus strebte Ägypten eine revolutionäre Umgestaltung der arabischen Staatenwelt an, um sein Revolutionsmodell abzusichern, Märkte für seine Industriewaren zu erschließen und Zugang zum Erdölkapital und zu potentiellen Agrarräumen zu erhalten. Diese Politik fand ihren Höhepunkt im Anschluß Syriens an Ägypten (Vereinigte Arabische Republik, 1958–61) und in der Eskalation der Konflikte zwischen den progressiven revolutionären Regimen und den konservativen und neokolonialistischen Kräften der Region. Entwicklungspolitisch waren die Folgen der ägyptischen Großmachtambitionen sehr widersprüchlich. Zum einen wurde Ägypten durch die Blockrivalen USA und Sowjetunion umworben: die Entwicklungsförderung beider Seiten brachte Ägypten Kreditleistungen und technische Hilfe im Werte von rund 3,8 Mrd. US-Dollar (1952–65), wobei der externe Kapitalanteil an den ägyptischen Entwicklungsinvestitionen 1963/64 auf etwa 40% anstieg. Insofern erfolgte die Finanzierung der ägyptischen Industrialisierung damals überwiegend aus zwei Quellen: der Landwirtschaft und der Entwicklungshilfe. Zum anderen aber verstrickte die Großmachtpolitik Ägypten in zahllose regionale Konflikte, die den Ausgaben der Militär- und Sicherheitsapparate Vorrang einräumten. Angesichts knapper Ressourcen kam dementsprechend die Produktivkraftentfaltung zu kurz, doch diese Prioritätensetzung war für das Staatsklassenregime charakteristisch (Primat der Legitimationsbeschaffung).

Die enormen Investitionsanstrengungen des Revolutionsregimes Anfang der 60er Jahre brachten Ägypten ein außerordentliches Wirtschaftswachstum (Bruttoinlandsprodukt stieg um 37,1% in fünf Jahren), das sich vor allem auf die Zwischenproduktindustrien (Chemie, Gummi, Garne, Metalle), dauerhafte Konsumgüter (Textilien, Elektrogeräte, Autos) und Rüstungsprodukte konzentrierte und sogar zu bemerkenswerten Verflechtungen zwischen diesen Sektoren führte. Vernachlässigt wurde jedoch der Aufbau einer Produktionsmittelindustrie, so daß Ägypten auch weiterhin auf teuere Importe angewiesen blieb. Der traditionale Exportsektor der ägyptischen Wirtschaft trat allerdings hinter die Binnenmarktorientierung der dynamischen Sektoren zurück und wurde durch ein stärker diversifiziertes Exportangebot der Industrie modifiziert. Der Außenhandel löste seine Bindungen an die westlichen Metropolen und verlagerte sich zum sozialistischen Staatensystem hin. Dies reduzierte die imperialistische Kontrolle der ägyptischen Wirtschaft noch mehr, aber angesichts des Entwicklungsgefälles zwischen West und Ost implizierte dieser Wandel auch große Nachteile (Qualität der Maschinen, geringer Innovationsdruck, Devisenmangel). Externe Unterstützung erhielt die ägyptische Industrialisierung jedoch nur von der Sowjetunion und den anderen sozialistischen Ländern; der Westen ignorierte das ägyptische Entwicklungskonzept. Seine Kredite kamen vor allem der Nahrungsmittelhilfe zugute. Darüber hinaus aber nutzte der Westen jede Gelegenheit, die autonome Entwicklung zu torpedieren. Dies war nicht verwunderlich, denn schließlich gefährdete die Revolution Ägyptens die westlichen Interessen nicht nur in den alten Zentren, sondern auch in den Erdölgebieten der Region.

Die autonome Entwicklung Ägyptens erreichte zwischen 1960 und 1964 einen Höhepunkt. Danach flachte das Wirtschaftswachstum ab und mündete in eine Rezession. Die Niederlage Ägyptens im Junikrieg 1967 gegen Israel versetzte der ägyptischen Entwicklungspolitik dann vollends einen Schlag, von dem sie sich nicht mehr erholte. In dieser Existenzkrise des Revolutionsregimes reagierte die ägyptische Staaatsklasse mit einer pragmatischen Anpassung an die internationalen und weltwirtschaftlichen Realitäten. Diese Wende war einerseits auf die internen und externen Blockaden der autonomen Entwicklung zurückzuführen, andererseits aber auch auf den Wandel der regionalen Erdölstrukturen. Doch weshalb scheiterte die autonome Entwicklung Ägyptens?

Hauptursache war der zu geringe Eingriff des Staates in die Sozialstruktur. Auf dem Lande waren nur die mittleren Bauern Nutznießer der Revolution gewesen, während die bäuerlichen Massen weitgehend ausgeschlossen blieben. In den Städten wiederum wurden die neuen Mittelschichten privilegiert. Daraus ergab sich nur ein begrenzter Binnenmarkteffekt, der die Industrialisierung zudem in den gehobenen Konsumgüterbereich abdrängte, da die wohlhabenden und anspruchsvollen Mittelschichten das wichtigste Käuferpotential bildeten. Weil sowohl Konsumgüter- wie Zwischenproduktindustrien extrem kapitalintensiv sind, expandierte der städtische Arbeitsmarkt nur geringfügig, was die Binnenmarkterweiterung zusätzlich blockierte. Die dynamischen Industriesektoren benötigten jedoch hochwertige Produktionsmittel, deren Import sehr kostspielig war. Demgegenüber sanken die Exporteinnahmen, da der Staat seine privilegierten Mittelbauern nicht ausreichend schröpfen konnte, die überhöhten Wechselkurse zur Stützung der Industrieimporte den Rohstoffexport verteuerten und die Umpolung des Außenhandels auf die sozialistischen Staaten Devisenverluste (konvertierbare Währungen) verursachte. Hinzu kam eine teuere Wohlfahrtspolitik, die außerdem den Wirtschaftssektor mit überflüssigen Arbeitskräften belastete und seine Leistungsfähigkeit zusätzlich dämpfte. Wachsender Devisenbedarf, sinkende Exporteinnahmen, stagnierende Abschöpfungschancen in der Landwirtschaft und wachsende Wohlfahrtsausgaben (Bevölkerungswachstum) drängten den Staat in die externe Ressourcenmobilisierung (Entwicklungshilfe, regionale Wirtschaftspotentiale). Die dafür nötige Großmachtpolitik steigerte jedoch die unproduktiven Kosten und verwickelte Ägypten in Rüstungswettläufe, Führungskonkurrenzen (mit Syrien und dem Irak) und militärische Abenteuer (Nordjemen, Israel), deren Rückwirkungen auf die Entwicklungspolitik verheerend waren[38]. Der Konflikt der Revolutionsregime (Ägypten, Syrien, Irak, Nordjemen) mit den konservativen Kräften der Region (neokoloniale Regime, konservative Erdölsstaaten, westliche Wirtschaftsinteressen, USA und Israel) löste wirtschaftliche Sanktionen der USA aus (Stornierung der Weizenlieferungen) und mündete in den dritten Krieg mit Israel. Die vernichtende Niederlage der arabischen Seite blockierte das Entwicklungskonzept Ägyptens endgültig.

Die Autorität des Revolutionsregimes wurde durch die materiellen Folgen des Sechstagekrieges 1967 (Verlust von Suezkanal- und Erdöleinkommen, rasanter Anstieg der Verteidigungskosten u. a.) tiefgreifend erschüttert[39]. Nasser vermochte nur mit dem Aufgebot aller seiner taktischen Fähigkeiten das Regime durch diese Krise hindurchzulavieren. Aber die revolutionäre Staatsklasse mußte auf eine neue Legitimationsbasis gestellt werden, da der bisherige wirtschaftspolitische Kurs nicht mehr finanzierbar war. Während des Krisenmanagements Ende der 60er Jahre standen zwei Alternativen zur Diskussion: die Vertiefung der Revolution durch die Mobilisierung der Unterschichten mit einem massenorientierten Industrialisierungsprogramm oder die Fortsetzung des bisherigen Kurses auf Kosten der unteren Bevölkerungsteile, die unter den gegebenen Verhältnissen verteilungspolitisch ausgegrenzt werden mußten. Hinter diesen alternativen Strategien standen einerseits linke Intellektuelle, radikale Bürokraten und Parteikader (Arabische Sozialistische Union), andererseits Manager der Staatsbetriebe, technokratische Bürokraten, Offiziere und Repräsentanten der akademischen Eliten. Dieser Gegensatz, der die Staatsklasse schon immer charakterisiert hatte, war bis dahin von Nasser ausbalanciert worden. In der Regimekrise setzte der Präsident aber auf die konservativen Segmente der Staatsklasse, die das privatwirtschaftliche Kapital durch Zugeständnisse und das staatliche Management durch größere Eigenständigkeit aktivieren wollten und damit die Chancen auf externe Kredite (Ölstaaten, Westen) zu verbessern versprachen. Nasser bereitete also den Kurswechsel des Revolutionsregimes noch selber vor, doch erst der Machtkampf um seine Nachfolge (1970/71) zwischen Ali Sabri und Anwar al-Sadat entschied ihn zugunsten einer liberalen Öffnung von Wirtschaft und Politik. Ausschlaggebend hierfür war die Annahme der ägyptischen Staatsklasse, im Rahmen des energiepolitischen Revirements neue Finanzressourcen in den Erdölstaaten und im Westen mobilisieren zu können. Dafür mußte sich Ägypten wieder den Mechanismen des Weltwirtschaftssystems beugen. Mit dieser Strategie setzte sich jenes Segment der Staatsklasse durch, dessen Entwicklungskonzept im Rahmen neuer weltwirtschaftlicher und internationaler Bedingungen die Stabilität des Regimes insgesamt qua Ressourcenmobilisierung am besten zu garantieren schien.

### 2.2.2.2. *Die syrische Revolution (1958–1970)*

Die Ausstrahlung der ägyptischen Revolution führte in Syrien und im Irak zu weiteren politischen Explosionen. Damit erfaßte die revolutionäre Dynamik nicht nur das gesamte traditionale Zentrum der Region, sondern griff über dieses hinaus. Zuerst wurde Syrien von der revolutionären Entwicklung überrollt. Dem syrischen „Bürgertum" (Großgrundbesitz, Handels- und Finanzkapital) war es erst nach einer langen Auseinandersetzung mit der französischen Kolonialmacht gelungen, die politische Macht zu erringen. Der neokoloniale Staat (1946–58) repräsentierte erstmals in der syrischen Geschichte die legitime Herrschaft einer sozialen Klasse. Aber diese war dem sozioökonomischen und politischen Wandel der 50er Jahre nicht gewachsen. Da es dem Militärregime al-Schischaklis 1954 mißlang, die kapitalistische Basis des Systems zu erneuern (vgl. 1.1.3.), geriet die Politik Syriens wieder in die Hände von Notabeln-Politikern, deren lokale Interessengegensätze das parlamentarische System paralysierten. Daher konnten mehrere kleine radikale Parteien (Ba'th, Arabische Sozialistische Partei, KP Syriens) mit ihren überlegenen ideologischen und organisatorischen Fähigkeiten in die traditionalen Klientelstrukturen der herrschenden Klasse einbrechen, vor allem in Hama, im Jabel Druz und in Damaskus, und so im Parlament Fuß fassen. Diese politische Herausforderung signalisierte einen heraufziehenden Klassenkampf[40].

Die Mechanisierung der Landwirtschaft, die langsam wachsende Industrialisierung und der Bildungssschub im unabhängigen Syrien hatten in den 50er Jahren starke soziale Wandlungsprozesse zur Folge. Auf dem Lande löste die „Proletarisierung" der Bauern traditionale Loyalitäten und Identifikationen auf. Viele Bauern fanden neue Jobs außerhalb der Landwirtschaft. In den Städten waren Administration und Wirtschaft nicht in der Lage, die modern gebildeten Mittelschichten aufzunehmen. Diese Blockierung ihrer Entwicklungschancen radikalisierte sie. Und auch die nichtorganisierten Bauern nahmen politische Parolen willig auf, nachdem sie mit moderner Bildung und oppositionellen Ideen in Berührung gekommen waren. Vor diesem sozialen Hintergrund fand 1954 der Zusammenschluß der damals noch städtisch-intellektuellen Ba'th ('Aflaq und Bitar) mit der sozialrevolutionären Bauernbewegung von al-Hawrani statt (Arabische Sozialistische Partei). Diese vereinigte Front[41] strebte eine Reorganisation des politischen Systems auf Kosten der herrschenden Klasse an. Im Rahmen eines panarabischen Staates sollte auf der Grundlage hoher gesellschaftlicher Beteiligung ein starker säkularer Staat entstehen, der aktiv in die Ökonomie einzugreifen hatte (Landreform, Verstaatlichung von Banken und Großindustrie, Arbeitsgesetzgebung) und einem ausgewogenen sozialen System (Wohlfahrtsstaat) verpflichtet sein sollte. Obwohl ein Produkt städtischer, verwestlichter Intellektueller, kam diese sozialrevolutionäre und überkonfessionelle Programmatik zunächst bei den ländlichen Mittelschichten an, vor allem der Minoritäten, um erst dann im Zuge der antiwestlichen Eruptionen im arabischen Raum (Bagdad-Pakt, Suezkrise) auch in den Städten Fuß zu fassen. Erstmals in der Geschichte Syriens wurde durch eine breite Allianz sozialer Kräfte (Intellektuelle, Offiziere, Bauern) der Stadt-Land-Gegensatz und die kommunalistisch-regionale Spaltung überwunden.

Ausgelöst von den radikalen Kräften der Mittelschichten, überlagerte der Klassenkampf (sozioökonomische Problematik) die internen Auseinandersetzungen innerhalb des „Bürgertums" (Koalition mit dem Irak oder mit Ägypten, national oder panarabisch, Modernisierung der kapitalistischen Basis) immer mehr. In diese innersyrischen Konflikte intervenierte zusätzlich der arabische Gegensatz zwischen den Kräften der sozialrevolutionären Erneuerung (Ägypten) und den konservativ-neokolonialen Mächten (Irak unter Nuri al-Sa'id), hinter denen jeweils auch die Supermächte standen. An der Oberfläche nur noch notdürftig durch eine große Koalition aller (antagonistischen) Kräfte zusammengehalten (Kabinett Sabri al-'Asali), war das politische System Syriens im Kern aufgespalten und mit den verschiedenen arabischen und weltpolitischen Mächten klientelistisch verknüpft. Alle politischen Parteien und Bewegungen bezogen materielle Unterstützung (politische Renten) von außen. Der „Kampf um Syrien“[42] wurde internationalisiert. Vor allem die vielen ungeschickten Interventionsversuche der USA zur Abwehr einer vermeintlichen kommunistischen Machtergreifung trieben den syrischen Staat ins antiimperialistische Fahrwasser. In diesem Klima war es der an sich politisch noch schwachen, aber organisatorisch überlegenen Ba'th möglich, das politische Patt aufzubrechen. Die Führung der Ba'th suchte aber nicht die Revolution von unten. Sie sah vielmehr in einer Vereinigung mit dem revolutionären Ägypten Nassers zum einen die Chance, die Vormachtstellung der herrschenden Klasse Syriens in einem übernationalen Kontext zu überspielen, zum anderen die Möglichkeit, die Revolution bürokratisch zu kontrollieren. In diesem Sinne trieb die Ba'th-Führung den syrischen Staat systematisch (diplomatische Alleingänge und Massenmobilisierung) in eine Union mit Ägypten. Sie versprach sich von diesem Projekt für sich die Rolle einer ideologischen und programmatischen Elite, für die arabische Welt insgesamt eine politische Wiedergeburt und für Syrien eine soziale Revolution. Die konservativen Kräfte Syriens hingegen erhofften sich von Nasser eher Schutz vor zu radikalen (sozialistischen) Veränderungen. Die Vereinigung der beiden Länder (1958–61) machte indessen die Hoffnungen aller syrischen Parteien zunichte. Sie wurde in der Realität allein durch die Interessen (Außen- und Wirtschaftspolitik) und die bürokratische Organisationskraft Ägyptens geprägt.

Es war eine Ironie der Geschichte. Die syrische Ba'th scheute vor der Führung einer Revolution der bäuerlichen Massen zurück und überantwortete die Initiative dem „orientalischen Staat“[43]. Zunächst nahm erneut Ägypten, wie einst unter Muhammad Ali (vgl. 2.1.), Syrien unter seine „Obhut“. Aber als dieses Experiment an der „Besatzungspolitik“ Ägyptens scheiterte (Sezessionsputsch 1961), war der neokoloniale Staat zur Regeneration nicht mehr fähig. Ein zweiter Eingriff des Militärs beendete im März 1963 das Regime der herrschenden Klasse endgültig. Eine „Revolution von oben“, gelenkt von einer Militärbürokratie, brach zugunsten der Bauern das Machtmonopol des städtischen „Bürgertums“[44]. Wie konnte dies geschehen?

Die selbstgewählte Abdankung der Ba'th-Führung 1958 hatte die gesamte Partei desorganisiert und damit die revolutionäre Bewegung handlungsunfähig gemacht. So verlagerte sich die Dynamik in bürokratische Zirkel. Eine Allianz junger Offiziere mit einem Kern ehemaliger Ba'th-Funktionäre übernahm die Initiative[45]. Überwiegend aus der Landbevölkerung und den Minoritäten stammend, war ihre Einstellung zu den gesellschaftlichen Problemen radikaler als die der ursprünglichen Ba'th-Intelligenz, aber auch realistischer und zupackender. Konfrontiert mit der „bürgerlichen“ Reaktion, einer gespaltenen revolutionären Bewegung und einer Vielfalt politischer und ideologischer Konkurrenten, konzentrierte sich die neue bürokratische Führungsgruppe auf die Festigung ihrer Macht und die Etablierung eines revolutionären sozialen Bündnisses[46]. Das bis dahin alle politischen Kräfte widerspiegelnde Offizierscorps wurde systematisch gesäubert und mit jungen Ba'th-Anhängern gefüllt. Der Neuaufbau der Partei stärkte das ländliche Element und die Minoritäten auf Kosten der urbanen Mitgliederstruktur. Der Ausbau der Ba'th zur Massenpartei überspielte die städtische Parteiintelligenz und führte zu einem massiven Verdrängungskonflikt. Nach einem längeren Unentschieden der Kräfte setzte das neue Regime unter Salah Jedid (1966–70) auf eine Radikalisierung der Ba'th-Ideologie: Konzentration der arabischen Revolution auf ein Land (Syrien) mit Führungsanspruch und Konkurrenz zum ägyptischen Entwicklungsmodell, Einparteiensystem und soziale Transformation (Landreform und Verstaatlichung der Großbetriebe). Im Zentrum dieses Ansatzes standen die Bauern. Mit ihrer Hilfe wurde die Macht des Großgrundbesitzes gebrochen. Eine radikale Landreform schaffte die Latifundien ab, blockierte die Proletarisierung der Bauern und nivellierte die Agrarstruktur bei einer Mischung von kleinem und mittlerem Landbesitz. Der Staat übernahm eine Vielzahl der Aufgaben, mit deren Hilfe der Großgrundbesitz Kontrolle ausgeübt hatte. Er kümmerte sich um die Infrastruktur, die Produktionsmittel, Kredite, Vermarktung und die Organisation der Produktion (Genossenschaften). Aber auch der syrische Staat stoppte die Agrarreform im Interesse des mittleren Grundbesitzes und traditionaler bäuerlicher Einstellungen, bevor sich ein sozialistisches Experiment herausbilden konnte (Säuberung von linken Parteikadern). Damit bremste er zwar die Entwicklung zum Agrarkapitalismus, vernichtete aber weder seine Träger noch ihre Praktiken. Vor allem schuf er auch keinen autonomen Genossenschaftssektor, der zur Basis ländlicher Eigendynamik hätte werden können.

Wirtschaftspolitisch[47] strebte das neue Ba'th-Regime eine komplexe Entwicklung an, die von einem „bürgerlichen" Staat aufgrund seiner kapitalistischen Marktrationalität nicht hätte geleistet werden können. Der Agrarsektor wurde im Gegensatz zum bisherigen Trend auf den Binnenmarkt orientiert (Rohstoffproduktion, Nahrungsmittel) und mit der Industrialisierung verknüpft. Gleichzeitig förderte der Staat allerdings seine soziale Basis auch auf Kosten wirtschaftlicher Effizienz (Expansion der Dienstleistungssektoren und des Staatsapparates zugunsten der ländlich verankerten Mittelschichten) und untergrub damit wesentliche Momente der Entwicklungsdynamik. Diesem radikalen Kurs war nicht nur eine ungewöhnlich hohe soziale Mobilität zugunsten der Unterschichten zu verdanken; er führte vielmehr auch zu intensiven sozialen Konflikten, da vor allem die städtischen Bevölkerungsteile diskriminiert wurden. Außenpolitisch führte die Konzentration auf sich selbst und die Transformation der Gesellschaft zu einer übersteigerten Rhetorik und riskanten Überschätzung des syrischen Militärpotentials. So geriet Syrien nicht nur in eine sozioökonomische Krise, sondern wurde gleichzeitig auch leichtfertig der überlegenen Militärmaschinerie Israels ausgeliefert. Die Niederlage Syriens im Junikrieg 1967 löste innerhalb der neuen Staatsklasse massive Konflikte aus. Im Gegensatz zu Ägypten erfolgte das Krisenmanagement in Syrien jedoch nicht durch eine politische Weichenstellung, sondern durch eine Intervention des Militärs (1970), aus der das Regime Hafiz al-Asads hervorging. Auf einer breiten sozialen Basis, die auch die städtischen Teile der Bevölkerung wieder in den Entwicklungsprozeß integrierte, und mit einer Revision des politischen Systems (neopatrimoniale Herrschaft) vollzog die politische Führung eine pragmatische Anpassung an die vorhandenen wirtschaftlichen Strukturen und an die sich abzeichnenden externen Finanzierungsmöglichkeiten (regionale Erdölwirtschaft). Wie die ägyptische, scheute die syrische Staatsklasse in der Systemkrise vor einer Radikalisierung des Entwicklungsprozesses zurück und wählte die für ihre eigene politische Stabilität effizientere Strategie, gleichgültig welche Folgen dies für die angestrebte sozioökonomische Transformation haben würde.

### 2.2.2.3. *Die irakische Revolution (1958–1974)*

Je mehr das ancien régime in Ägypten nach dem Zweiten Weltkrieg im Chaos versank, desto ausgeprägter repräsentierte der neokoloniale Staat im Irak den konservativen Eckpfeiler westlicher Politik im Vorderen Orient. Stabilisiert durch eine signifikante Aufstockung der Erdöleinnahmen und als Zentrum eines mittelöstlichen Verteidigungsbündnisses (Bagdad-Pakt) politisch vom Westen aufgewertet, übernahm der Irak in den 50er Jahren die Aufgabe, den Expansionsdrang der ägyptischen Revolution zu bremsen. Indessen jedoch zerbröckelte die soziale Basis des Regimes unter dem Einfluß eines Rentenflusses (vgl. 3.1.), der für die relativ ausdifferenzierte irakische Gesellschaft zu gering war, um alle ihre Verwerfungen politisch aufzufangen. So wurde das neokoloniale System auch im Irak Opfer eines revolutionären Prozesses.

Über zwei Drittel der Ölrente flossen in den 50er Jahren in die vom Großgrundbesitz dominierte Landwirtschaft[48]. Durch groß angelegte Bewässerungs- und Landgewinnungsprojekte sollte der Agrarsektor dynamisiert werden. Aber eine solche Strategie konnte nur langfristig wirken und mußte vor allem den Großagrariern zugutekommen. Diese vernachlässigten die agrarkapitalistische Entwicklung jedoch, da sie ihre wirtschaftliche Basis über politische Mechanismen (politische Herrschaft, Landkonzentration) festigten und nicht durch betriebswirtschaftliche Anstrengungen (landlord absenteeism). Das Resultat waren Produktivitätsverfall, Ertragsrückgang, Verelendung der Landbevölkerung und Landflucht. Die einseitige Konzentration der Erdöleinnahmen im Agrarsektor spiegelte die gesellschaftlichen Machtverhältnisse wider und gleichzeitig die Unfähigkeit des neokolonialen Regimes (Scharnier der Weltmarktintegration), wachsenden Herausforderungen entgegenzutreten[49]. Das Regime ignorierte das Anwachsen einer breiten sozialen Opposition aus nationaler Bourgeoisie, modern gebildeten Mittelschichten, Arbeiterschaft und Marginalisierten, deren Entwicklungsmöglichkeiten und Lebensbedingungen im Rahmen der Exportökonomie und liberalen Wirtschaftspolitik blockiert waren, doch deren Bedürfnisse sich im Kontext wachsender staatlicher Ressourcen veränderten. Beeinflußt durch die regionalen Ereignisse (Ägypten, Syrien) explodierten die irakischen Klassengegensätze[50] in immer gewaltsamer werdenden Auseinandersetzungen.

Die irakische Revolution von 1958 entsprach dem Modell einer „Revolution von oben“. In einer durch internationale Konflikte (Bagdad-Pakt, Suezkrise) ausgelösten Regimekrise, die den Staat einer breiten Massenbewegung auszuliefern drohte, putschte ein kleiner Teil des Offizierscorps, um den anbrechenden Systemwandel unter bürokratischer Kontrolle zu behalten. Das nun folgende Jahrzehnt[51] war gekennzeichnet durch die Herausbildung einer Staatsklasse einerseits und die Eindämmung gesellschaftlicher Beteiligung an der Revolution andererseits. In diesen Prozeß eingewoben war die Auseinandersetzung um die geeignete Entwicklungspolitik für den Irak. Wir können die Periode der revolutionären Machtkonsolidierung in drei Phasen unterteilen.

Unter General Qassem (1958–63) zerstörte das neue Regime die wirtschaftliche Macht des Großgrundbesitzes und brach mit den politischen Institutionen des Neokolonialismus (Monarchie, Parlamentarismus). Den Ölkonzernen wurde ein Reformprogramm signalisiert (Abbau der Monopolstellung), aber die Offiziere legten sich mit dem internationalen Kapital nicht an. Weder institutionell noch sozioökonomisch abgesichert, balancierte Qassem zwischen den von der kommunistischen Partei organisierten städtischen Massen einerseits, und dem progressiven, aber organisatorisch schwachen Bürgertum andererseits. Dies spiegelte sich wirtschaftlich in einem „linken" Programm wider (Landreform, Regelung der Arbeitsbeziehungen, Wohlfahrtspolitik), das aber nur unzulänglich realisiert wurde.

In der zweiten Phase (1963–68) liquidierte das Regime die politische Organisation der städtischen Massen (Kommunistische Partei). Damit entledigte sich die Bürokratie der einzigen gesellschaftlichen Konkurrenz, die ihr den Besitz des Staatsapparates streitig zu machen drohte. Jetzt setzten sich Offiziere durch, die ihre persönliche Macht im Staatsapparat auf Verwandtschaftsbeziehungen und kommunalistische Bindungen (Ethnien, Konfessionen etc.) stützten (Abd al-Salam und Abd al-Rahman 'Arif). Damit waren sie von den gesellschaftlichen Kräften der Revolutionsbewegung unabhängiger geworden und konnten diese leichter steuern. Aber der Zwang zur sozialen Absicherung des labilen bürokratischen Regimes blieb. Daher stützte sich das Revolutionsregime in der 'Arif-Periode auch wieder auf zwei widersprüchliche Kräfte in der Gesellschaft – das nationale Bürgertum und die gebildeten Mittelschichten. Während die Mittelschichten eine Expansion des Staatsapparates erwarteten, um als Staatsbedienstete in das Regime integriert zu werden, drängte das Bürgertum auf eine privatwirtschaftliche Industrialisierung des Landes, die über die Ölrente finanziert werden sollte. Daraus ergab sich ein wirtschaftspolitischer Antagonismus. Einerseits förderte der Staat das Privatkapital, versorgte es mit zusätzlichen Ressourcen, fror die Verteilung privaten Grundeigentums ein und akzeptierte das Bemühen des Bürgertums um politischen Einfluß (Ministerpräsident al-Bazzaz). Andererseits begann das Regime mit der Verstaatlichung der Schlüsselindustrien und großer Teile des Distributionssektors (Banken, Handel) sowie dem Aufbau einer staatlichen Planung. An der „Ölfront" agierte das Regime nach wie vor vorsichtig. Der zunehmende Druck einer sich zersplitternden Erdölindustrie und die ersten Erfolge der OPEC verdoppelten die irakischen Öleinnahmen in den 60er Jahren auch ohne Engagement des Revolutionsregimes. Diese Einnahmen gaben dem Staat bescheidene Handlungsspielräume, die dem Ausbau der Bürokratie (Mittelschichten), dem Privatkapital (Bürgertum) und der Wohlfahrt (städtische Massen) zugutekamen. Dennoch stagnierte die wirtschaftliche Entwicklung aufgrund des Widerspruchs von Staatsinterventionismus und privatwirtschaftlichen Interessen (Kapitalflucht, Erholung des Grundgrundbesitzes), während der Vielfalt aufgestauter Erwartungen im Rahmen des bestehenden Rentenvolumens nicht entsprochen werden konnte.

In dieser Situation rissen die radikalen Ba'th-Offiziere unter al-Bakr 1968 die Macht an sich. Ihr politisches Durchsetzungsvermögen beruhte einerseits darauf, daß sie ihren verwandtschaftlich-lokalen Rückhalt (Takrit) durch den Aufbau eines zentralistischen Parteiapparates erweiterten, andererseits aber auch darauf, daß sich ihr Entwicklungsprogramm auf die Interessen der Mittel- und Unterschichten konzentrierte. Der radikale Flügel der Bürokratie (Offiziere, Beamte, Parteifunktionäre, Topmanager der Staatsbetriebe) setzte auf eine „sozialistische" Strategie

(1968–74): die Vertiefung der Agrarreform, den Aufbau eines öffentlichen Wirtschaftssektors und den Kampf um höhere Rentenanteile zur Finanzierung wirtschaftspolitischer Impulse.

Im Gegensatz zu den gemäßigten Bürokraten strebten die Radikalen eine unmittelbare, institutionelle Kontrolle des Erdölsektors an. In dieser Zeit stammten bereits über 70% der Staatseinnahmen aus der Ölrente; das Regime erkannte, daß seine Existenz primär auf dieser finanziellen Basis beruhen mußte. Die anstehende Auseinandersetzung mit der Iraq Petroleum Company (IPC) wurde sorgfältig vorbereitet. Die Niederlage, die der Iran unter Mossadegh 1951 durch die Konzerne hinnehmen mußte (vgl. 2.2.3.), sollte sich nicht wiederholen. Mit Hilfe der Sowjetunion wurden die technischen Voraussetzungen für eine eigene nationale Ölproduktion geschaffen (Rumaila im Südirak), mit französischer Hilfe gelang es, die Blockierung des Vertriebs zu verhindern. Gestützt auf diese Rückversicherung, wagte Bagdad die Eskalation des Konflikts mit den Konzernen um höhere Rentenanteile, der 1972 in der Verstaatlichung der IPC gipfelte. Auch wenn der Konflikt auf dem Hintergrund einer sich auflösenden internationalen Regelungsstruktur stattfand, waren der irakischen Staatsbürokratie Mut und Umsicht nicht abzusprechen. Parallel zum Rentenkonflikt strebte das Ba'th-Regime eine massenorientierte Entwicklung an. In der wissenschaftlichen Literatur zum Irak wird diese kurze Phase vor dem erneuten Strategiewandel nach 1974 meist übersehen[52]. Sie ist jedoch wichtig, um den Charakter des Revolutionsregimes zu verstehen. Trotz steigender Renten waren die Einnahmen des Staates immer noch bescheiden (1972 rund 575 Mio. $). Das Regime setzte auf eine Wirtschaftsdynamik, die einer neuen Agrarreform und einem staatlichen Industrialisierungsschub entspringen sollte[53]. Sozialpolitisch implizierte dies die Abwendung vom nationalen Bürgertum und die Kooptation der nunmehr organsiatorisch (und physisch) geschwächten Kommunisten. Benevolent und nicht ohne Druck wurde die Linke zu einer Koalition gedrängt (Nationale Patriotische Front), in der ihre intellektuellen, programmatischen und ideologischen Kapazitäten genutzt wurden. Dieser Kurs kam aber auch den Mittelschichten zugute, denn er sah einen rigorosen Ausbau des staatlichen Planungs- und Steuerungsinstrumentariums vor und damit vielfältige Anstellungsmöglichkeiten für die gebildeten, modernen Schichten. Das Ba'th-Regime leitete in der Landwirtschaft tiefgreifende Strukturveränderungen ein (staatliche Steuerung, Landverteilung, Wohlfahrts- und Infrastrukturinvestitionen), die zwar den mittleren Grundbesitz bevorzugten, aber auch den armen Bauern zugute kamen (Lebensstandard). Gleichzeitig kümmerte sich der Staat um die Arbeits- und Lebensverhältnisse der städtischen Arbeiter (Regelung der Arbeitsbeziehungen, Minimallöhne, soziale Sicherheit) und legte mit dem Aufbau des öffentlichen Wirtschaftssektors die Grundlage für die weitere Stärkung der Staatsklasse (Management). Diese Konzentration auf eine interne Transformation der Wirtschaftsstruktur drängte den Irak in eine regionale Außenseiterposition. Zu einer Zeit, da sich die regionale Entwicklung überwiegend einem Ausgleich mit den westlich-kapitalistischen Interessen verschrieb, ging der Irak mit Libyen und der PLO andere Wege. Sozioökonomische Isolation und eigener Entwicklungsweg führten zur Konsolidierung eines Staatsklassen-Regimes, das sich auf politischer Ebene durch ungewöhnliche Brutalität und Machtkonzentration auszeichnete, bei der Mehrheit der Bevölkerung dennoch nicht unpopulär war.

Die Reorganisation des Weltenergiesystems 1973/74 traf das irakische Regime mit seinem radikalen Entwicklungskurs ohne dessen Zutun. Auch als Außenseiter wurde der Irak zum Nutznießer der Renteneskalation. Hatte der irakische Staat 1972 Öleinnahmen im Werte von 575 Mio. $, so stieg dieses Einkommen auf 6 Mrd. $ 1974 und 11,7 Mrd. 1978. Die irakische Staatsklasse, die sich eben erst für einen langen, mühsamen Entwicklungsweg entschieden hatte, wurde mit märchenhaftem Reichtum überhäuft. Dies löste sie aus der machtpolitisch notwendig erscheinenden Verpflichtung einer Kooperation mit den Unterschichten und einer binnenmarktorientierten Strukturtransformation. Das bürokratische Regime konnte auf der Basis schier unerschöpflicher Ressourcen darauf verzichten, Umverteilungen von Reichtum und sozialen Positionen vorzunehmen, nur um wirtschaftliches Wachstum in Gang zu setzen. Es konnte sich vielmehr darauf beschränken, durch Ressourcenverteilung wirtschaftliche Anstöße zu geben und Legitimation zu „kaufen". Als primär an der politischen Macht interessierte Bürokratie ohne gesellschaftliche Bindung war der sozioökonomische Gehalt der Entwicklung für die Staatsklasse sekundär. Deshalb war sie auch sehr schnell bereit, ihre Strategie zu ändern. Schon bald nach 1975 zeigte das Revolutionsregime ein völlig neues sozioökonomisches Profil: die Koalition mit den Unterschichten wurde abgelöst durch ein Bündnis mit der Bourgeoisie; die Kommunisten fielen erneut der Vernichtung anheim. Der Irak öffnete sich wieder dem Weltmarkt und leitete ein Entwicklungsprogramm ein, das sich auf die multinationalen Konzerne erdölabgeleiteter Industrien (Petrochemie, Kunststoff, Eisen und Stahl) sowie massive Technologieimporte stützte. Auch im Irak mündete die Revolution demnach wieder in eine abhängige Entwicklung. Nur waren seine Finanzierungsspielräume als Ölrentier ungleich komfortabler als die Ägyptens und Syriens.

### *2.2.3. Iran und die Islamische Revolution (1923–1992)*

In Iran explodierte die antiimperialistische Revolution erst zwei Jahrzehnte nach den arabischen Eruptionen unter völlig anderen sozioökonomischen und weltpolitischen Bedingungen. Die wissenschaftliche Literatur hat dementsprechend auch eher das Spezifische oder gar Exotische der iranischen Revolution analysiert und die Gemeinsamkeiten vielfach übersehen[54]. So wurde ihr religiöser (göttliche Legitimation und Inspiration), reaktionärer (historische und antimaterialistische Vision), städtischer und massenorientierter Charakter betont und gegen die Merkmale anderer Revolutionen (säkular, zukunftsorientiert, agrarisch und elitär) abgehoben[55]. Wir wollen sehen, ob dies zum einen alles so zutrifft, zum anderen wie das Spezifische der iranischen Revolution im Kontext eines regionalen Widerstandes gegen die externe Überlagerung erklärbar ist.

Das ancien régime Irans, das Kaiserreich der Pahlevi-Dynastie, kann als Resultat einer unvollendeten „Revolution von oben" bezeichnet werden, in der moderne und traditionale Merkmale eine Symbiose eingegangen waren: ein Versuch der modernen Bürokratie, auf der Basis politischer Tradition eine sozioökonomische Transformation durchzusetzen. Obwohl dies unter außergewöhnlich günstigen finanziellen Bedingungen (Erdöl) geschah, scheiterte das Projekt an den soziopolitischen Widersprüchen einer Rentier-Ökonomie (vgl. 3.1.) und mündete in eine weitere Revolution.

In Iran[56] gelang es einer kleinen, modernen Bürokratiegruppe erst in den 20er Jahren an die Schalthebel der Macht zu gelangen. An der Spitze dieser Bewegung stand Reza Khan, ein aus einfachen Verhältnissen aufgestiegener Offizier der einzigen modernen Armee-Einheit des Landes. Die Reformer schickten den letzten Qajaren-Shah ins Exil und leiteten eine Modernisierung ein, die sich das türkische Revolutionsexperiment zum Vorbild nahm (Machtkonzentration, Säkularisierung, Industrialisierung). Doch die Rahmenbedingungen des iranischen Aufbruchs waren in mindestens zwei Punkten von den türkischen verschieden. Zum einen verfügte Reza Khan über keine effiziente moderne Staatsbürokratie, wie sie sich im Osmanischen Reich über hundert Jahre hatte herausbilden können. Zum anderen stand er einer Gesellschaft gegenüber, die machtpolitisch dezentralisiert war und in der es starke autonome Gruppen gab (Stämme, ethnische Minoritäten, ulama, Bazar, Großgrundbesitz, britisches Erdölkapital). Machtkonzentration und sozioökonomische Transformation waren nur im Rahmen einer Bündnispolitik möglich; in Iran entstand daher kein Staatsklassenregime. Dennoch versuchte der bürokratische Staat seine Handlungsspielräume so weit wie möglich auszuschöpfen. Gestützt auf den Großgrundbesitz, der sich erst Ende des 19. Jahrhunderts herausgebildet hatte, drängte Reza Khan die beiden mächtigsten gesellschaftlichen Gruppen aus ihrer Vormachtstellung: den Bazarkomplex und die traditionalen Rechtsgelehrten (ulama). Die Intervention des Staates in die Wirtschaftsstrukturen brach das ökonomische Monopol der Handelseliten, während Bildungs- und Rechtsreformen die ulama immer entbehrlicher werden ließen. Dieses soziopolitische Revirement spiegelte sich innerhalb des neuen Parlaments (Madjlis) wider, in dem der Anteil der verdrängten Gruppen rapide abnahm (18% bzw. 6%) und der Großgrundbesitz seine Stellung ausbauen konnte (58%). Darüber hinaus förderte das Regime durch den Ausbau von Bildung und Staatsinterventionismus zwei weitere soziale Gruppen: die modernen akademischen Mittelschichten und die Staatsbediensteten, deren Expansion die Städte modernisierte und die traditionale islamische Kultur zurückzudrängen begann. Der soziale Umbruch führte zu einer beachtlichen Konzentration politischer Macht im Staatsapparat und erlaubte es Reza Khan, seine Familie als neue persische Shah-Dynastie zu etablieren. Doch blieb die Herrschaft des modernen Shah prekär. Nicht nur weil ihr sowohl traditionale wie charismatische Legitimation fehlten. Die Entwicklungsstrategie[57], die das Regime in der Weltwirtschaftskrise einleitete (erster Industrialisierungsschub) und über staatliche Handelsmonopole und indirekte Steuern finanzierte, kam bald zum Erliegen. Zum einen war das Regime nicht in der Lage, die Landwirtschaft zu dynamisieren; Absentismus, Landkonzentration und fehlende kapitalistische Einstellung bildeten die Kehrseite des politischen Bündnisses zwischen Staat und Großgrundbesitz. Zum anderen scheiterten mehrere Versuche des Shah, das Erdölkapital zu höheren Abgaben zu bewegen. Sein Bemühen indessen, die unabhängige Politik Irans im Zweiten Weltkrieg gegen die Interessen Großbritanniens auszuweiten, hatte fatale Folgen. Reza Shah wurde 1941 von den Alliierten abgesetzt, ins Exil geschickt und durch seinen minderjährigen Sohn Mohammed Reza ersetzt. Dadurch kam der bürokratische Zentralisierungsprozeß ins Stocken. Erst Mitte der 50er Jahre konnte der Sohn das politische Erbe des Vaters wieder aufgreifen und vollenden. Aber diese Interimsperiode gab den gesellschaftlichen Kräften erneut Zeit, sich zu erholen und zu reorganisieren. In der Revolution von 1979 sollte dies seine Auswirkungen haben.

Mit der Exilierung Reza Shahs verlor der kaiserliche Staatsapparat sein Machtmonopol. Während die Großmächte ihren Einfluß auf den Iran erneuerten (Großbritannien, Sowjetunion) und ethnische Minoritäten die Sezession probten (Kurden, Azerbaijanis), verlagerte sich die politische Dynamik in das städtische Gesellschaftsgefüge[58]. Hier war es zu einer Politisierung der neuen Mittelschichten, Teilen der ulama und der im Entstehen begriffenen modernen Arbeiterschaft gekommen. Politische Parteien, Bewegungen und parlamentarische Strömungen dämmten den Führungsanspruch der Bürokratie systematisch ein und organisierten den nationalen Widerstand zwischen Parlament und „Straße" neu. Unter der Führung von Mohammad Mossadegh, einem populistischen Repräsentanten der modernen Mittelschichten, schien die bürokratische Revolution Irans in ein neues Stadium zu treten. Als Premierminister (1951–53) strebte er eine sozioökonomische Transformation auf Kosten des Großgrundbesitzes (Bodenreform), des Erdölkapitals (Gewinnbeteiligung, Kontrolle der Produktion) und des Shah-Regimes (Entmachtung) an. Aber im Gegensatz zu Ägypten besaß Iran eine zentrale Position innerhalb des Weltenergiesystems. Der revolutionäre Aufbruch scheiterte an einem Boykott der Ölkonzerne. Mossadegh unterlag dabei einer breiten Koalition, bestehend aus dem internationalen Erdölkapital, dem iranischen Großgrundbesitz und der Monarchie, der es gelungen war, die militärstrategischen Interessen der USA in ein restauratives Konzept einzubinden. Der von Washington inszenierte Staatsstreich installierte Mohammed Reza und die Pahlevi-Dynastie 1953 erneut auf dem Pfauenthron und stabilisierte ihre Position auf der Basis eines neuen Erdölarrangements, das die Einnahmen des Staates beträchtlich erhöhte. Die Rekonzentration der politischen Macht im kaiserlichen Staatsapparat stützte sich auf das Erdölkapital, den Großgrundbesitz, den Außenhandelskomplex, die Bürokratie und die USA, die Großbritannien als Hegemonialmacht abgelöst hatten. Sie erfolgte auf Kosten der modernen Mittelschichten, die als revolutionäres Potential galten (vgl. Ägypten), der durch die Kommunisten (Tudeh-Partei) organisierten Arbeiterschaft und der Minoritäten.

Die Kooperation mit den USA (Entwicklungshilfe) und dem Erdölkomplex führte zu einem allmählichen Anstieg der iranischen Staatseinnahmen, die durch den Zusammenschluß der Erdölstaaten in der OPEC noch zusätzlich stabilisiert wurden. Dieser Trend kulminierte schließlich in der Reorganisation des Weltenergiesystems 1970–74, aufgrund dessen sich die Erdöleinnahmen des Staates verachtfachten. Das iranische Bruttosozialprodukt stieg in kaum zwei Jahrzehnten (1960–77) um 389% von 10,4 Mrd. $ auf 58 Mrd. $ (nach konstanten Preisen von 1974). Mit zunehmenden Einnahmen aus dem Erdölgeschäft wuchs der Handlungsspielraum des Staates. Er befreite sich zum einen von allen gesellschaftlichen Abhängigkeiten und kehrte zur Tradition der absoluten Autonomie zurück. Zum anderen leitete er eine radikale Transformation der sozioökonomischen Strukturen ein und strebte einen raschen Anschluß an die Welt der Industriestaaten an. Bis zum Ende der 50er Jahre hatte Mohammed Reza die Machtfülle des Staatsapparates, wie sie zur Zeit seines Vaters bestanden hatte, wiederhergestellt. Mit der Agrarreform 1962–70 (Weiße Revolution) ging er jedoch einen Schritt weiter[59]: sie zerstörte die wirtschaftliche Grundlage des Großgrundbesitzes und eliminierte seine politische Macht. In den 70er Jahren folgte die Auseinandersetzung mit der Erdölindustrie. Die Enteignung der Ölgesellschaften geschah zwar mit Duldung der USA, doch nicht ohne politische Kämpfe. Die Kontrolle der Erdölproduktion und der Einfluß auf die Preisgestaltung (über die OPEC) im Weltenergiesystem relativierten die Abhängigkeit des Staates vom Auslandskapital. Jetzt blieb nur noch die Spezialbeziehung zu Washington als letzte Bindung bürokratischer Autonomie übrig.

Die Wirtschaftspolitik Irans war voll auf die Industrialisierung konzentriert[60].

Ursprünglich eine importsubstituierende Strategie, der ein effektiver Agrarkapitalismus an die Seite gestellt werden sollte, wurde das Industrialisierungskonzept sehr bald von den wachsenden Erdöleinnahmen modifiziert. Die Landwirtschaft als Finanzierungsquelle war überflüssig geworden; dementsprechend verlor der Staat den Agrarsektor aus den Augen. Dagegen konnte die Industrie auf zusätzliche internationale Investitionen rechnen, wenn das ausländische Kapital durch Exportorientierung und die Förderung eines hohen technologischen Niveaus angelockt werden konnte. Das Regime setzte demnach auf eine enge Verflechtung von Auslandskapital und öffentlichem Sektor. Auf dieser Grundlage, finanziert durch das Erdöleinkommen, expandierte der iranische Industriesektor mit außergewöhnlicher Geschwindigkeit (1960: 7,3% des Bruttosozialprodukts, 1977: 13,4%). Der wirtschaftlichen Expansion folgte jedoch ein gesellschaftlicher Wandel, dessen Verwerfungen politisch nur unzulänglich aufgefangen wurden[61].

Der Zerfall der Landwirtschaft löste eine massive Landflucht aus. Als ungelernte Arbeiter konnten die entwurzelten, konservativen Bauern nur im informellen Sektor Fuß fassen. Sie stellten das Heer der Marginalisierten am Rande der dynamischen Entwicklung. Demgegenüber expandierte in der Industrie, im Erdölsektor und in den Infrastrukturbetrieben eine moderne Arbeiterklasse; allerdings in Grenzen, da die Industrialisierung kapitalintensiv erfolgte. Die Arbeiterschaft wurde durch staatliche Organe politisch entmündigt, dafür aber durch hohe Löhne und Wohlfahrtsleistungen privilegiert. Materiell noch besser erging es jedoch den gebildeten Mittelschichten. Der Aktivismus des Staates und das Wachstum von Industrie und Dienstleistungssektoren schufen unzählige Positionen für Beamte, Angestellte, Freie Berufe, Technokraten und Intellektuelle. Das Regime förderte diese Schichten durch umfangreiche Bildungsprogramme und Aufstiegschancen. Aber es kontrollierte sie auch und unterdrückte alle ihre politischen Partizipationswünsche. Dagegen ging der Staat über die traditionale Elite der Intelligenz völlig hinweg. Nachdem die ulama schon unter Reza Shah aus dem Bildungs- und Rechtssystem eliminiert worden waren, befanden sie sich jetzt auch kulturell und religiös im Abseits der Entwicklungstrends. Große Teile der Gesellschaft wandten sich von der kulturellen Tradition ab; Iran zerfiel in einen modernen säkularen und einen traditionalen religiösen Bevölkerungsteil. Hinzu kam, daß der Staat auch den Sektor der Glaubensverkündigung immer intensiver zu kontrollieren versuchte. Ähnliche Verschiebungen fanden auch zwischen den wirtschaftlichen Eliten statt. Die großen Kaufleute und Finanziers des Bazars und die Inhaber der dortigen Geschäfte und Handwerksbetriebe verloren ihre führende Rolle im Wirtschaftsleben. Industriebetriebe, Handelsfirmen und Banken mit intensiven internationalen Kontakten entstanden außerhalb des Bazars und wurden zum dynamischen Mittelpunkt der modernen iranischen Gesellschaft. Hier bildete sich neben dem Staatsmanagement eine neue nationale Bourgeoisie (einige tausend Personen) heraus, in der auch Teile des alten Großgrundbesitzes aufgingen. Dies war die neue Oberschicht, die an die Stelle des traditionalen Bazars und der ulama getreten war.

Das Ausmaß des gesellschaftlichen Wandels, der sozialen Mobilität nach oben und unten und die damit verbundenen soziopolitischen Risiken waren dem Regime voll bewußt. Sie galten als Preis der Modernisierung, der vom Staat kontrolliert werden mußte. Vor dem Erdölboom der 70er Jahre hatte der Shah die Traditionen der patrimonialen Herrschaftssicherung (Ausbalancieren verschiedener Gruppen, Elitenrotation, Kontrolle durch personale Loyalitäten etc.) perfektioniert[62], den

Repressionsapparat (Militär, Polizei, Sicherheitsdienste) aber gleichermaßen ausgebaut. Als ein halbmodernes bürokratisches Regime ohne traditionale oder charismatische Legitimität, das mit seinen ideologischen Identifikationsversuchen (altpersisches Reich) eher Irritationen hervorrief als Anklang fand, war es auf ein relativ hohes Maß an Repression angewiesen. Die Leidtragenden dieser politischen Kontrolle waren neben den Traditionalisten (ulama, Bazar) vor allem die modernen Mittelschichten und die Intelligenz, die das Regime zwar als Modernisierungsträger benötigte, als politische Konkurrenz jedoch seit Mossadegh fürchtete.

Mit dem Anstieg des Erdöleinkommens konnte die Kontrolle allerdings modifiziert werden. Nicht nur, daß der Staat auf die Besteuerung seiner Gesellschaft jetzt weitgehend verzichtete. Mit Hilfe komplexer Distributionsinstrumentarien begann er große Teile der Bevölkerung materiell an sich zu binden: durch hohe Löhne und Gehälter, Wohlfahrtsleistungen, günstige Kredite, wirtschaftliche Aufträge und Anreize, Infrastrukturinvestitionen, Protektionismus, ein hohes Angebot importierter Konsumgüter und schließlich sogar Vergesellschaftung verschiedener Unternehmen. Die staatlichen Verteilungsmechanismen integrierten beachtliche Teile der Bevölkerung in den materiellen Wohlstand der Erdölökonomie, die unmittelbare Repression trat in den Hintergrund. Als benevolenter Herrscher schüttete der Shah materielle Gaben aus, verlangte dafür aber politische Abstinenz oder organisiertes Akklamationsverhalten im Rahmen der Staatspartei (Rastakhiz-Partei). Innerhalb des Staatsapparates verengte sich die politische Elite auf einen winzigen Kreis und schließlich auf den Shah, der in eine paragöttliche Distanz zur Gesellschaft entglitt. So verkrustete der iranische Patrimonialismus unter dem Einfluß exzessiver Rentenflüsse und entwickelte sklerotische Züge. Das Regime war auf dem Höhepunkt seiner Autonomie und verfügte über genügend Ressourcen zur Bildung ganzer Hierarchien von Klientelstrukturen. Aber die Herausbildung dieser Verteilungsmuster fand nicht organisch im traditionalen Sozialgefüge statt (Saudi-Arabien, Emirate). Die iranische Gesellschaft war bereits mehrfach erschüttert worden. Selbst die privilegierten Schichten (nationale Bourgeoisie, neue Mittelschichten) standen dem Regime entfremdet gegenüber. Als „Nutznießer ohne Rechte" entwickelte die Oberschicht und Teile der Mittelschichten eine „politische Kultur der Depolitisierung"[63]. Materielle Interessen überlagerten das Gefühl politischer und sozialer Verantwortung. Die verordnete politische Abstinenz mündete in Zynismus und Gleichgültigkeit einem Staat gegenüber, dem diese Schichten immerhin ihre gesamte Existenz verdankten. Daraus ergab sich das Paradoxon einer Oberschicht, die mit ihrem Verlust an politischem Denken nicht nur den Staat, sondern auch sich selbst als potentiell herrschende Klasse aufgab. Und umgekehrt schwächte der Staat die Repräsentation der sozialen Gruppen in der patrimonialen Elite so sehr, daß das Regime immer deutlicher an Informations-, Kommunikations- und Reaktionskapazität verlor.

Obwohl die iranische Gesellschaft dem Regime Mitte der 70er Jahre überwiegend apathisch gegenüberstand, lassen sich vier latente oppositionelle Strömungen unterscheiden: 1. die „Nationale Front" der neuen Mittelschichten, die sich auf Mossadegh berief, 2. die kommunistische Tudeh-Partei mit den Schwerpunkten Intelligenz und Arbeiterklasse, 3. die „Freiheitsbewegung", eine islamische Laienorganisation der Intelligenz, und 4. der am alten Mittelstand und an den unteren Sozialkategorien orientierte ulama-Bazar-Komplex mit einer orthodox-quietistischen Mehrheit und einer islamistischen Minderheit. Für den Staat war es nicht schwer, die ersten drei Gruppierungen durch Repression, Kooptation, materielle Neutralisierung und außenpolitisches Arrangement (Moskau) ruhigzustellen und ihre Aktivitäten einzudämmen. Nur ihre Jugendorganisationen (marxistische Feda'iyun-e Khalq und radikal-islamische Mojahedin) bereiteten größere Probleme. Aber als sie sich auf den bewaffneten Guerillakampf einließen, wurden sie infiltriert, verhaftet oder vernichtet. Nicht zu Unrecht ist darauf verwiesen worden, daß erst die planmäßige Ausschaltung der bürgerlichen und linken Opposition den Aufstieg der revolutionären Traditionalisten ermöglicht hat.

Für die Durchschlagskraft der islamischen Rechtsgelehrten sind sowohl in den Medien wie auch in der Wissenschaft die Besonderheiten der iranischen Schia (Märtyrertradition, Oppositionsgeist, irdische Heilserwartung, iǧtihād: selbständige Rechtsfindung aufgrund eigener Überlegung) verantwortlich gemacht worden[64]. Wir halten diese Spezifika zwar für wichtige Hilfsmittel im Mobilisierungsprozeß, sehen in ihnen jedoch keine konstitutiven Merkmale der iranischen Revolution. Der schiitische Islam hat sowohl quietistische wie revolutionäre Strömungen hervorgebracht. So sind es vielmehr strukturelle soziale und ökonomische Bedingungen im gesamtgesellschaftlichen Transformationsprozeß, die den revolutionären Charakter der iranischen ulama geprägt haben. Noch im Qajaren-Reich waren die schiitischen Rechtsgelehrten[65] für traditionale bürokratische Aufgaben zuständig: Legitimation des politischen Systems, Recht, Bildung und Religion. Im Gegensatz zu ihren sunnitischen Kollegen nahmen sie diese Aufgaben aber Kraft kollektiver Autorität als Stellvertreter des (verborgenen) Imam (Zwölferschia) eigenständig und daher von der Staatsmacht losgelöst wahr. In Krisenphasen, so auch in der imperialistischen Epoche, distanzierte sich ein beträchtlicher Teil der ulama von den Unzulänglichkeiten des Staates und bildete ein kritisches Potential. Insofern gehörten die ulama auch zu den Vorkämpfern des iranischen Widerstandes gegen die wirtschaftliche Durchdringung (Tabakrevolte 1890–92, Konstitutionelle Bewegung 1906–11). Als der Staat unter Reza Shah die politische Führung jedoch wieder an sich riß, wurden die ulama aus ihren politischen Funktionen verdrängt. Am Ende der 30er Jahre schien ihr Schicksal, ähnlich dem der türkischen ulama, besiegelt. Aber der Sturz Reza Shahs unterbrach die systematische Unterdrückung der ulama und gab ihnen Zeit, ihre Stellung neu zu festigen. Ausschlaggebend für diesen Prozeß war ihre Koalition mit dem ebenfalls diskriminierten Bazar[66]. Abgeschnitten von ihren früheren Einkommensquellen, entwickelten die ulama ein autonomes Kollektensystem (eine infomelle Steuerzahlung), dessen Haupteinnahmen aus dem Bazar kamen (Großkaufleute, Ladenbesitzer, Handwerker, Zünfte). Auf dieser Basis übernahmen die ulama im traditional orientierten Teil der Gesellschaft ihre alten Funktionen wieder: die gesamte Rechtssprechung, wobei der Bazar die modernen Gerichte ignorierte, das Schulwesen und zusätzlich noch wohlfahrtspolitische Aufgaben. Die ulama verteilten Teile ihrer Kollekten an die Bedürftigen und übernahmen so die Sozialpolitik gegenüber den städtischen Unterschichten. Sie setzten sich also als eine Art Parallelbürokratie fest, spezialisiert auf die Bereiche Recht, Bildung, Wohlfahrt und Religion. Wurde demnach die traditionale ulama-Bürokratie in der Türkei fast völlig aufgerieben, so etablierte sie sich im Iran in einer gespaltenen „Bürokratiestruktur" aufs neue.

Die Erneuerung der staatlichen Kontrollmacht und Reformpolitik unter Mohammed Reza ließ den Konflikt zwischen modernem Staat und traditionaler

Bürokratie wieder aufflammen. Während der Shah auf die Interna der ulama Einfluß zu nehmen versuchte, waren diese bemüht, das Modernisierungsprogramm zu blockieren (Agrarreform u. a.). Doch die Massenproteste der Traditionalisten (1963) wurden brutal unterdrückt und der religiöse Sektor zum Schweigen gebracht. Erst die Rentierökonomie verbesserte die Position der ulama erneut. Obwohl der Bazarkomplex ganz am Rande der Entwicklungsdynamik stand und wirtschaftspolitisch diskriminiert wurde, stiegen auch hier die Einkommen beträchtlich. Über die Kollektenabschöpfung stabilisierten sie die organisatorischen und materiellen Kapazitäten der ulama. Hinzu kam aber, daß der Staat den Fehler beging, zur eigenen Entlastung wohlfahrtspolitische Aufgaben bewußt den Traditionalisten zu überlassen. Für die sozialen Probleme der Landflüchtigen, Marginalisierten und sozial ausgegrenzten Unterschichten nahm sich der Staat keine Zeit. Ihre Ruhigstellung durch eine bereits „abgeschriebene“ soziale Gruppe mochte einer Fehlkalkulation entspringen, spiegelte jedoch auch den elitären Zynismus des Regimes gut wider. Solange orthodox-quietistische Einstellungen unter den ulama vorherrschten, ging das staatliche Konzept auf. Doch die Rechtsgelehrten wurden nicht nur zu Meistern der Betreuung, sondern gleichzeitig auch der Mobilisierung großer städtischer Massen, und dies mußte für das Regime gefährlich werden, sobald sich ihre politische Orientierung verändern würde.

In den Auseinandersetzungen zwischen ulama und Staat in den 60er Jahren hatte sich unter den Rechtsgelehrten eine radikale Strömung herausgebildet. Aber ihr Führer, Ruhollah Mussavi Khomeini, war vom Shah ins Exil geschickt worden. 1902 geboren und elternlos aufgewachsen, erhielt der junge Khomeini durch Verwandte eine religiöse Ausbildung. Er studierte dann im Irak bei einem der berühmtesten Rechtsgelehrten seiner Zeit und folgte seinem Lehrer nach Qom in den Iran. Khomeini durchlief eine geradlinige wissenschaftliche Karriere, in deren Verlauf er bis zum Ayatollah aufstieg (Ehrentitel eines älteren, anerkannten muǧtahids oder obersten Rechtsgelehrten), ohne politisch aufzufallen. Doch in den Konkurrenzkämpfen um die Nachfolge des führenden Repräsentanten der ulama, Borujerdi, entwickelte Khomeini 1961 radikale oppositionelle Anschauungen. Erst im irakischen Exil wurde er aber zum eigenständigen Vordenker. Sein Prinzip einer direkten Herrschaft der Rechtsgelehrten (velāyet-e faqīh)[67] forderte das Regime heraus. Die islamistische Interpretation wurde zur revolutionären Ideologie, von deren Basis aus Khomeini subversiv in die iranische Tagespolitik einzugreifen begann. Daß die islamistische Strömung jedoch unter den ulama immer populärer wurde, hatte zweierlei Ursachen. Zum einen begann der Bazar unter dem Druck zunehmender wirtschaftspolitischer Interventionen des Staates nach Möglichkeiten Ausschau zu halten, durch die er selber politischen Einfluß ausüben könnte. Mit ihrem Anspruch auf direkte Herrschaft empfahlen sich die islamistischen ulama als Bündnispartner und erhielten immer größere materielle Unterstützung. Zum anderen setzten tausende mittlerer und kleiner mollās (Absolventen islamischer Hochschulen; mollā = Herr, Meister), Studenten der religiösen Institutionen und andere Funktionsträger des islamischen Sektors (Laien im Dienste der Moscheen und Stiftungen) auf einen sozialen Aufstieg qua Revolution. Sie stammten im Gegensatz zu den obersten Rechtsgelehrten (muǧtahids) vorwiegend aus den ärmeren Teilen der Mittelschichten und den ländlichen Unterschichten[68]. Khomeinis Programm versprach ihnen angesichts permanenter Diskriminierung und Blockierung durch den modernen Staat eine attraktive Mobilitätsperspektive. Damit traten jene ulama in den Vordergrund, die den Anspruch auf ideologische und politische Führung repräsentierten.

Die Regimekrise begann 1976/77 mit einer Rezession (Überhitzung des Wirtschaftswachstums), die der Staat wirtschaftspolitisch nicht zu kanalisieren vermochte und politisch aufzufangen versuchte. Doch weder diese Krise noch politischer Druck (Menschenrechtskampagne der USA) haben das iranische System erschüttert. Dafür waren vor allem zwei strukturelle Faktoren verantwortlich: die Verkrustung des Regimes und die Blockierung des Rentenflusses. Als der Staat die ausufernden Folgen der Rezession (Inflation, Preisanstieg, Wucher und Spekulation) durch Gewährung dosierter politischer Freiheiten zu kompensieren trachtete (1977), löste er einen Schwall von Protesten und Demonstrationen aus, der das Regime in seiner bisherigen Form in Frage zu stellen begann. Zwar bestand die sich formierende Oppositionsfront aus vielfältigen Gruppierungen, doch die ulama waren strategisch, organisatorisch und ideologisch allen anderen überlegen[69]. Nur sie konnten wirkliche „Massen“ bewegen und den Repressionsapparat des Staates herausfordern (Massaker vom 8. September 1978). In dieser Situation kamen die schiitischen Symbole und Rituale als taktische Vorteile zum Tragen. Demgegenüber verfügte der Staat über keine Instrumente der gesellschaftlichen Manipulation. Zu lange hatte er sich ausschließlich auf die Ressourcenverteilung und Repression verlassen. Hinzu kam aber, daß die Verkrustung des Regimes flexible Reaktionen ebenso blockierte wie die Intervention eines handlungsfähigen Militärsektors. Das Regime hatte weder plurale Elitensegmente (Reorganisation der Elite) zugelassen oder Beziehungen zu einflußreichen gesellschaftlichen Gruppen gepflegt (Kooptation von Teilen der Opposition) noch hatte es ein eigenständiges Offizierscorps[70] geduldet (militärische Intervention). Aber erst der Generalstreik der Erdölarbeiter versetzte dem iranischen Staat den Todesstoß[71]. Es war eine Glanzleistung der revolutionären ulama, die bis dahin staatlich privilegierten und kontrollierten Arbeiter durch islamischen Rechtsspruch (fetwa) und finanzielle Unterstützung in die Oppositionsfront eingegliedert zu haben. Der damit erwirkte Produktionsstop traf den Rentierstaat (vgl. 3.1.) in seinem Kern und leitete die totale Auflösung des Finanz- und Wirtschaftssystems ein. Der Zerfall der Ökonomie, die Lethargie des Regimes und die soziale Breite der revolutionären Koalition (ulama, Bazar, Intelligenz, moderne Mittelschichten, Arbeiterschaft) veranlaßten schließlich auch die USA, Kontakte zur Opposition zu knüpfen. Der Zusammenbruch des Staates im Januar 1979 löst die Revolution aus.

Die Rückkehr Khomeinis aus dem Exil im Februar 1979 signalisierte einen Sieg der Opposition, doch der charismatische Führer stand einer breiten Front sozialer und politischer Kräfte vor, in der sein eigentlicher Anhang, die islamistischen ulama, nur einen Ausschnitt bildete. Die erfolgreiche Koalition kann man in zwei unterschiedliche Strömungen unterteilen, die jeweils in sich ideologisch und organisatorisch aufgesplittet waren:

- Ein Teil der Koalition strebte die Kanalisierung der Revolution in liberale Bahnen an, mit politischen (demokratisch-konstitutioneller-säkularer Staat) und wirtschaftlichen Korrekturen (Förderung der nationalen Bourgeoisie) und Respekt vor der kulturellen Tradition, aber sozioökonomischer Kontinuität. Organisiert in der Nationalen Front und der Freiheitsbewegung, repräsentierte diese Strömung die modernen und traditionsbewußten Mittelschichten, die Intelligenz, die

Oberschicht im Bazar und die orthodoxe ulama. Sie verfügte über leistungsfähige Beamte, Manager, Diplomaten und Akademiker, aber sie war weder politisch geschlossen noch waren ihre Organisationen schlagkräftig.

– Ein zweiter Teil der siegreichen Koalition sah in der Beseitigung des alten Regimes nur die Voraussetzung für tiefgreifende sozioökonomische, politische und kulturelle Transformationen. Doch während die Islamisten dabei primär an die Rückgewinnung bürokratischer Macht im Rahmen einer islamischen Kulturrevolution dachten, wartete die säkulare Linke (Tudeh) darauf, die „kleinbürgerlich-islamische Revolution“ durch eine sozialistische zu vollenden. Die Mojahedin wiederum folgten der intellektuellen Utopie eines egalitären Systems islamischer Prägung, in dem Bauern und Arbeiter den Ton angeben. Aber Mojahedin und Marxisten konnten sich nur auf einen begrenzten Anhang in der gebildeten Jugend, in der Intelligenz und in der Arbeiterschaft stützen. Ihre organisatorische Basis hatte noch das alte Regime zerstört, lediglich die Mojahedin legten sich sehr bald eine effektive Guerillaorganisation zu. So repräsentierten die Islamisten mit ihrer Islamischen Republikanischen Partei und ihren Mobilisierungskapazitäten in den städtischen Unterschichten den revolutionären Kern der siegreichen Opposition. Mit der Administration des Staatsapparates waren ihre Mitglieder allerdings nur wenig vertraut und damit den Repräsentanten der Reformströmung unterlegen.

Der Kampf um die Macht[72] begann schon mit der Ernennung des ersten Regierungschefs (Bazargan) durch Khomeini, denn dieser zog den Vertreter der Freitheitsbewegung den erfahreneren Veteranen der Nationalen Front vor. Während sich nun aber die Reformer in Regierung und Staatsapparat festsetzten, stellten die islamistischen Revolutionäre die Mehrheit im Revolutionsrat (Interimsparlament). Zwischen beiden Machtzentren brachen sofort Konflikte aus, die das Konzept des neuen Systems betrafen (Verfassung, Staatsform), die Personalrekrutierung und die Politik des Landes. Da die Islamisten den professionellen Administratoren unterlegen waren, konzentrierten sie sich auf den Aufbau einer Parallelbürokratie, deren Organisationskerne in den bewaffneten Auseinandersetzungen mit dem Shahregime entstanden waren. Ursprünglich spontane Instrumente der Massenmobilisierung, wurden Nachbarschaftsausschüsse, Revolutionsgerichte, paramilitärische Einheiten (Pasdaran) und das Wirtschaftsimperium der Pahlevi-Familie (Stiftung für die Entrechteten) von der Islamischen Republikanischen Partei unter Kontrolle gebracht (Säuberungen, Konfiszierung) und als autonome Apparate dem Staat gegenübergestellt. Gestützt auf eigene Basisorganisationen, Sicherheitskräfte, Tribunale und ausreichende Finanzmittel begann die systematische Mobilisierung der Gesellschaft zugunsten der islamistischen Ausrichtung des politischen Systems. Hier treffen wir erneut auf den bürokratischen Charakter der Islamisten und typische Merkmale einer „Revolution von oben“.

Die Ausschaltung der liberalen Reformkräfte erfolgte sukzessive. In der Auseinandersetzung um die Revolutionsverfassung wurden sie zunächst per Wahlkampf (Expertenversammlung) ausmanövriert, dann im Kontext der Geiselkrise (Besetzung der amerikanischen Botschaft durch spontane Aktionisten) als Handlanger des US-Imperialismus bloßgestellt und machtpolitisch geschwächt (Rücktritt Bazargans). Jetzt konnten die paramilitärischen Verbände der Islamisten ungestört die Organisationsstrukturen der Liberalen und der orthodoxen ulama brechen. Das

Militär wurde durch Säuberungen und die Installierung islamischer Kommissare neutralisiert.

In einer zweiten Phase erfolgte die Eroberung des Staasapparates durch die Islamisten. Khomeini lancierte zunächst einen intellektuellen Außenseiter seines Anhangs in das neu geschaffene Präsidentenamt (Bani Sadr), um mit seiner Hilfe die Islamisten in die Regierungsämter zu schleusen. Als sich dieser jedoch in eklatanter Selbstüberschätzung an die Spitze der liberalen Staatsbürokratie stellte und zwischen liberalen, marxistischen und islamistischen Positionen eigenständige Politik zu machen versuchte, schien der Konflikt noch einmal in einem Patt zu verharren. Doch der militärische Angriff des Irak kam den Islamisten zu Hilfe. Im Rahmen der Kriegswirtschaft und der nationalen Mobilisierung verfügten die Islamisten über die geeigneten Notstandsinstrumente (Pasdaran, Rekrutierung Freiwilliger, Märtyrerideologie, Wohlfahrtsorganisationen), die den Iran nicht nur extern stabilisierten, sondern im Zeichen des Ausnahmezustands legitime Gleichschaltung und Repression ermöglichten. 1980 wurden die Liberalen zuerst entmachtet, dann exiliert oder hingerichtet und der Staatsapparat (Bürokratie, Militär) gesäubert. In die frei gewordenen Positionen rückten Anhänger der Islamischen Republikanischen Partei; der Aufstieg der mittleren und unteren Teile des ulama-Komplexes in den Staatsapparat begann.

Jetzt wandten sich die Islamisten den anderen revolutionären Gruppen zu. Diese hatten Khomeini in einer völligen Verkennung der Realitäten nicht nur unterschätzt, sondern sie waren von ihm sogar ideologisch ausgenutzt worden. Zum einen waren sie massiv daran beteiligt gewesen, die Liberalen innerhalb des Revolutionsbündnisses systematisch zu schwächen, zum anderen integrierten die Islamisten Teile der linken Ideologie (Antiimperialismus, entwicklungspolitische Analysen) in ihr populistisches Programm und besetzten damit das letzte Popularitätsmonopol, das jene noch hatten. Für Khomeini waren aber „Liberale" und „Sozialisten" gleichermaßen dekadente Produkte westlicher Kultur und Weltherrschaft. Insofern war das Verhalten der linken Gruppen nicht nur merkwürdig, sondern selbstmörderisch. Als erste unter den Radikalen registrierten die Mojahedin den administrativen Ausbau des islamischen Sektors als Gefahr. Daher gingen sie noch mit Bani Sadr eine Koalition gegen die Islamisten ein. Doch dieser Schwenk zu einem Kampfbündnis der Gemäßigten erfolgte zu spät. Die Mojahedin standen den Islamisten jetzt allein gegenüber. Ihr Überlebenskampf (1981/82) kostete zwar fast die gesamte Führung der Islamisten das Leben (Bombenterror), doch das ulama-Regime war aufgrund seiner Propagandamaschinerie, seiner Sicherheitskräfte und seiner religiösen Legimität stärker. Während die Mojahedin getötet wurden oder flohen, setzte sich die zweite und dritte Garnitur der Islamisten in den politischen und administrativen Ämtern des Revolutionsregimes fest. Danach war die Ausschaltung der Tudeh und der Feda'iyun 1983 durch fragwürdige Enthüllungen und Schauprozesse nur noch der Schlußpunkt unter eine konsequente Konsolidierung des islamistischen Machtmonopols.

Die Islamisten etablierten sich zwischen 1980 und 1984 als neue Staatsklasse. Durch das Erdöleinkommen waren sie nun von allen sozialen Gruppen, einschließlich des Bazars, unabhängig[73]. Mehrheitlich stammten sie aus den unteren Mittelschichten, waren ländlicher Herkunft und hatten eine gemischte säkular-religiöse Ausbildung genossen, mit der sie im ancien régime keine Aufstiegschancen hatten. Intern war die neue Staatsklasse in verschiedene, relativ eigenständige Segmente gegliedert, mit unterschiedlichen ideologischen und programmmatischen Präferenzen und sozialen Affinitäten. Ein Teil vertrat Positionen, die mit den Interessen der Großkaufleute des Bazars und der großen Landbesitzer harmonierten (konservatives Segment). Ein anderer war den unteren Teilen der sozialen Pyramide in den Städten und auf dem Lande verbunden (radikales Segment). Und ein dritter neigte eher den Ansichten der modernen Mittelschichten, der Technokraten und der Intelligenz zu (pragmatisches Segment). Aber diese Staatsklasse war als Ganzes Khomeini verpflichtet und stand hinter seinem populistischen Programm, auch wenn die Machtkämpfe zwischen den verschiedenen Gruppen nun differierende Interpretationen seiner Umsetzung nicht ausschlossen. Die Herrschaftsstrukturen des Revolutionsregimes trugen unter Khomeini neopatrimoniale Züge. Im Zentrum stand der allein Gott verantwortliche faqih (Rechtsgelehrte) in einer Art Schiedsrichterrolle zwischen allen politischen Kräften, um bei strategischen und personalpolitischen Entscheidungen die Weichen zu stellen. Er war umgeben von den administrativen Institutionen des Staates, dem Parlament, dem Wächterrat (eine Art islamisches Verfassungsgericht), den parabürokratischen Organen der Revolution, seinem Haushalt (informelle Berater) und verschiedenen sozialen Institutionen, deren Zuständigkeiten sich häufig überlappten und sie immer wieder zwangen, sich an den faqih zu wenden. An ihrer Spitze standen lancierte oder ernannte Anhänger Khomeinis mit jeweils eigenen, tiefgreifenden sektoralen Klientelnetzen. Erst nach dem Tode des Revolutionsführers 1989 drängten Mechanismen einer kollektiven Führung das patrimoniale Prinzip in den Hintergrund, während sich die Macht in den Staatsapparat zurückverlagerte. Eine Verfassungsreform stärkte den kollektiven Entscheidungsprozeß (Aufwertung des Schlichtungsrates) und das Präsidentenamt, in dem sich Hashemi Rafsanjani immer deutlicher profilieren konnte. Doch auch wenn Rafsanjani den heutigen Kurs des Regimes bestimmt (Sieg seines Anhangs bei den Parlamentswahlen 1992), so ist er auf komplizierte Absprachen und Koalitionsbildungen innerhalb der neuen Staatsklasse angewiesen.

Die entwicklungspolitische Konzeption der iranischen Revolution ging von einer fundamentalen Kritik der abhängigen kapitalistischen Entwicklung und der Assimilation in die westliche Kultur aus. Ziel war die Wiederherstellung der traditionalen kulturellen Identität Irans und eine eigenständige, selbstgenügsame und sozialgerechte ökonomische Entwicklung. Für die politische Durchschlagskraft dieser Vision war es von unschätzbarem Wert, daß die islamischen Prinzipien der Grundbedürfnisbefriedigung mit dem Grundsatz der Verteilungsgerechtigkeit ideologisch und programmatisch verknüpft wurden[74]. Dies stand im Gegensatz zu den säkularen Revolutionsideologien des Vorderen Orients, bei denen es primär um die Ausbeutung durch den Imperialismus gegangen war, entsprach aber den Besonderheiten des überwiegend (ungerecht) verteilenden Rentierstaats (vgl. 3.1.). Insofern hatte die kulturelle Zielsetzung der Islamisten durchaus ihre ökonomische Dimension. Sie beinhaltete zumindest neue verteilungspolitische Schwerpunktsetzungen und die Restrukturierung des ökonomischen Systems zugunsten eines komplexeren Wachstums. Doch lagen die konzeptionellen Prioritäten des islamistischen Aufbruchs eher in der „Kulturrevolution" mit ihrem aus geistigen und moralischen Werten gespeisten Entwicklungsverständnis, während ökonomische Denkkategorien erst von außen (wissenschaftliche Erkenntnisse, kritische Ansätze, linke Ideologien) integriert werden mußten. Dieser Lernprozeß spiegelte sich in einer erstaunlich differenzierten und qualitativ hochwertigen Diskussion innerhalb des politischen

Systems wider. Daß der sozioökonomische Aufbruch der iranischen Revolution dennoch stecken blieb, lag weniger an der Konzeptionslosigkeit oder am Unvermögen der Staatsklasse als vielmehr an den internationalen und soziopolitischen Rahmenbedingungen der Entwicklungspolitik.

Wir können die Wirtschafts- und Entwicklungspolitik[75] der iranischen Revolution in drei Phasen unterteilen:

- Als sich Liberale und Islamisten noch in einer konfliktgeladenen Atmosphäre gegenüberstanden, nahm die iranische Entwicklungspolitik radikale Züge an. Unter dem Vorzeichen der Massenmobilisierung versuchten sich die Islamisten auch mit radikalen wirtschaftspolitischen Konzepten zu profilieren. Dies gab zum einen denjenigen ulama Auftrieb, die sich für die Interessen der unteren Mittelschichten und der Marginalisierten einsetzten, zum anderen wurden die Islamisten auch von halbautonomen Massenbewegungen angetrieben, deren Eigendynamik sie gegen die Liberalen zu wenden versuchten (Arbeiterräte, Wohnraumbewegung, Landbesetzer). Unter dem Druck der Radikalen, der Massenproteste und der chaotischen Zustände entwickelte die liberale Staatsbürokratie Wirtschaftsprogramme, die von ihren ursprünglichen Intentionen immer mehr abwichen. Der Staat senkte den Stellenwert des Erdölsektors, reduzierte die Ölproduktion, nahm eine radikale Landreform in Angriff und setzte mit dem Ausbau des öffentlichen Sektors auf eine staatlich gelenkte importsubstituierende Industrialisierung (Schwer- und Zwischenproduktindustrien). Die Erdöleinnahmen sollten ein ausgewogeneres Wachstum und zusätzliche Arbeitsplätze finanzieren.
- Nachdem sich die Islamisten aber als Staatsklasse etabliert hatten, versandete der wirtschaftspolitische Aufbruch. Jetzt wirkten sich einerseits das westliche Wirtschaftsembargo (Geiselkrise), die Kriegswirtschaft und der Ölpreisverfall aus, andererseits befand sich die Staatsklasse nicht mehr unter dem Druck des Machtkampfes, kontrollierte alle Teile der Gesellschaft und mußte sich nun mit sehr verschiedenen Entwicklungsperspektiven aus den eigenen Reihen (konservatives und pragmatisches Segment) auseinandersetzen. Vor allem der Staatsinterventionismus und die Landreform wurden von den Konservativen innerhalb der Staatsklasse bekämpft, wobei es ihnen gelang, die Bodenreform systematisch zu verwässern und schließlich abzuwehren. Interne Konflikte und externe Barrieren blockierten den radikalen entwicklungspolitischen Ansatz. Die Staatsklasse konnte sich nur noch mühsam mit ad hoc-Entscheidungen durch die wachsenden Wirtschaftsprobleme hindurchlavieren. Diese Phase mündete schließlich nach Kriegsende in eine wirtschaftspolitische Rückbesinnung.
- Das pragmatische Segment der Staatsklasse übernahm es, den Iran wieder in das Weltwirtschaftssystem zurückzuführen. Der Staat verließ sich erneut ganz auf den Erdölsektor, zog sich aus der Kontrolle der Wirtschaft zurück, setzte auf die Eigendynamik der privaten Akteure und begann diese Entwicklung mit der Förderung marktwirtschaftlicher Mechanismen, einer Teilprivatisierung und der Mobilisierung ausländischer Hilfe zu unterstützen. Immer deutlicher orientierte er sich an den Empfehlungen der internationalen Finanzorganisationen (vgl. 3.1.3.) und konzentrierte sich nur noch auf die verteilungspolitische Abfederung sozialer Probleme. Dies veranlaßte auch bereits signifikante Teile der iranischen Exil-Bourgeoisie zurückzukehren.

Im Gegensatz zur Türkei oder zu Ägypten hatte das Revolutionsregime Irans keine internationalen Spielräume nutzen können. Von Beginn der Radikalisierung an hatten wirtschaftspolitische Sanktionen, weltwirtschaftliche Fluktuationen und politisch-militärische Interventionen (westliche Stützung des Irak) den revolutionären Prozeß torpediert. Eine Bilanz der revolutionären Leistungen ist dementsprechend karg. Sehen wir einmal von den fragwürdigen Resultaten der Kulturrevolution ab (islamisches Rechts- und Bildungssystem, puristischer Moralkodex, Ausgrenzung der Frauen aus dem öffentlichen Leben), so hat das Regime vor allem der Landwirtschaft und der Entwicklung im ländlichen Raum (Infrastruktur, Bildung, Dienstleistungen) beachtliche Impulse gegeben. Im industriellen Bereich entstand ein dominanter öffentlicher Sektor, der arbeitsmarktpolitische Aufgaben übernahm und wirtschaftlich stagnierte (Ausnahme: Rüstungsindustrie). Gewissermaßen als Nebeneffekt der Außenhandelsprobleme und des Sparkurses erzielten die privaten Kleinbetriebe einen Aufschwung, aus dem eine bestimmte privatwirtschaftliche Dynamik erwuchs. Positiv schlug bisher auch die verteilungspolitische Berücksichtigung der Unterschichten zu Buche (Grundbedürfnisse), doch die gesunkenen Staatseinnahmen haben nicht nur das wirtschaftliche Wachstum völlig abgebremst, auch eine wachsende soziale Polarisierung und Massenarmut resultierte daraus. Sie entluden sich 1992 in einer ganzen Reihe von städtischen Unruhen, die von den Sicherheitskräften brutel niedergeschlagen wurden.[76] In dieser Krise, der ein Jahrzehnt Krieg, Opfer und Elend voranging, konnten sich nur diejenigen Segmente der Staatsklasse durchsetzen, deren Wirtschaftsprogramm keine neuen sozialrevolutionären Exzesse erforderte. Daher fügte sich Iran wieder ungebrochen in seine Rentierstaatstradition und begann, sich den Maximen des Weltwirtschaftssystem zu beugen. Dies ist nicht weiter verwunderlich, wenn man die iranische Revolution als „Revolution von oben" definiert. Zwar hatte hier eine bürokratische Elite erst lernen müssen, Massen zu bewegen, doch auch sie tat es rein instrumentell, wobei sie ihr sozioökonomisches Engagement dem Primat des Machterwerbs und der Herrschaftssicherung unterwarf. Würde das iranische Bemühen um Reintegration in das Weltwirtschaftssystem jedoch aus wirtschaftlichen (Verschuldungskrise 1992) oder politischen Gründen (regionale Konkurrenzen von Saudi-Arabien und der Türkei) auf Abwehr stoßen, könnte das Regime in Teheran allerdings in neue interne Strategiekonflikte zurückgeworfen werden.

## 2.3. Revolution und Entwicklung im Vorderen Orient

Revolutionen im Vorderen Orient wurden durch extern verursachte Systemkrisen ausgelöst. Die Überlagerung der traditionalen Strukturen durch die Mechanismen des kapitalistischen Weltsystems führten zu wirtschaftlichen, sozialen, politischen und kulturellen Deformationen, denen das alte Regime nicht mehr gewachsen war. Sein Krisenmanagement scheiterte an der unzulänglichen Rückendeckung durch die herrschende Klasse und an den begrenzten Handlungskapazitäten seiner Eliten. In dieser Situation übernahmen moderne oder traditionale (Iran) Bürokratiesegmente die Aufgabe, die Systemkrise einzudämmen. Ihre illegale Machtergreifung erfolgte auf der Basis überlegener Organisationskapazitäten und bürokratischer Mittel, entweder gänzlich ohne Massenbeteiligung (Türkei) oder Massenaufstände vermeidend (Ägypten, Syrien, Irak). Nur im iranischen Fall wurden Massenaktionen

(Demonstrationen, Streiks) für die Eroberung der Macht eingesetzt; sie blieben aber stets unter bürokratischer Kontrolle. Machtkonzentration und Ausbau der staatlichen Handlungskapazitäten wurden mit Priorität vorangetrieben. Bedingt durch die externe Bedrohung und innergesellschaftliche Konflikte entstand ein revolutionärer Staatsapparat, der das alte System an Stärke weit übertraf. Durch die politische Entmachtung und wirtschaftliche Dezimierung der herrschenden Klasse fiel der revolutionären Bürokratie die Verfügungsgewalt über das gesellschaftliche Mehrprodukt zu. Damit etablierte sie sich als autonome Staatsklasse mit eigener Ressourcenbasis. Im Gegensatz zu ihren Vorgängern schufen sich die revolutionären Regime Mechanismen der Massenmobilisierung und des sozioökonomischen Eingriffs in das Gesellschaftsgefüge. Damit legten sie sich eine soziale Basis und Instrumente der Legitimationsbeschaffung zu. Die Manipulierbarkeit dieser Mechanismen gab den Revolutionsregimen eine stabile Grundlage. Diese war dort am solidesten, wo Unter- und Mittelschichten eingebunden werden konnten (Ägypten, Syrien, Irak, Iran) und dort am labilsten, wo das Regime nur die Staatsbediensteten oder einige privilegierte Gruppen erreichte (Türkei). Konnte sich das Revolutionsregime auf einen charismatischen (Türkei, Ägypten, Iran) oder politisch besonders fähigen Führer (Syrien) stützen, entwickelte es eine neopatrimoniale Herrschaftsform.

Der Machtkonsolidierung folgte in der Regel eine alternative Wirtschafts- und Entwicklungspolitik; nur in Iran war sie bereits mit dem Prozeß des Machterwerbs verquickt. Unterstützt durch günstige internationale Handlungsspielräume (Weltwirtschaftskrise, Zweiter Weltkrieg, Kontrollvakuum der Hegemonialmacht) erteilte die „Revolution von oben" einen radikalen sozioökonomischen Transformationsimpuls mit regionalen Auswirkungen. Im Mittelpunkt des entwicklungspolitischen Aufbruchs stand eine importsubstituierende Industrialisierung, die aus den Abhängigkeiten der bisherigen Rohstoff-Exportökonomie befreien sollte. Die Reorganisation der Wirtschaftsstrukturen mußte marktwirtschaftliche Rationalitäten (komparative Kostenvorteile, fehlende Märkte, Rentabilität etc.) mißachten und durch sozialpolitische Umwälzungen Binnenmärkte schaffen. Dazu war nur ein Staat fähig, dessen Träger (Staatsklassen) sozioökonomisch autonom waren und durch ihre Sozialisation den Werten und Normen des kapitalistischen Systems distanziert gegenüberstanden. Unter seiner Leitung erfolgten Eingriffe in die Landwirtschaft (Finanzierungsbasis) und in die Sozialstruktur (Binnenmarkt) sowie der Aufbau eines industriellen Produktionsapparates. Angestrebt wurde ein komplexes Wirtschaftssystem mit einer diversifizierten Produktionspalette. Trotz begrenzter Ressourcen, politischer Konflikte und eines hohen Bevölkerungswachstums gelangen den Revolutionsregimen (Ausnahme Iran) respektable Wachsumsraten in den produktiven Wirtschaftszweigen, beachtliche strukturelle Umschichtungen des Bruttosozialprodukts, hohe soziale Mobilitätsraten und die Reduktion sozialer Ungleichheit. Diesen Leistungen gegenüber standen aber interne wirtschaftliche Blockaden, deren wichtigste das Zahlungsbilanzdefizit und die Neigung zur externen Finanzierung waren. Verursacht wurden diese Probleme durch die Vernachlässigung der Landwirtschaft, die Diskriminierung des Exports, das Mittelschichtbias der Revolutionsregime, den übertriebenen Protektionismus und den parallelen Ausbau kostspieliger Bürokratien, Militärapparate und Wohlfahrtssysteme. Die so erzeugten Widersprüche bremsten den Transformationsprozeß. Hinzu kamen aber früher oder später externe Interventionen und wachsende Einflußnahmen der zwar dezimierten, aber nicht vernichteten ehemaligen herrschenden Klassen. Verschiebungen in den weltwirtschaftlichen und internationalen Rahmenbedingungen setzten die autonome Entwicklungsstrategie der Revolutionsregime unter wirtschaftlichen, politischen und militärischen Druck. Dieser schloß Wirtschaftssanktionen (Ägypten, Iran, Syrien), Bedrohungskrisen (Türkei) und Stellvertreterkriege (Ägypten, Syrien, Iran) ein, konnte sich aber auch in attraktiven Finanzierungschancen äußern (Türkei, Ägypten, Irak). Restbestände der alten herrschenden Klassen überlebten nicht selten in ökonomischen Nischen und als Klienten einzelner Segmente der Staatsklassen, die an der Macht konservative Züge entwickelten. Nahmen die Widersprüche der autonomen Entwicklungsprozesse zu und wuchs die externe Intervention, so stieg die Nachfrage nach den Kompetenzen der alten herrschenden Klassen und diese konnten nun ihrerseits an Handlungsspielraum gewinnen. Wirtschaftliche Widersprüche, externe Interventionen und die zunehmende Revitalisierung der verdrängten Klassen blockierten die Entwicklungspolitik der Revolutionsregime und trieben sie in politische Krisen. In diesen aber trat die außergewöhnliche Wendigkeit der Staatsklassen zutage. Sie paßten sich den neuen Rahmenbedingungen an und führten ihre Gesellschaften zurück in die Abhängigkeiten des Weltwirtschaftssystems. Dies mochte auf übergeordnete Rationalitäten der Systemerhaltung zurückzuführen sein, entsprach aber vor allem ihrem klassenspezifischen Primat der Herrschaftsstabilisierung.

Unsere Analyse interpretierte die Revolutionen im Vorderen Orient als bisherige Höhepunkte staatlich organisierter Gegenwehr gegen die externe Überlagerung. Stellvertretend für dieses Phänomen haben wir vergleichend fünf Fälle beschrieben, die zwar für die Region repräsentativ sind, doch mit einigen signifikanten Gegenbeispielen konfrontiert werden müssen. Nicht überall kam es zu revolutionären Umwälzungen; einigen, überwiegend traditionalen Regimen gelang es bis heute, intensive wirtschaftliche Verflechtungen mit dem Weltmarkt politisch abzusichern (arabische Golfstaaten, Jordanien, Marokko). Wie ist das zu erklären? Revolutionen fanden in der Regel in den traditionalen Zentren der Region statt, deren sozioökonomische Strukturen langfristig und intensiv verzerrt worden waren (sozialer Wandel, Bildung neuer Klassen, wirtschaftliche Polarisierung, Politisierung). In den Krisen, die den Revolutionen vorangingen, scheiterten Regime, deren Reaktionskapazitäten unzureichend waren und deren Basis viele Widersprüche aufwies. Sie standen unter dem Einfluß wichtiger gesellschaftlicher Gruppen (Ausnahme Iran), externer Interessen, kapitalistischer Mechanismen und Denkkategorien und ihre entwicklungspolitischen Kompetenzen waren dürftig. Demgegenüber nahm die Wahrscheinlichkeit von Revolutionen in peripheren Gebieten ab, deren sozioökonomische Strukturen erst spät und verhältnismäßig gering verzerrt worden waren. Blieben dort zudem die traditionalen politischen Strukturen intakt und verfügten die Herrscher über ausreichende finanzielle Ressourcen (Relation zur Größe der Gesellschaft), so konnten sie ihre politischen Kapazitäten (autonome Stellung, professionelle Administration, patrimoniale Herrschaft, Legitimationsbeschaffung) den wachsenden soziopolitischen Verwerfungen der Modernisierung sukzessive anpassen. Es entstanden bürokratische Regime, die das Regelungsinstrumentarium der Stammesgesellschaft (Beratungs- und Audienzsystem, Klientelpartizipation) in bürokratische Entscheidungsprozesse integrierten. Auf der Grundlage hoher Erdöl- (arabische Golfstaaten) und Phosphat-Renten (Marokko)(vgl. 3.1.) sowie politischer Stützungsgelder (Jordanien) waren einige traditionale Systeme in der Lage, ihre Staaten durch die regionalen Umwälzungen hindurchzumanövrieren. Hatte die externe Durchdringung jedoch bereits gesellschaftliche Brüche verursacht oder starke eigenständige soziale Gruppen entstehen lassen, die der traditionalen Staatsbürokratie gegenüberstanden (Libyen, Irak, Iran), so waren auch hohe Renteneinkommen nicht ausreichend, revolutionäre Entwicklungen einzudämmen. Und dennoch lösten die traditionalen Konservativen in den 70er Jahren die bürokratischen Revolutionäre als regionale Leitbilder ab. Im nächsten Abschnitt wird zu zeigen sein, wie sich der Vordere Orient unter den privilegierenden Bedingungen der Erdölökonomie erneut dem kapitalistischen Weltmarkt unterwarf.

# 3. Das Renteneinkommen und die Systemkrise im Vorderen Orient

Nachdem wir uns im ersten Teil unserer regionalen Analyse mit der Überlagerung des Vorderen Orients durch das Weltwirtschaftssystem beschäftigt hatten, ging es im zweiten um den Widerstand des bürokratischen Staates gegen die externen Abhängigkeiten. Der dritte Abschnitt skizziert nun die innergesellschaftlichen und politischen Reaktionen im Vorderen Orient auf die Kapitalströme aus dem Norden, die nach der Reorganisation des Weltenergiemarktes 1970–74 in die Region einflossen und ihre Ansätze eigenständiger Entwicklung erstickten. Dieser Wandel hatte zweierlei Folgen:

- Zum einen fand eine weitere Ausdifferenzierung und Polarisierung innerhalb der Staatenwelt des Vorderen Orients statt. Die Dominanz der Erdölwirtschaft wies den einzelnen Gesellschaften ganz verschiedene Zukunftsperspektiven zu[1]: als völlig abgesicherte oder zumindest privilegierte Öleigentümer (Saudi-Arabien, die kleinen Golfstaaten, Irak, Iran, Algerien und Libyen), als sich aufreibende Industrialisierer (Türkei, Ägypten, Marokko), als alternativlose Produzenten technischer und organisatorischer Kapazitäten (Tunesien, Jordanien, Syrien und die Palästinenser) und als agrarisches Armenhaus (Sudan, Jemen, Somalia, Mauretanien und Afghanistan). Daraus folgte ein Maß an sozialer Ungleichheit, das zumindest im arabischen Bereich des Vorderen Orients als Polarisierung zu verstehen ist. Während 9% der arabischen Gesamtbevölkerung (sechs Golfstaaten) über 41% des aggregierten arabischen Bruttosozialprodukts verfügten (1985), mußten die ärmsten Gesellschaften mit 20% der arabischen Bevölkerung (Sudan, Jemen, Somalia, Mauretanien) mit 3% auskommen, die zweitärmste Gruppe (50% der Bevölkerung) mit 25%[2].
- Zum anderen bildete sich ein neuer Systemtyp im Vorderen Orient heraus, der Rentierstaat. Mit diesem Begriff erklären wir die Reproduktion einer Gesellschaft im Vorderen Orient aus der internationalen Verflechtung und extern bestimmten Akkumulation ihres politischen Systems heraus. Die Einbindung in das Weltwirtschaftssystem, die Weltpolitik und das regionale Umfeld sowie der extrem hohe Anteil externer Einkommen bestimmen wesentliche Merkmale des Systems: die sozioökonomische und politische Transformation im Inneren seiner Gesellschaft, die Verhaltensmuster seiner politischen Führung und vielfältige Normen, Regeln und Bedürfnisse der gesellschaftlichen Akteure. Nicht alle Staaten des Vorderen Orients entwickelten sich zu Rentierstaaten und manche

wiesen nur Schattierungen dieses Systemtyps auf, und dennoch wurde der „Rentierstaat" zum charakteristischen Strukturprinzip der Region.

Wir werden im folgenden zunächst den Rentierstaatsbegriff herleiten und erläutern und dann anhand von vier Beispielen die Vielfältigkeit von Rentierstaaten in der Realität demonstrieren.

## 3.1. Der moderne Rentierstaat des Vorderen Orients

Rentierstaaten (Schaubild 4) sind jene Staaten der Dritten Welt, die regelmäßig in sehr hohem Umfang externe Rente oder Renten-Äquivalente beziehen und deren Verhalten als Funktion der Struktur dieser besonderen Staatsrevenuen und des mit diesem Einkommen betriebenen Politikmanagements nach innen begriffen werden kann. Renten und Renten-Äquivalente sind Einkommen, die von außen einfließen und denen keine entsprechende gesellschaftliche Investitions- oder Arbeitsleistung gegenübersteht, so daß sie der politischen Führung zur freien (politischen) Disposition stehen.

Der Renten-Begriff in der heutigen Diskussion der Sozialwissenschaften[3] ist keine moralische Kategorie. Ideologische Implikationen, die im allgemeinen Sprachgebrauch häufig mit Rentiers verknüpft werden (Müßiggänger, Parasiten etc.), sind in unserem Zusammenhang unangebracht. Wir können zwei ideengeschichtliche Traditionen der Rententheorie unterscheiden:

- In der marxistischen Theorie ist Rente ein Einkommen, das der Grundeigentümer den Kapitalisten entzieht, wenn er in der Lage ist, beschränkte natürliche Ressourcen zu monopolisieren. Rente ist also immer ein Produkt sozio-politischer Verhältnisse. Marx unterschied dabei die „absolute Grundrente", die dann anfällt, wenn der Grundeigentümer unter bestimmten Marktbedingungen einen Anteil am Profit für die Nutzung seines Bodens erzwingen kann, und die „Differentialrente", die sich aus dem Eigentum an Grund und Boden mit ungewöhnlich günstigen natürlichen Produktionsbedingungen ergibt.
- In der klassischen Nationalökonomie impliziert das Zustandekommen von Rente keine speziellen gesellschaftlichen Verhältnisse, sondern wird über die Bedürfnisstruktur des Marktes bestimmt. Rente kommt zustande, wenn begehrte Waren knapp werden und ihre Anbieter aufgrund bestimmter Faktoren (Bodenbeschaffenheit, psychologische Manipulation, Monopolstellung) überhöhte Einkommen realisieren können. Vor allem wenn es über politische Manipulationen zu Marktverzerrungen kommt, entsteht hohe Rente. Unter solchen Bedingungen wird die Einflußnahme wirtschaftlicher Subjekte auf den Staat zum zentralen Mittel der Konkurrenz um Renteneinnahmen (rentseeking society).

Diese Rententheorien sind nun in der sozialwissenschaftlichen Diskussion zur Dritten Welt durch Analogieschlüsse fortgeschrieben worden. In der marxistischen Tradition entstand der Begriff der „internationalen Rente", die sich souveräne Staaten (analog zum Grundeigentümer) aneignen, und zwar als Grund- und Differentialrente (Agrarerzeugnisse, mineralische Rohstoffe). Diese Interpretation eröffnete der Wahrnehmung des Staates in der Dritten Welt und der internationalen Wirtschafts- und Herrschaftsstrukturen neue Perspektiven. Der Staat in der Dritten

*Schaubild 4: Der Rentier-Staat*

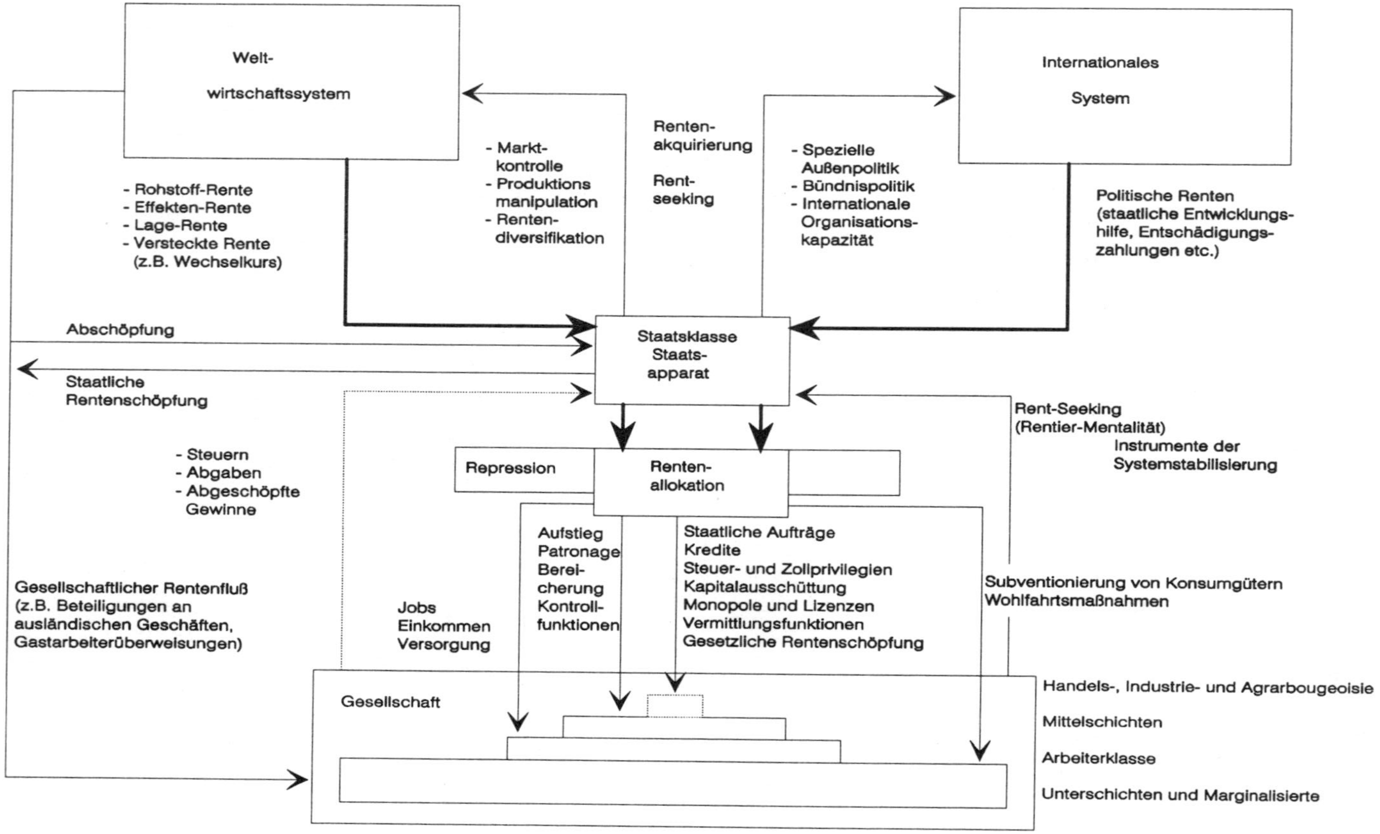

Welt konnte als Rentier analysiert werden, der sich Rente aneignet und zu diesem Zweck günstige politische Bedingungen zu schaffen sucht. Dieser Dynamik nach außen steht ein enormer Handlungsspielraum (Autonomie) nach innen gegenüber, wenn es dem Staat gelingt, hohe internationale Renten einzutreiben. In den Nord-Süd-Beziehungen ging es nun nicht mehr allein um einen Ressourcentransfer in die Industriestaaten, sondern auch um Rentenflüsse von Nord nach Süd. Und die staatliche Verfaßtheit der Weltgesellschaft bei einem einheitlichen Weltwirtschaftssystem gibt dem politischen System der Dritten Welt (aber nicht nur ihm) die Möglichkeit, durch manipulative Eingriffe in die wirtschaftlichen Austauschprozesse Verzerrungen herbeizuführen, die Renten schaffen (Wechselkursgestaltung, Protektionismus, Monopole etc.). In dieser Interpretation spiegelt sich vor allem die Tradition der nationalökonomischen Rententheorie wider. Seine weitestgehenden Folgerungen erzielte das Rentenkonzept in der Entwicklungstheorie von H. Elsenhans[4]. Hier wird der Staat in der Dritten Welt schlechthin als rentenaneignende Instanz gedeutet, wobei die durch das Weltwirtschaftssystem geschaffenen ökonomischen Verzerrungen (strukturelle Heterogenität) erst die Grundlage geschaffen haben für die Realisierung internationaler Renten. Dieses spezifische Einkommen prägt nicht nur den Charakter einer eigenen Gesellschaftsformation (bürokratische Entwicklungsgesellschaft), sondern auch den ihrer politischen Führung (Staatsklasse).

In der sozialwissenschaftlichen Forschung zur Dritten Welt generell besitzt das Rentier-Konzept bisher einen wichtigen, aber keinen überragenden Stellenwert. Die Relevanz internationaler Renten kann trotz ihrer Formenvielfalt nicht für alle Entwicklungsgesellschaften postuliert werden[5]. Wenn es jedoch eine Region der Dritten Welt gibt, in der Renten und Rentierstaaten in ihrer Bedeutung kaum zu überschätzen sind, so ist dies der Vordere Orient. Schon die Integration in das Weltwirtschaftssystem im 19. Jahrhundert schuf Renteneinkommen aus agrarischen Rohstoffen, die sich das europäische Kapital und die herrschenden Klassen der Region teilten. Zur politischen Absicherung und Stützung dieser Wirtschaftsinteressen wurden bereits damals politische Renten an ausgewählte Eliten verteilt. Wir haben auf die Klientelregime an der Golfperipherie hingewiesen (1.1.4.), die Rentenproblematik des osmanischen Staates diskutiert (2.1.) und eine zunehmende internationale Einwerbung von Renten durch die Konfliktparteien der Region als Kehrseite europäischer Herrschaftsstrukturen gedeutet (1.1.4.). Externe Renteneinnahmen stabilisierten im modernen Vorderen Orient vielfach Herrschaftsmuster, denen die traditionale Basis der Tribute im kapitalistischen System abhanden gekommen und deren Wiedererstarken der Rente als Äquivalent des Tributs zu verdanken war. Diese Strukturen hatten sich im Laufe der imperialistischen Periode so verfestigt, daß selbst moderne politische Eliten, die eine autonome Entwicklung anstrebten (Ägypten), externe Renteneinnahmen hemmungslos einzutreiben versuchten (2.2.2.1.). Aber erst mit dem Ölzeitalter etablierte sich die externe Rente als zentrale Einkommensgröße der orientalischen Staaten. Die Einbindung der Erdölstaaten in die Regelung des Weltenergiemarktes zog Rentenströme nach sich, die fast alle Staaten der Region einschlossen und ein ganzes Geflecht von Rentierstaaten unterschiedlicher Kategorien schufen.

Die ersten Entwürfe eines Rentierstaats-Konzepts wurden am Beispiel des Iran verfaßt[6]. Erstmals wurde erkannt, daß ein Staat, der primär von externen Ressourcen lebt (Ölrente), spezielle Charakterzüge entwickelt: eine extreme soziale und wirtschaftliche Autonomie nach innen, eine Konzentration auf politisch bedingte Verteilungsmechanismen mit der Konsequenz gesellschaftlicher Transformation, eine Herausbildung neuer Klientelstrukturen und die Gefahr pathologischer Verselbständigung der politischen Elite. In einem breit angelegten, internationalen Forschungsprojekt wurde schließlich der Vielfalt und Widersprüchlichkeit orientalischer Rentierstaaten Rechnung getragen[7].

Definiert durch einen mindestens 40%igen externen Anteil am Staatshaushalt in Form von Rente, lassen sich danach im Vorderen Orient grob zwei Arten von Rentiers unterscheiden:

- die Rentiers ersten Grades (reine Ölrentiers) verfügen über extrem hohe Einkommen aus der Differentialrente (ausgezeichnete Produktionsbedingungen) und aus Effektenrenten (Zinsen und Dividenden aus angelegten Kapitalien).
- die Rentiers zweiten Grades (Semirentiers) stützen sich auf hohe Kapitalrenten (Kredite, Entwicklungshilfe, Entschädigungszahlungen als „Frontstaaten"), die sie von den Ölrentiers und den Industriestaaten wegen ihrer besonderen strategischen Bedeutung erhalten (Renten-Äquivalente oder politische Renten), auf Lagerenten (Gebühren für Pipelines und Kanalbenutzung) und manchmal auch auf unbedeutendere Differentialrenten-Anteile. Eine wichtige Rolle für die Semirentiers spielen die Einnahmen ihrer „Gastarbeiter" in den Erdöl- oder in den Industriestaaten, aber diese Einkommen (wir vertreten die Ansicht, daß sie Rentenäquivalente enthalten) gehen nicht an den Staat, sondern an seine Bürger, und dies ist für den Semirentier gleichermaßen problematisch wie vorteilhaft (mangelnde Autonomie vs. wirtschaftliche Stabilität).

Obwohl wesentliche Merkmale und Mechanismen bei beiden Rentier-Arten ähnlich sind, gehört die erste Gruppe zu den reichsten Ländern der Welt, während die zweite zu den ärmeren und ärmsten gehört. Wir werden demnach die Strukturen und Entwicklungsprozesse der staatlichen Rentiers für beide Gruppen getrennt untersuchen. Schon hier sei jedoch darauf hingewiesen, daß externe Renteneinnahmen entwicklungspolitisch nicht nur vielfach überbewertet[8] werden (gängige Statistiken der Erdölstaaten berücksichtigen keine Abschreibung nicht erneuerbarer Ressourcen), sondern zusätzliche Entwicklungsbarrieren schaffen und die Unterentwicklung in der Regel zementieren. Rentierstaaten sind von extremen Preiszyklen auf dem Weltmarkt und hohen politischen Fluktuationen in der internationalen Politik abhängig, was ständig wiederkehrende wirtschaftliche und soziopolitische Krisen erzeugt. Sie neigen dazu, Industriestrukturen einfach zu kaufen, statt sie selber zu entwickeln und gigantische Wohlfahrtssysteme zu errichten, die der Herausbildung eines eigenen Humankapitals (schöpferische Bildungs- und Technologiekapazitäten, Frauenpotential) im Wege stehen. Soziale und materielle Privilegien blockieren die Bereitschaft zur intellektuellen und wirtschaftlichen Eigenanstrengung. Darüber hinaus aber entziehen hohe externe Einkommen, die innergesellschaftlich verteilt werden, den produktiven Sektoren (Landwirtschaft und Industrie) Kapital und Arbeit und transferieren diese in die Dienstleistungssektoren. Dies ist deshalb der Fall, weil die Versorgung mit Gütern der produktiven Sektoren (Agrar- und Industriewaren) elastisch ist (Importe) und von internationalen Preisen bestimmt wird, während Dienstleistungen weniger verfügbar sind und entsprechende Preissteigerungen nach sich ziehen, so daß in diesem Bereich höhere Profite erzielt werden können. Kapital und Arbeit fließen demnach aus den produktiven Sektoren heraus und vertiefen die historischen Deformationen der Peripherieökonomie weiter[9].

Rentierstaaten haben eine Reihe gemeinsamer Merkmale, die wir in wirtschafts-, ordnungs- und außenpolitische Aspekte unterteilen können.

- Da ihr Einkommen nicht davon abhängt, daß sie es teilweise wieder produktiv anlegen (es ist ja ein Geschenk der Natur oder wirtschaftlicher/politischer Konstellationen jenseits ihrer Reichweite), unterliegt die Verteilung des Einkommens nach innen, soweit es nicht der Selbstprivilegierung der Eliten dient, primär politischen Interessen. Dies führt zur Herausbildung eines Allokationsstaates, der seine immensen Ressourcen zur Legitimation nach innen und Konsensbildung im regionalen Umfeld verwendet. Umgekehrt konkurrieren innergesellschaftliche Individuen, Gruppen und Klassen um die vom Staat als Subventionen, Kredite, Aufträge, Einkommen, Landeigentum, Konsummöglichkeiten oder wohlfahrtspolitische Vergünstigungen verteilten Renten. Hinzu kommen staatliche Eingriffe in die weltwirtschaftlichen Verflechtungen (Wechselkurse, Monopole, Vorschriften für das Auslandskapital), die den internen Wirtschaftsakteuren zusätzliche Einnahmen (Renten) verschaffen. Um einen möglichst hohen Anteil zu erhalten, sind dabei vor allem politische Fähigkeiten gefragt, die Zugang zur politischen Führung und Einfluß auf Mitglieder der Top-Bürokratie verschaffen. Individuelles Einkommen und wirtschaftlicher Erfolg hängen hier also nicht von produktiver Arbeit und wirtschaftlichem Mühen ab, sondern von Fähigkeiten, politische Konstellationen zu bewältigen, was keineswegs leichter ist, aber andersartige Aktivitäten erfordert (werben, Kontakte knüpfen, korrumpieren, schmeicheln, soziale und politische Bindungen pflegen etc.). Da nur wenige Menschen mit der Schaffung des Renteneinkommens zu tun haben (geringer Beschäftigungsgrad der Ölindustrie), wird die (kapitalistische) Kausalität von Arbeit und Belohnung außer Kraft gesetzt. Entsprechend ist der Wirtschaftsgeist von einer „Rentier-Mentalität" eigener Rationalität geprägt, obwohl sich alles im Rahmen kapitalistischer Strukturen abspielt.
- Das politische System des Rentiers ist durch einen zentralistischen bürokratischen Apparat gekennzeichnet, dessen Herrschaftsstruktur neo-patrimoniale Züge (vgl. 2.2.2.) trägt. Dies entspricht den Funktionen effektiver Einwerbung, Konzentration und Allokation von Renten am besten, da es sich hierbei um überwiegend politische Aufgaben handelt, die eine hohe Flexibilität nach innen und außen erfordern. Rentierstaaten, die ihre neo-patrimonialen Kapazitäten verlieren (Iran unter dem Shah, Irak unter Saddam Hussain), gefährden ihre Existenz. Dies ist bei Semirentiers mit ihren niedrigen Krisenschwellen weniger wahrscheinlich als bei den reinen Ölrentiers. Allen gemeinsam ist allerdings ein gesellschaftlich abgehobenes bürokratisches Regime, das es sich leisten kann, auf Steuern und Abgaben weitgehend zu verzichten und deshalb Partizipationswünschen distanziert gegenüber steht. Die Bürokratie des Rentierstaats hält ihre Allokation für benevolent, entwickelt auch paternalistische Züge, ist aber im Falle gesellschaftlichen Widerstandes gegen sich zu unnachsichtiger Repression bereit. Umgekehrt scheinen fehlende Besteuerungspraktiken gesellschaftlichen Oppositionsgeist zu dämpfen. Das zentrale Prinzip der demokratischen Tradition, „no taxation without representation", greift im Rentierstaat nicht. Doch

haben die islamistischen Protestbewegungen Irans und Algeriens gezeigt, daß in Allokationssystemen auch die Ungleichbehandlung im Verteilungsprozeß Widerstand erzeugen kann[10]. Auch Rentiersysteme sind demnach vor gesellschaftlichen Ansprüchen nicht gefeit. Ja sie erzeugen diese sogar ständig selber, eher unfreiwillig als bewußt, indem sie mit ihrer internen Ressourcenverteilung soziale Transformationen verursachen, die neue Gruppen und Klassen nach oben bringen und damit zusätzliche Einflußnahmen auf den Staat auslösen. Die Fähigkeit, diese gesellschaftlichen Ansprüche abzuwehren, hängt jedoch davon ab, inwiefern sich der Rentierstaat auf einen ungeschmälerten Rentenzufluß verlassen kann.
- Rentierstaaten sind zwar Nutznießer natürlicher Vorteile und weltpolitischer/-wirtschaftlicher Marktbedingungen, aber das heißt nicht, daß sie dies zur Passivität verurteilt. Im Gegenteil. Sie sind im Rahmen ihres Potentials dazu gezwungen, aktiv ihre Ressourcenzuflüsse stabil zu erhalten und auszubauen. Da dies aber jenseits ihrer Territorialgrenzen erfolgen muß, haben für sie Außenpolitik und Außenwirtschaftspolitik Priorität. Rentiers suchen z. B. ihre Rentenarten zu diversifizieren, um ihre Einkommen sicherer zu machen (Transfer der Differentialrente in Effektenrente). Sie organisieren sich international, um bestimmte Renten zu erhöhen oder zu kontrollieren (OPEC). Sie gestalten durch Kapitalhilfen, Arbeitskräfte-Aufnahme und Diplomatie ihre regionale Umwelt. Und sie involvieren die Großmächte in ihre Konflikte, um ihre Renteneinkommen zu sichern oder zu erhöhen. In diesem Sinne blieb die „orientalische Frage" bis heute als integraler Bestandteil der Weltpolitik erhalten – ein Phänomen, das weltweit beispiellos ist. Die Rentierstaaten des Vorderen Orients haben ein völlig anderes Verhältnis zur Außenpolitik als kapitalistische Industriestaaten. Sie betreiben sie nicht zugunsten ihrer gesellschaftlichen Interessenkonstellationen, sondern zur Sicherung ihrer Position innerhalb der eigenen Gesellschaft.

Diese Charakterzüge des Rentierstaats stellen allerdings ein Modellkonstrukt dar. Reale Staaten nähern sich in ihrer Struktur und ihrem Verhalten lediglich mehr oder weniger diesem Muster an. Dies kommt daher, weil die ökonomische Basis der orientalischen Staaten aus einem variablen Mix aus Renten, Rentenäquivalenten, Steuereinnahmen und Abschöpfungen aus der Binnenproduktion besteht. Dementsprechend werden wir die skizzierten Verhaltensweisen in der Regel nur als Trends beobachten können. Und deshalb ist die reale Entwicklung der Rentierstaaten auch widersprüchlich.

- Zum einen drängen die Wirtschaftssektoren jenseits des Erdölsektors darauf, die Renten marktkonform und profitorientiert zu verwenden. Nicht selten hat der Staat deshalb strukturelle Blockaden der wirtschaftlichen Entwicklung politisch aufzulösen versucht (Homogenisierung). Oft wurde diese Perspektive schon vor dem Rentensegen der 70er Jahre ideologisch untermauert. Hinzu kommt jetzt der Druck der neuen bürgerlichen Schichten, die durch die Verteilung der Rente nach innen entstanden sind. Und nicht zuletzt ist es auch die Furcht vor der Erschöpfung der Erdöl-Lager, die den Staat zwingt, alternative Wirtschaftsprozesse zu forcieren.
- Zum anderen aber sinkt mit wachsenden Renteneinnahmen das Interesse des Staates an einer Homogenisierung der Wirtschaftsstruktur, da der Staat bei

ökonomischen Wachstumsgesetzen folgender Investitionspolitik seine Renten-schöpfungs-Kapazität einschränken und seine politische Autonomie verlieren würde. Das Resultat wäre dann, daß er unter zunehmenden Druck seiner Bourgeosie geriete und damit seine Vorherrschaft verlöre[11].

Am deutlichsten treten die Charakterzüge des Rentierstaats in der Krise auf[12]. Sinken die Renteneinnahmen aufgrund von Veränderungen im Weltwirtschaftssystem oder in der Weltpolitik, dann steht der Staat vielfältigen sozialen Ansprüchen und Bedürfnissen gegenüber, die er durch seine Allokationspolitik geschaffen hatte, die er aber jetzt nicht mehr alle befriedigen kann. Verschärfte Verteilungskämpfe treten auf. Die Krise entsteht nicht als ökonomisches Phänomen, sondern als sozialpolitisches: soziale Unruhen und Revolten, zunehmende Artikulation von Kritik, Kristallisation gefährlicher Widerstandskerne, selbst in Bürokratie und Militär, und allgemeiner Legitimationsverlust zwingen den Rentierstaat, zum letzten Mittel zu greifen: zur Repression. Aber über diese kurzfristige Eindämmung hinaus muß der Staat ein langfristiges Krisenmanagement entwickeln. Rentierstaaten stehen dabei Reaktionen in zweierlei Richtungen zur Verfügung:

- Einerseits können sie versuchen, die Einkommensverluste durch interne wirtschaftliche und fiskalische Maßnahmen auszugleichen: durch eine Effektivierung und Mobilisierung der einheimischen Ressourcen, Drosselung der Staatsausgaben, Impulse für die produktiven Sektoren des Wirtschaftssystems (Landwirtschaft, Industrie) und Anpassungsmaßnahmen zugunsten alternativer Wirtschaftskräfte.
- Andererseits aber können sie bessere Rahmenbedingungen für einen effektiveren Rentenfluß schaffen, neue Renten und Rentenanteile entwickeln, die politische Organisation der Rentenkontrolle verbessern oder sich Renten anderer Rentiers aneignen (Irak 1990).

Krisenstrategien sind in der Regel ebenfalls Mischreaktionen aus Maßnahmen in beiderlei Richtung, aber ganz abgesehen von der Verträglichkeit spezieller Maßnahmen auf beiden Ebenen, neigen Rentierstaaten zunächst dazu, Krisen durch Renteneffektivierung zu bekämpfen. Dies ist verständlich, da dies der vertrautere Weg ist, weniger sozialpolitische Umwälzungen im Innern erfordert, weitaus schnellere Resultate verspricht und keine Selbstaufopferung der politischen Klasse beinhaltet. Diese Strategie erscheint also weniger riskant. Doch auch die reine Renteneffekivierung ist nicht unproblematisch[13]. Weltpolitische Konstellationen können dem staatlichen Krisenmanagement nach außen Grenzen setzen, die im Falle der Ausblendung interner Alternativen übersehen oder unterschätzt werden. Verliert der Rentierstaat zum Beispiel die Fähigkeit, durch die Umgruppierung seiner Eliten das Krisenmanagement flexibel zu gestalten, verengt sich sein Reaktionsspielraum erheblich. Allzu leicht entsteht dann die Neigung, externe Renten gewaltsam abzuschöpfen (Irak 1990), sofern das geeignete Machtpotential zur Verfügung steht.

Mit unserer kurzen theoretischen Skizze des Rentierstaates haben wir versucht, relevante Zusammenhänge zwischen staatlichen Verhaltensweisen und strukturellen Gegebenheiten am Modell deutlich zu machen. Wir werden nun in den folgenden Kapiteln politische Systeme des Vorderen Orients analysieren und auf zentrale Charakterzüge der Rentierstaatlichkeit hin überprüfen. Dabei wird es uns darum gehen, verschiedene Ausprägungsgrade der Rentierstaatlichkeit zu identifizieren und übergreifende Struktur- und Verhaltenskonstanten aufzuzeigen. Um dieser Absicht gerecht zu werden, wollen wir in unseren Fallbeispielen zum einen den Typ der Rente (reine Ölrente, gemischtes Renteneinkommen, überwiegend politische Rente) variieren, zum anderen den Typ des Regimes (Staatsbürokratie, Staatsklasse, bürgerliche Herrschaft).

### *3.1.1. Die reinen Ölrentiers*

Die beiden ersten Beispiele betreffen reine Ölrentiers, die dem Modell des Rentierstaates am nächsten kommen. Im Vorderen Orient finden wir zwei Spielarten dieses Typs:

- Konservative Ölstaaten sind solche, die bis zum Zweiten Weltkrieg an der Peripherie des Vorderen Orients lagen, deren sozioökonomische Strukturen sich bis dahin nur wenig verändert hatten und deren geringe Bevölkerungszahl es den traditionalen Eliten ermöglichte, das politische System mit Hilfe langsam wachsender Renteneinnahmen dem Wandel der Umwelt anzupassen.
- Transformatorisch nennen wir diejenigen Ölstaaten, die ihre Randständigkeit im Vorderen Orient schon vor dem Zweiten Weltkrieg verloren hatten oder deren sozioökonomische Strukturen bis dahin starken Brüchen ausgesetzt waren und deren Bevölkerungszahl es den Eliten nicht ermöglichte, das politische System adäquat anzupassen. In diesen Staaten kamen moderne, reformorientierte Staatsbürokratien oder revolutionäre Staatsklassen an die Macht, die erst danach mit dem Rentensegen der Erdölära konfrontiert wurden.

Zur ersten Kategorie gehören die arabischen Golfstaaten, zur zweiten der Irak, Algerien und Iran, während Libyen eine Zwischenstellung einnimmt. Stellvertretend für die konservativen Ölrentiers werden wir Saudi-Arabien auswählen, für die transformatorischen Algerien.

#### *3.1.1.1. Der konservative Ölrentier: Saudi-Arabien 1926–1992*

Im Zeitalter des klassischen Imperialismus blieb die Durchdringung der arabischen Halbinsel durch externe wirtschaftliche und politische Interessen minimal[14]. Die Präsenz britischer Agenten in den Fürstentümern am Golf (Kuwait, Oman u. a.) diente lediglich der Sicherung der Küsten, der Abschirmung vor Konkurrenten (Rußland, Deutschland, Osmanisches Reich) und der Neutralisierung binnenländischer Unruheherde; wirtschaftlich war Arabien nicht attraktiv. Abgesehen von der traditionellen Terrassenwirtschaft im Jemen[15], blieb sein wirtschaftliches Potential auf wenige Oasen (Datteln), nomadische Viehzucht, Karawanenhandel und Perlenfischerei beschränkt. Nur am Golf und im Hedschas ließen Relikte des alten Fernhandels und ein rudimentäres Pilgeraufkommen bescheidenen Wohlstand bei einigen Kaufmannsfamilien zu. So dauerte es bis zum Ersten Weltkrieg, daß Arabien in die moderne Geschichte des Vorderen Orients eintrat. Um das Osmanische Reich in seinen arabischen Provinzen zu schlagen, trieb Großbritannien die Stämme des Hedschas unter dem Sherifen von Mekka (Haus Hashem) in einen Aufstand, der die Eroberung Syriens einleitete (Lawrence von Arabien). Die politischen Ambitionen der Haschemiten auf einen eigenständigen arabischen Staat setzten sich jedoch nicht durch. Nachdem sie ihre Funktion erfüllt hatten, wurden sie von den europäischen Mächten ausmanövriert, ihrer Kernländer beraubt und durch abhängige politische Aufgaben entschädigt (Transjordanien, Irak). Nutznießer dieses politischen Manövers war die Dynastie der Sa'uds.

Der sa'udische Einheitsstaat, der zwischen 1902 und 1926 mit britischer Billigung und Förderung[16] entstand, war das Resultat eines historischen Prozesses, dem die internationalen Rahmenbedingungen erst im dritten Anlauf günstig waren. Er beruhte seit Mitte des 18. Jahrhunderts auf einer politischen Allianz zwischen der lokalen Herrscherdynastie der Sa'uds im Nejd und einer puristischen islamischen Erneuerungsbewegung, die von Sheikh Muhammad bin Abdul Wahhab gegründet worden war (Wahhabiten). Die politische Dynamik dieser Koalition von Expansionstrieb und stammesübergreifender Ideologie scheiterte im 19. Jahrhundert zweimal an der Eindämmungspraxis des Osmanischen Reiches. Der dritte Versuch unter Abd al-Aziz stand dagegen mit den britischen Interessen in Einklang, das Machtvakuum in Arabien zu füllen und die politischen Ambitionen der arabischen Kräfte aufzuteilen. Aber erst mußte die interne Dynamik erneut zustandekommen. 1902 hatte Abd al-Aziz, der junge Fürst aus dem Hause Sa'ud, den Stammsitz der Familie in Riyadh wieder zurückerobert und durch eine systematische Bündnis- und Heiratspolitik mit den umliegenden Stämmen und der wahhabitischen ulama gesichert[17]. Als 1912 unter den Stämmen des Nejd erneut ein religiöser Aufbruch erfolgte, gelang es Abd al-Aziz, die religiöse Missionierung in politische Bahnen zu lenken. Er stellte sich an die Spitze der neu entstandenen radikalen Bruderschaft der Ikhwan[18] und rekrutierte aus ihr eine selbstlose, fanatische, aber disziplinierte Kampfeinheit. Auf der Grundlage britischer Subsidien und Waffen, der wahhabitischen Ideologie und der Kampfkraft seiner Ordenskrieger eroberte Abd al-Aziz in den nächsten 15 Jahren weite Teile der arabischen Halbinsel. Die Konsolidierung dieses Machtbereichs stellte die sa'udische Herrschaft aber auf neue finanzielle und organisatorische Grundlagen. Eine Reorganisation und Modernisierung des gesamten Wallfahrtskomplexes im Hedschas stabilisierte die Einkommensbasis des neuen Staates, der mit den erhöhten Ressourcen moderne Kriegstechnologie (gepanzerte Fahrzeuge, Kommunikationsmittel, Flugzeuge) erwerben und seine Macht gegenüber allen gesellschaftlichen Gruppen festigen konnte. Im Einklang mit der staatlichen Machtkonzentration, den regionalen britischen Interessen und den gesellschaftlichen Verhältnissen in den eroberten Gebieten (Hedschas) begann sich ein neues politisches System herauszubilden, in dem die Werte und Interessen der Ordenskrieger (puristischer Islam, jihad) und der traditionalen Stämme (Einnahmen aus dem Pilgergeschäft) immer mehr auf der Strecke blieben. Diese Widersprüche kulminierten schließlich in einer gewaltsamen Auseinandersetzung (1927–30), in der sich der neue Zentralstaat seiner archaischen Geburtshelfer entledigte.

Mit dem „Königreich Saudi-Arabien" (1932) etablierte sich in einer Nische des Imperialismus ein eigenständiger Staat auf der Grundlage traditionaler Strukturen. Dieses System repräsentierte, organisationssoziologisch gesehen, den strukturellen Anpassungs- und Modernisierungsprozeß eines Stammespartriachats, ohne sich jedoch bis heute zum Patrimonialismus fortentwickelt zu haben. An seiner Spitze steht ein Herrscher (König), der dem bürokratischen Apparat autokratisch vorsteht, dessen eigene Stellung aber von den führenden Kräften einer herrschenden Klasse akzeptiert werden muß und dessen Politik von dieser auch informell beeinflußt wird. Diese herrschende Klasse besteht aus den Mitgliedern der Familien Sa'ud und al-Sheikh (Gründer der wahhabitischen Bewegung), mit ihren wichtigsten Verzweigungen rund 20 000 Personen, sowie den wahhabitischen ulama und den Stammesscheikhs mit ihren Familien, insgesamt etwa 100 000 Menschen. Während der politische Einfluß der Stammesscheikhs seit Abd al-Aziz ständig abgenommen hat (auf lokalen Einfluß beschränkt) und in Krisenzeiten nur noch auf wenige wichtige Stammesführer zusammengeschmolzen ist, so blieben die ulama bis heute als Subelite voll erhalten. Mit ihrer Organisationskraft (eigenes Personal) sind sie nach wie vor für die Bereiche Recht (Personenstands- und Strafrecht), gesellschaftliche Legitimation/Integration und Religion zuständig; nur aus dem Bildungssystem wurden sie seit den 60er Jahren weitgehend verdrängt. Außerhalb dieser Sektoren werden sie zu nationalen politischen Fragen allerdings nur in Krisenphasen gehört. So hat sich die politische Elite des Systems auf die Angehörigen der Sa'ud-Familie verengt, strategische Fragen der Systemerhaltung werden jedoch in einer informellen Konsultationsstruktur erörtert, die über diesen Kreis hinausgeht[19].

Der moderne Staatsapparat des Königreiches hat sich erst sehr langsam herausgebildet. In den Provinzen repräsentierten Gouverneure (Mitglieder der politischen Elite) als persönliche Vertreter des Königs die Zentralgewalt innerhalb traditionaler Konsultationsformen; nur im Hedschas akzeptierte der Staat (bis 1953) eine echte Beteiligung der Notabeln und Kaufleute. Auch auf nationaler Ebene blieben die Entscheidungsstrukturen rudimentär und die persönliche Kommunikation des Herrschers mit jedermann (tägliche, später wöchentliche Empfänge) erhalten. Bis Mitte der 50er Jahre wuchs die Zahl der „Ministerien" allmählich auf ein knappes Dutzend. Aber ohne ein Kabinett wurde ihre Politik vom König in informellen Gesprächen mit den Ministern, Familienangehörigen und persönlichen Beratern (z. T. ausländischen Günstlingen) formuliert und koordiniert. Bis in die 50er Jahre hinein gab es keine geregelte Buchhaltung und Ausgabenregulierung. Das Staatsbudget war vom Haushalt der Sa'ud-Familie nicht zu unterscheiden und degenerierte allmählich zum „Selbstbedienungsladen" der Herrscherfamilie (25% für Palast, Familie und Stammessubsidien; 25% für Verteidigungsausgaben; ⅙ Schuldendienst; Rest für Infrastruktur, Gesundheitswesen und Prunkbauten). Einer chaotischen Finanzverwaltung standen zunehmend sozioökonomische Transformationen gegenüber, um die sich der Staat überhaupt nicht kümmerte.

Mitte der 50er Jahre verdichteten sich die politischen Probleme Saudi-Arabiens zu einer existentiellen Krise des Regimes.[20] Innergesellschaftliche Wandlungsprozesse führten zur Herausbildung neuer sozialer Gruppen (gebildete Mittelschicht, moderne Arbeiterschaft), einer Polarisierung traditionaler und moderner Wirtschafts- und Gesellschaftsstrukturen und einer Krise der kulturellen Werte und Normen im Modernisierungsprozeß. Außenpolitisch kam der Druck der arabischen Revolutionsbewegungen (Ägypten, Syrien) hinzu (2.2.2.) und verschärfte die internen Verwerfungen. Ein aufwendiger Propagandakrieg über die Massenmedien und ständige Subversionsversuche drohten das politische System zu destabilisieren. Panarabische und marxistische Widerstandszirkel entstanden; im Offizierscorps fanden Meutereien statt. Und schließlich kulminierte die Auseinandersetzung in einem Stellvertreterkrieg im Jemen (1963). Diesen Problemen stand aber ein Staatsapparat gegenüber, der weder strukturell (Organisation, Kapazitäten) noch personell (Intellekt, Gesundheit, psychische Stabilität) oder materiell (Ressourcenverschwendung, Finanzbankrott) dem Konflikt gewachsen war. Innerhalb der politischen Elite bildeten sich drei Segmente mit unterschiedlichen Reaktionsstrategien heraus. Während ein konservativer Flügel (König Sa'ud und Söhne, ulama-Teile, Stammesführer) hartnäckig am Status quo der staatlichen Struktur festhielt, verlangte eine progressive Gruppe (jüngere Söhne Abd al-Aziz' um Prinz Talal, liberale Bürokraten) strukturelle und konstitutionelle Reformen (Parlament) und eine politische Annäherung an die revolutionären Staaten der Region (Wirtschafts- und Entwicklungspolitik). Dagegen strebte eine technokratische Fraktion (zweitältester Sohn Faisal, Mehrheit der Prinzen, Top-ulama) die Erhaltung der traditionalen Machtverhältnisse mit Hilfe organisatorischer und struktureller Modernisierung an.

Nachdem sich König Sa'ud (1953–64), der Nachfolger des Staatsgründers, als unfähig erwiesen hatte, das Regime durch die Krise zu steuern, wurde die politische Macht 1958 von den Repräsentanten der herrschenden Klasse in die Hände des jüngeren Bruders, Faisal, gelegt (Premierminister). Der Konflikt um die Macht zwischen den drei Elitensegmenten, der 1960 sogar zu einer merkwürdigen Koalition zwischen Sa'ud und den radikalen Reformern führte, dauerte aber über sechs Jahre und endete erst 1964 mit der erzwungenen Abdankung des Königs zugunsten von Faisal[21]. Der neue Herrscher stabilisierte das Regime mit hoher Effizienz. Eine Finanzreform (Ausdifferenzierung eines Staatshaushalts, Apanagenregelung, Normierung der Finanzverwaltung, Sparprogramm) legte die materiellen Grundlagen für die Stabilisierung des Regimes. Eine Reorganisation und Ausweitung des Staatsapparates paßte die Verwaltungsstrukturen den aktuellen Problemen an, etablierte ein staatsinterventionistisches Instrumentarium und befriedigte die neuen Mittelschichten. Während sich angekündigte liberale Reformen in Rhetorik erschöpften (Sklavenbefreiung 1962, Konsultationsrat und Dezentralisierung), wurden die Akademiker und die moderne Arbeiterschaft durch Karrieren und materielle Privilegierung an das Regime gebunden, Oppositionskräfte dagegen wurden exiliert (König, liberale Prinzen) und unterdrückt (Hinrichtungen meuternder Offiziere). Die Interventionen der revolutionären Regime konnten durch aufwendige Rüstungsausgaben, den Aufbau staatlicher Massenmedien (Gegenpropaganda), aktive Diplomatie (Kooperation mit den USA, Bildung einer konservativen Koalition islamischer Staaten) und eine Festigung der traditionalen Legitimation abgewehrt werden. Und mit zunehmenden Öleinnahmen begann der sa'udische Staat außenpolitischen Einfluß auch zu kaufen. Sofort nach der Niederlage der revolutionären Regime im Junikrieg 1967 setzten finanzielle Stützungsmaßnahmen ein (Konferenz von Khartoum), die 10–20% des Öleinkommens zur Deradikalisierung der gegnerischen Regime einsetzten.

König Faisal meisterte in den 60er Jahren die Krise des Staates und leitete in den 70er Jahren die Reorganisation des Systems zu einem modernen Rentierstaat ein. Unter ihm paßten sich die archaischen Machtstrukturen technokratischen Formen an, ohne ihren oligarchischen Charakter aufzugeben. So blieb die politische Macht trotz Bürokratisierung und Ausbau der Staatsintervention in Händen der herrschenden Klasse, während sich innerhalb dieser eine professionelle politische Elite mit politischer Verantwortung (Paternalismus), Arbeitsteilung (Konfliktmanagement, Legitimation, technokratische Kapazitäten, Diplomatie), hohem Sachverstand (Prinzen-Technokratie) und kollektiver Führung (die sieben Sudairi-Brüder unter Prinz/König Fahd) herausbildete.

Als die Reorganisation des Weltenergiemarktes das Einkommen Saudi-Arabiens Anfang der 70er Jahre verzwanzigfachte (1,2 Mrd. $ 1970; 22,6 Mrd. $ 1974), begann auch sein politischer Aufstieg in eine der regionalen Spitzenpositionen. Aber damit änderte sich nicht der Charakter dieses Staates. Saudi-Arabien war als Rentierstaat schon historisch gesehen eine Ausnahmeerscheinung. Seine Gründung erfolgte auf einer finanziellen Grundlage, die zu 60% auf politischen Renten (60 000 £ britische Subsiden jährlich) beruhte. Später wurde sie durch andere externe Einkommen (Pilgersteuern als Rentenäquivalent) und in Krisenperioden (Weltwirtschaftskrise, Zweiter Weltkrieg) erneut durch hohe politische Ausgleichszahlung (Großbritannien, USA) ergänzt. Geriet der sa'udische Staat in Finanzprobleme, so suchte er bis in die 50er Jahre hinein stets Kredite bei den Großmächten einzuwerben. In einer dieser Finanzkrisen gab Abd al-Aziz der Ölfirma Standard Oil of California, die im Vorderen Orient Fuß fassen wollte, eine Konzession und kassierte dafür bereits damals beachtliche Abschlagszahlungen (1933). Zwar dauerte es Jahre, bis die sa'udischen Öllager gefunden (1938) und angemessen erschlossen wurden (1947), doch dann entpuppten sie sich als dermaßen gigantisch, daß sie die aufwendigste Kapitalkonzentration der Erdölbranche (Socal, Texaco, Exxon, Mobil) und ein ungewöhnliches Engagement der Hegemonialmacht (Steuerarrangement als Basis der Gewinnregelung) auslösten[22]. Als sich das Konsortium der vier Majors (Aramco) in Saudi-Arabien etablierte, wurde es nicht nur zum Financier eines noch archaischen Staatswesens (Anstieg des Öleinkommens zwischen 1951 und 1970 von 110 Mio. $ auf 1,2 Mrd. $), sondern auch zur Entwicklungsagentur des Landes (Infrastruktur vom Flughafen bis zum Wohnungsbau) und zum Dienstleistungsbeauftragten des Palastes (Nahrungsmittel-Lieferungen, Unterhalt des Fuhrparks u. a.). Zwar standen die Ölfirmen ständig unter dem Druck neuer Geldforderungen, doch ein spezielles Vertrauensverhältnis zwischen dem Aramco-Management und der sa'udischen Dynastie/Bürokratie ließ politische Spannungen kaum aufkommen. Saudi-Arabien und der Iran erschienen dem Westen als Garanten kapitalistischer Interessen inmitten einer revolutionären Sturzflut.

Auch wenn Saudi-Arabien nie etwas anderes als ein Rentierstaat gewesen war, eröffnete der Rentensegen der 70er/80er Jahre qualitiativ neue Dimensionen (Einnahmesteigerungen von 22,6 Mrd. $ 1974 auf 115,5 Mrd. $ 1981). Selbstprivilegierung der Eliten und Expansion des Staatsapparates verloren angesichts dieser Summen ihre Bedeutung. Saudi-Arabien trat jetzt als führender Käufer von Verteidigungssystemen (Rüstungsgüter) und als finanzielle Stütze regionaler (außenpolitische Klientelbildung) und weltweiter Stabilisierungsstrategien (Entwicklungshilfe) hervor. Aber ins Zentrum seiner politischen Ökonomie rückte jetzt die nationale Entwicklungspolitik und die gesellschaftliche Steuerung der Rentenallokation sowie ihre Folgen für das politische System. Eine ernsthafte Entwicklungsplanung kristallisierte sich in Saudi-Arabien erst in den 70er Jahren heraus. Im Gegensatz zu den anderen Ölstaaten ohne zusätzliche ökonomische und gesellschaftliche Ressourcen, die sich mit einer Rentendiversifizierung begnügten (Effektenrente) oder wie Kuwait ins multinationale Ölgeschäft einstiegen, begann in Saudi-Arabien der systematische Ausbau von Industrie und Landwirtschaft. Da dies der Rentierstaats-Theorie offensichtlich widerspricht, ist diese Strategie erklärungsbedürftig.

Die sa'udische Industrialisierung[23] ist ausschließlich auf petroleumgestützte Produktionen mit sehr hoher Kapital- und Energieintensität konzentriert: Petrochemie, Düngemittel, Aluminiumschmelze und Stahlproduktion. Sie wird von Kooperationen zwischen Staatsbetrieben und multinationalen Unternehmen getragen. Die technischen Erfolge sind bemerkenswert, die Konkurrenzfähigkeit einzelner Produkte auf dem Weltmarkt ist gegeben. In Saudi-Arabien scheint eine Industriekapazität entstanden zu sein (rd. 3% des Bruttosozialproduktes), die produktiv arbeitet und zusätzliches Mehrprodukt schafft. Parallel dazu erzielte die (private) Landwirtschaft ein Wachstum von 3,4% des Bruttosozialproduktes (1985) auf 8% (1990). Gestützt auf eine hohe staatliche Förderung, wurde die Produktion von Weizen, Milchprodukten, Datteln, Futterklee und Vieh so gesteigert, daß nicht nur die Importkosten für Nahrungsmittel um die Hälfte zurückgingen, sondern Weizen sogar exportiert werden konnte. Die Einschätzung der sa'udischen Entwicklungspolitik ist allerdings wissenschaftlich umstritten. Am deutlichsten fällt noch das Urteil über die Landwirtschaft aus. Mit extremen Subventionen, die nur im Rahmen einer üppigen Rentenökonomie möglich sind, wurde eine künstliche Produktion aufgebaut, die höchst fragwürdigen politischen Zielen dient: einer Nahrungsmittelsicherheit, die im Kontext komplexer Abhängigkeiten kaum ins Gewicht fällt, und einer Rentenzirkulation, die der Klientelbildung dient[24]. Dafür aber werden nicht nur Renteneinkommen, sondern auch fossile Wasserreserven in einem Ausmaß verschwendet (Weizen und Viehhaltung), daß sie in 15–25 Jahren aufgebraucht sein werden. Ob danach eine finanzierbare Hochtechnologie zur Wasseraufbereitung (heute unzulänglich) vorhanden sein wird, die diesem Agrarsektor angemessen wäre, ist nicht bekannt. Demgegenüber ist die „gekaufte Industrialisierung" Saudi-Arabiens weniger eindeutig abzuschätzen. Zwar stellen Kritiker diese Strategie wegen ihrer extremen Subventionskosten, ihrer hohen Technologieabhängigkeit, der internationalen Marktbarrieren (Protektionismus in den Industriestaaten) und der Ignorierung regionaler Kooperationsmöglichkeiten (arabische Integration) in Frage, doch wird demgegenüber eingewendet, daß eine solche Beurteilung von falschen Voraussetzungen (Industrialisierung als Ersatz für die Rentenökomnomie) ausgeht[25]. Berücksichtigt man die gigantischen Ölreserven Saudi-Arabiens (nach heutiger Schätzung rund 140 Jahre), so kann die Industrialisierung nur einer effektiveren Rentenausschöpfung (je mehr Eigenverarbeitung „downstream", desto größer der Rentenanteil) oder einem Zusatzeinkommen dienen und hat dann als Mittel der Inwertsetzung überschüssiger Renten durchaus ihren Sinn. Selbst wenn der unwahrscheinliche Fall des Versiegens der Erdlöllager einträte, bedeutete dies angesichts aktiver Rentendiversifizierung (Anlagen in den Industriestaaten) kein Versiegen des Renteneinkommens. Dementsprechend ist der staatliche Ausbau der Industrie in Saudi-Arabien nur innerhalb der Logik ungewöhnlicher Rentenpotentiale sinnvoll.

Sehen wir von der sa'udischen Industrialisierung, die nur der Erhöhung und Sicherung staatlicher Einkommen dient, ab, so wäre die Funktion der Renten in den übrigen Wirtschaftssektoren zu erklären. Es stellt sich die Frage, ob die Allokation der Renten in Saudi-Arabien sozioökonische Dynamik entfacht: Produktivitätswachstum, wirtschaftliche Initiative, Innovationsbereitschaft sozialer Gruppen oder soziale Sprengkraft. Wäre dies der Fall, so würde gesellschaftlicher Druck entstehen, der die Strukturen des Rentierstaats vernichten könnte. In Saudi-Arabien sind im wesentlichen vier Mechanismen der Rentenallokation[26] zu unterscheiden:
- weit überhöhte Gehälter und Löhne (Einkommen) für das große Heer der Staatsbediensteten;
- wohlfahrtspolitische Leistungen für jedermann (Infrastruktur: Verkehr, Kommunikation, Bildung, Gesundheit; Konsumsubventionen) und für spezielle ge-

sellschaftliche Gruppen (Pensionen, Stipendien, Armenpflege, Stammessubsidien);
- wirtschaftliche Subventionen für die Träger der Privatwirtschaft (staatliche Landverkäufe für Landwirtschaft, Hausbau und Wirtschaftsansiedlung; günstige Kredite; Produktionsmittelsubventionierung; Produktankauf über Weltmarktpreisen; freie Wassernutzung; Staatsaufträge) und
- gesetzliche Marktverzerrungen (Vermittlungs- und Sponsorentätigkeiten; erzwungene Partnerschaften für ausländische Unternehmen; Monopole; Gewinne aus Währungsmanipulationen), durch die der Staat seinen „Unternehmern" künstliche Verdienstmöglichkeiten zusätzlich bietet.

Gesetzliche Marktverzerrungen und wirtschaftliche Subventionen bilden die zentralen Kapitalinfusionen der sa'udischen Privatwirtschaft, die sich fast ausschließlich im Handel (Import), im Bankwesen, im Immobiliengeschäft, in der Repräsentation ausländischer Firmen, in der Landwirtschaft und im „Industriesektor" (Bauwesen, contractors) abspielt. Die Träger dieser Privatwirtschaft sind zum Teil Mitglieder der königlichen Familie, zum Teil eine para-bürgerliche Klasse (nouveau riches) und haben ihre „Karriere" nicht selten als Makler multinationaler Unternehmen bei Rüstungsgeschäften und staatlichen Infrastrukturaufträgen begonnen. Ihre wirtschaftliche Position beruht auf einer Art von Monopol bzw. auf dem Zugang zu den Rentenzyklen, der wiederum von politischen Verbindungen abhängt. Kein Mitglied dieser Wirtschaftselite hat sein Standbein in der verarbeitenden Industrie, denn diese ist das „Territorium" des Staates. Diese „Rentenkapitalisten" Saudi-Arabiens sind nicht mit einer bürgerlichen Kapitalistenklasse zu verwechseln, die den Staat in ein Instrument eigener wirtschaftlicher Dynamik verwandeln möchte (südostasiatische Schwellenländer); ihre Existenz beruht auf dem Funktionieren des Rentiersystems, dessen politikökonomisch kontrollierte Fortentwicklung sie nicht stören.

In den Unterschichten der sa'udischen Gesellschaft sind Klassenvirulenzen aber gleichfalls blockiert. Ganz abgesehen davon, daß Erdölwirtschaft und kapitalintensive Industrialisierung dem Wachstum einer Arbeiterklasse enge Grenzen setzen, blieb die manuelle Arbeit im Zeichen des Renteneinkommens überwiegend ausländischen Arbeitskräften vorbehalten, deren Konfliktpotential gering ist (unsichere Arbeitsplätze, staatliche Kontrolle)[27]. Problematischer waren schon die ländlichen Unterschichten in den Stammesregionen (Beduinen vielfach), die durch Urbanisierungs- und Ansiedlungsprozesse sowie die Expansion der Rentenökonomie in den Strudel sozialer und kultureller Modernisierung gerissen wurden. Trotz intensiver materieller Privilegierung, Pflege der traditionalen Legitimationsstrukturen und Einbindung in staatliche Aufgaben (Nationalgarde u. a.) organisierte sich in diesem sozialen Bereich ein Widerstandspotential, das den Staat 1979 ganz unvorhergesehen herauszufordern versuchte (Besetzung der Großen Moschee in Mekka). Obwohl diese Aktion machtpolitisch unbedeutend war, signalisierte ihr Charakter (Rückbesinnung auf den religiösen Purismus der Ikhwan, Problematisierung der staatlichen Verteilungsgerechtigkeit) eine latente Legitimationsproblematik, die eingedämmt werden mußte. Seither hat der Staat nicht nur ganze Provinzen systematisch in die Rentenzyklen integriert, sondern auch die Rolle der ulama wieder gestärkt. Die gebildeten Mittelschichten[28] hingegen, traditionelles Zentrum revolutionärer Aktivitäten im Vorderen Orient, haben die Herrschaftsstruktur Saudi-Arabiens seit den 60er Jahren nicht mehr in Frage gestellt. Durch glänzende

Aufstiegsmöglichkeiten in Bürokratie und Management sowie materiellen Wohlstand (Einkommen, wohlfahrtspolitsche Leistungen) eingebunden, nehmen sie die politische Entmündigung bis heute ebenso hin wie die strukturelle Diskriminierung der Frauen.[29] Zwar hat die politische Elite Saudi-Arabiens die politischen Ambitionen der modernen Mittelschichten taktisch geschickt blockiert, doch sind es eher die Rahmenbedingungen einer ungewöhnlichen Rentenökonomie mit fehlenden Existenzkrisen und geringen sozioökonomischen Alternativen, die das Entstehen eines Staatsklassenregimes verhindert haben.

In den 80er Jahren geriet Saudi-Arabien allerdings erneut in den Sog weltwirtschaftlicher und internationaler Krisen. Der Verlust der Kontrollkapazität im Weltenergiesystem (1.2.2.) löste einen Verfall der Ölpreise aus und mündete 1985 in eine Budgetkrise. Parallel dazu wurde die Sicherheit Saudi-Arabiens von zwei Staatsklassen-Rentiers (Iran und Irak) in Frage gestellt; diese Bedrohung kulminierte 1990/91 im Zweiten Golfkrieg. Hohe Einkommensverluste und Kriegskosten (60 Mrd. $) zwangen das Regime, die liquiden Auslandsanlagen rigoros abzubauen. Die Devisenreserven des Landes schmolzen zusammen. In dieser Situation wären die meisten Rentierstaaten in eine Existenzkrise geraten. Die Spielräume Saudi-Arabiens blieben aber immer noch groß[30]. Saudi-Arabien hätte aber auch versuchen können, seine Einkommensverluste durch eine massive Förderung der Privatwirtschaft auszugleichen (Privilegierung, Privatisierung staatlicher Unternehmen, Exportoffensive, Abwertung der Währung). Dies hätte allerdings den gesellschaftlichen Konsum reduziert (Importverteuerung) und die Privatwirtschaft politisch aufgewertet. Beides lag jenseits der staatlichen Interessen. Das Regime unter König Fahd (seit 1982) leitete demgegenüber eine typische Strategie der Renteneffektivierung ein: Einsparungen durch Rationalisierung der Subventionen, Ausweitung der Förderkapazitäten im Erdölbereich (Aufgabe der Rolle als swing producer) und Ausbau der Zusatzeinkommen (Modernisierung der Erdölraffinerien und systematische Erweiterung der petrochemischen Industrie). Die wirtschaftlichen Strukturen Saudi-Arabiens wurden noch stärker als bisher mit den Ökonomien der Industrienationen verzahnt (Anpassung der downstream-Technologie an die Vorgaben der südostasiatischen und amerikanischen Märkte) und die Verteidigungsinfrastruktur zugunsten hochtechnologischer mobiler Armeen ausgebaut. Damit sank der Stellenwert der regionalen Kooperation für Saudi-Arabien weiter. Innergesellschaftlich war das Regime bemüht, die Mechanismen der Rentenallokation von den Einsparungen auszunehmen. Sie wurden sogar durch neue Entwicklungsprogramme für vernachlässigte Provinzen ergänzt und durch politische Zugeständnisse (Ankündigung eines Konsultationsrats) flankiert. Hinzu kam, wie immer in Krisenphasen, das erneute Bekenntnis zu den religiösen Wurzeln des Staatswesens, was Eindämmung liberaler Freiheiten (Frauenpolitik) bedeutete. Mit seinem Krisenmanagement blieb Saudi-Arabien sowohl der Logik des Rentierstaats wie auch der Tradition seiner Legitimation treu.

### *3.1.1.2. Der transformatorische Ölrentier: Algerien 1962–1992*

Mit Algerien präsentieren wir einen weiteren Ölrentier. Doch im Gegensatz zu Saudi-Arabien waren hier die sozio-ökonomischen Strukturen durch die koloniale Überlagerung und imperialistische Durchdringung zerstört worden. Die Unabhängigkeit wurde von keiner traditionalen Elite errungen; der Rentensegen fiel einem modernen Revolutionsregime zu. Und noch ein weiterer Unterschied bleibt festzuhalten. Während das saudische Regime die Bedürfnisse einer Bevölkerung von höchstens 6 Mio zu befriedigen hatte, stand das algerische Regime mit weitaus geringeren Einkünften einer Bevölkerung von rund 26 Mio gegenüber. Diese Unterschiede waren dafür verantwortlich, daß der algerische Ölrentier entwicklungspolitisch ganz andere Wege ging und trotz hoher Renteneinkommen in eine Existenzkrise geriet.

Algerien hat als eine der wenigen Siedlerkolonien des Vorderen Orients (neben Libyen, Kasachstan und Palästina) die brutalste Seite imperialistischer Unterwerfung kennengelernt[31]. Die französische Armee nahm seine Küste 1832 in Besitz, benötigte aber vier Jahrzehnte bis der letzte Widerstand gebrochen war (Emir Abd al- Kader 1871). Die Besiedlung des Landes mit Europäern (Franzosen, Italiener, Spanier) diente zuerst nur der strukturellen Befriedung der neuen Kolonie, doch bald entwickelte sich der Siedlerkomplex zur wirtschaftlich dominanten und politisch eigenständigen Größe. Rücksichtslos zerstörte er bis zur Jahrhundertwende die wirtschaftlichen, sozialen und kulturellen Strukturen der einheimischen Bevölkerung, unterwarf sie seinen Interessen und blockierte wiederholt Versuche der französischen Regierung und Verwaltung, Rechte und Freiheiten der Gesamtbevölkerung zu liberalisieren. Ihrer Landnutzungsrechte beraubt, in klimatische Randzonen verdrängt und durch Völkermord und Verelendung dezimiert, verloren die Araber und Berber Algeriens ihre kulturelle Würde und soziale Identität. Algerien wurde zu einem integralen Bestandteil des französischen Mutterlandes (drei Departements), in dem die Europäer mit ihren 13% Bevölkerungsanteil 27% des kultivierbaren Landes (weitgehend Wein-Monokultur) und den gesamten (kleinen) Industriesektor besaßen. Verwaltung und Bildungssystem waren in französischer Hand; Araber und Berber sprachen „Fremdsprachen" im eigenen Lande. Nur eine dünne einheimische Schicht, die mit den Siedlern wirtschaftlich und administrativ kooperierte (Großgrundbesitzer, Händler und Financiers, einige Intellektuelle), konnte sich individuell im Windschatten der Siedlerökonomie privilegierte Nischen sichern. Doch im Gegensatz zu Marokko, Tunesien und Libyen überlebten in Algerien keine traditionalen Eliten.

Erst in der Zwischenkriegszeit bildeten sich in der algerischen Bevölkerung kulturelle und politische Strömungen heraus, die sich zu einem Widerstandspotential verdichteten. Ihre Impulse bezog die nationale Bewegung Algeriens von assimilierten Bildungseliten, radikalen Nationalisten, Repräsentanten der islamischen Erneuerung und marxistischen Arbeiterführern. Diskussion und Organisation fanden überwiegend in Frankreich statt. Die politische Elite des modernen Algerien war ein Produkt der Emigration und Akkulturation. Als der Siedlerkomplex auch nach dem Zweiten Weltkrieg jede Reformpolitik in Algerien verhinderte, gründeten sehr verschiedene ideologische und soziale Gruppen (akademisch gebildete Emigranten, Funktionäre der Arbeiterbewegung, Repräsentanten des Großgrundbesitzes und des Handelskapitals, Militär-Veteranen der französischen Armee) die algerische Befreiungsbewegung (Front de Libération National = FLN) und lösten in Algerien einen bewaffneten Aufstand aus (1954–1962)[32]. Dieser wurde zwar in den Städten bald unterdrückt, mündete dann aber in einen langen zermürbenden Guerillakrieg auf dem Lande. So wurden die Bauern zum Rückgrat der Revolution – und zu ihren Opfern. Umsiedlungsaktionen, Konzentrationslager, Vertreibung und Vernichtung erschütterten die algerische Gesellschaft ein weiteres

Mal, so daß von ihren autochthonen Sozialstrukturen wenig übrigblieb. Frankreichs Militärmacht zerschlug die Befreiungsbewegung in Algerien, gab seine „Provinz" jedoch unter dem Druck harter wirtschaftlicher Probleme, politischer Reformen (V. Republik) und einer Neubestimmung der französischen Rolle in Europa und in der Weltpolitik frei[33]. Von Frankreich fallengelassen, verließen die Siedler Algerien, nicht ohne fast die Hälfte des „nationalen" algerischen Kapitals mitgenommen zu haben. Sie hinterließen ein verwüstetes Land, das bis dahin keine Gelegenheit gehabt hatte, eigene Wirtschafts-, Bildungs- und Verwaltungskapazitäten zu entwickeln und das deshalb ökonomisch völlig zusammenbrach (Arbeitslosigkeit 70%).

Die politische Führung der Befreiungsbewegung, die Algerien nicht befreit, sondern aus übergeordneten politischen Gründen ausgehändigt erhielt (Evian-Verträge 1962), repräsentierte fast alle ideologischen (von den Marxisten bis zur ulama ) und sozialen Gruppierungen des Landes (von der bäuerlichen Guerilla bis zu den bürgerlichen Kollaborateuren) und war in drei Machtzentren gespalten (Provisorische Regierung, interne Militärkommandos, externe Exil-Armee). Die Heterogenität des politischen Spektrums[34] war kaum zu überbieten. Während sich der führende Repräsentant der Provisorischen Regierung, Ben Bella, mit wechselnden Koalitionen an der Macht zu halten versuchte (1962–1965), spiegelten die verzweifelten Versuche des neuen Staates, die wirtschaftliche Hinterlassenschaft zu organisieren und wieder in Gang zu setzen, extreme sozioökonomische Gegensätze wider. Zwar blieb dem Staat angesichts fehlender Wirtschaftsakteure gar nichts anderes übrig, als radikale linke Organisationsmodelle einzuführen (autogestion: Selbstverwaltung der Produzenten, Staatsinterventionismus), doch der politische Einfluß der bürgerlichen Gruppen und des Großgrundbesitzes blockierte jede sozioökonomische Transformation (Agrarrevolution). Diese Stagnation wurde durch eine „Revolution von oben" aufgelöst. Die Militärbürokraten der Exilarmee, die am Unabhängigkeitskrieg kaum beteiligt gewesen waren, übernahmen 1965 die Macht. Damit setzten sich in Algerien ähnliche bürokratische Kräfte durch, wie sie zeitlich parallel in Ägypten, Syrien und im Irak an der Spitze des Staates standen (vgl. 2.2.2.).

Der Staatsstreich der Militärs unter Houari Boumedienne schaltete ein breites Spektrum politischer und gesellschaftlicher Kräfte aus (Parlament, FLN-Führungsgremien, Gewerkschaften, Guerillaführer, städtisches Bürgertum, Großgrundbesitzer u. a.) und konzentrierte die politische Macht in zwei Organen (Revolutionsrat und Regierung) und einer kleinen, eng kooperierenden Kernelite von rund 50 Personen[35]. Unter deren Obhut etablierte sich in den folgenden Jahren eine weitverzweigte bürokratische Schicht von Organisationsspezialisten im Staatsapparat. Finanziell abgesichert durch eine ständig wachsende Ölrente, bildete sich eine gesellschaftlich abgehobene Staatsklasse heraus. Nach einer stark repressiven Phase der Machtkonsolidierung (Ausschaltung prominenter Gegner, Unterdrückung oppositioneller Kräfte, Depolitisierung der Gesellschaft) erfolgte in den 70er Jahren die „Institutionalisierung der Revolution" durch den Ausbau eines Parteiapparates[36], von Massenorganisationen (Gewerkschaft, Jugend-, Frauen-, Bauern- und Veteranenorganisationen), Bezirks- und Gemeinde-Administrationen mit eigenen gewählten Versammlungen und schließlich (1976/77) der Wiederzulassung eines nationalen Parlaments. Diese Institutionen wurden durch Mitglieder der Staatsklasse gelenkt und mit eigenen Klientelstrukturen durchsetzt. Sie dienten der

Kanalisierung politischer Artikulation, der Kooptation oppositioneller Gruppen und der „Mobilisierung" der Gesellschaft im Entwicklungsprozeß. Der Kern der Staatsklasse bestand aus einer tripolaren Allianz professioneller Militärs, technokratischer Administratoren und Parteibürokraten, wobei der Militärsektor eine Art Kontroll- und Wächterfunktion wahrnahm. Diese Top-Bürokratie stammte aus den Kleinstädten des Landes, verfügte zu 75% über eine akademische Bildung, hatte Berufskarrieren als Lehrer, in der Verwaltung und im Militär hinter sich und war sprachlich und kulturell sowohl durch Frankreich (jüngere Kader USA) wie durch die eigene Heimat geprägt. Ihr gemeinsames Erlebnis war der Kampf um die Unabhängigkeit. Von daher spiegelten sich in ihren Werten und Orientierungen ganz widersprüchliche Einflüsse wider (revolutionär-sozialistische, liberal-republikanische, arabisch/berberisch-islamische). Der größte Teil der Kernelite hatte starke persönliche Bindungen an Boumedienne; nur wenige verfügten über eine eigene Machtbasis. Die Herrschaftsstruktur war von einer Symbiose patrimonialer und kollegialer Elemente bestimmt.

Parallel zur Machtkonsolidierung formulierte das Revolutionsregime ein radikales Entwicklungskonzept zur Überwindung der ererbten ökonomischen Deformationen[37]. Unter dem Einfluß kritischer Sozialwissenschaftler (Samir Amin) und Ökonomen (François Perroux und G. Destanne de Bernis) entstand eine Entwicklungsstrategie, die den forcierten Ausbau des Energiesektors (Ölexploration in den 50er Jahren) zur Finanzierung einer autonomen, komplexen und binnenmarktorientierten Wirtschaftsstruktur vorsah. Im Mittelpunkt stand eine Industrialisierung (Schwer- und Zwischenproduktindustrien, Massen- und Investitionsgüterindustrien), deren Bedürfnisse und Produkte vor- und nachgelagerten Wirtschaftszweigen Anstöße erteilen sollten. Sie war mit einer nachgeordneten Agrarreform (Bodenumverteilung, Genossenschaften) verknüpft, die zusammen mit einer an den Hauptbedürfnissen der Massen orientierten Wohlfahrtspolitik (egalitäre Anhebung des Masseneinkommens) die Binnennachfrage nach Industriewaren anzukurbeln hatte. Keines der revolutionären Regime im Vorderen Orient verfügte über eine derart systematische Entwicklungsplanung, und nur der Irak konnte sich ebenfalls auf so vielversprechende eigene Finanzressourcen stützen. Träger dieser Entwicklungsstrategie war exklusiv der Staat. Dies war nicht nur aus Mangel an sozialen Alternativen zwingend: nur eine unabhängige Staatsklasse konnte diese radikale Reorganisation der Ökonomie über kapitalistische Rationalitäten und soziale Barrieren hinweg durchsetzen. Insofern stand am Beginn der neuen Wirtschaftspolitik die sukzessive Verstaatlichung der meisten Branchen (Erdölfirmen 1971) bzw. die staatliche Regulierung der restlichen privaten Wirtschaftsaktivitäten (Agrarsektor u.a.).

Zunächst konzentrierte sich der algerische Staat auf den Ausbau und die Entwicklung seiner finanziellen Ressourcenbasis[38]. Dem diente einerseits eine bemerkenswerte Spar- und Steuerpolitik nach innen, andererseits die vorrangige Plazierung der Investitionen in dem Öl- und Erdgassektor[39]. Das Einkommen aus dem Erdölgeschäft wuchs erst ganz allmählich auf 23% des Staatsbudgets im Jahre 1971. Die enormen Entwicklungsinvestitionen des algerischen Staates vor der Erdölpreiseskalation 1973/74 kamen daher immer noch zu einem Viertel aus dem Steuereinkommen des Landes, zu 44% aus Renten-Äquivalenten(ausländische Hilfe, Gastarbeiterüberweisungen) und nur zu 31% aus der Ölrente. Dementsprechend war auch die Agrarreform auf Produktivitätssteigerung (Einsparung von Nahrungsmittel-importen), Einkommensverbesserungen für die Landbevölkerung (Massenkonsumgüternachfrage) und eine funktionale Verflechtung mit dem Industriekomplex (Nachfrage nach Produktionsmitteln u. a.) ausgerichtet und besaß hohe Priorität. Nach 1974 stieg dann der Anteil des Öleinkommens am Staatshaushalt auf über 60%. Zwar vernachlässigte der Staat jetzt die internen Steuerinstrumente, hielt aber die öffentliche und private Konsumsrate, verglichen mit den anderen Ölstaaten, auf einer bescheidenen Höhe und nahm zusätzliche Kapitalanleihen auf. Diese Finanzmittel stützten, zusammen mit dem Öleinkommen, eine Investitionspolitik, durch die Algerien innerhalb weniger Jahre seinen Hydrocarbonkomplex auf Erdgas umstellte. Verfügte Algerien nämlich über die viertgrößten Erdgasreserven der Welt, so drohte seinen Erdöllagern die baldige Erschöpfung. Die Expansion der externen Einkünfte diente dem Regime daher zu allererst, seine Rentenbasis auf Dauer zu sichern. Darüber hinaus wurden jetzt aber bedeutend höhere Wachstumsraten möglich (6% des Bruttosozialprodukts jährlich), ohne die einheimische Arbeitskraft zusätzlich zu belasten (Ausbeutung) und das politische Klima zu gefährden. Fast aus dem Stand gelang es, in wenigen Jahren ein bemerkenswertes, wenn auch auf einige Sektoren konzentriertes, Industrieniveau aufzubauen (27% der Arbeitskraft).

Aber die Eskalation der Investitionen lief dem Ziel der wirtschaftlichen Verflechtung zuwider[40]. Während sich das Management der verschiedenen Staatsbetriebe Konkurrenzkämpfe um die Investitionsmittel des Staates lieferte, blieb die Kalkulation der Zulieferung und Abnahme (Verzahnung), der ausreichend qualifizierten Arbeitskraft (Ausbildung), der angemessenen eigenen Technologieentwicklung und der Produktionsauslastung auf der Strecke. Die Industriestruktur zerfiel in eine Reihe fast autonom wirtschaftender Sektoren, die ihre Produktion ohne gesamtwirtschaftliche Planung mit Hilfe importierter Investitionsgüter und Anlagen (schlüsselfertige Betriebe, ausländische Experten) ständig steigerten. Das hohe Renteneinkommen nährte die Illusion, durch Technologietransfer die eigene Entwicklung beschleunigen zu können. Daher führte die Orientierung an den jeweiligen Branchenführern in Westeuropa, Japan und den USA zu einer intensiven Kooperation mit einer Vielzahl westlicher Großunternehmen. Deren Technologie-, Vorprodukt- und Anlagentransfers verfestigten jedoch neue Abhängigkeiten, ohne interne Wachstums-, Verflechtungs- oder Ausbildungsimpulse zu erteilen. Im Gegenteil: mangelnde Produktivität und hohe Verluste mußten durch das Renteneinkommen zusätzlich abgedeckt werden. Gleichzeitig diente das Argument des Technologietransfers einer ideologischen Verschleierung wirtschaftlichen Versagens.

In der Landwirtschaft versandete die Entwicklung ebenfalls im Zuge des Rentensegens. Das industrielle Wachstum war auf Anstöße aus dem Agrarsektor immer weniger angewiesen. Damit sank für das Regime der Zwang zu tiefgreifenden politischen Eingriffen in die ländliche Sozialstruktur. Großgrundbesitzer und Mittelbauern konnten daher in Kooperation mit den ulama die Resultate der Agrarreform bis zur Unkenntlichkeit verwässern; der staatliche Eingriff in das Landeigentum stockte. Mangelhafte bürokratische Hilfestellungen für die Kleinbauern und Landarbeiter einerseits und die Bevorzugung der städtischen (industriellen) Entwicklung andererseits führten zu einer Landflucht mit gravierenden Nebeneffekten. Während die Infrastrukturen der Städte diesem Urbanisierungsschub nicht standhielten (Verkehr, Kanalisation, Wohnen), stagnierte die Einkommensentwicklung auf dem Lande, zumal Investitionen im städtischen Dienstleistungsbereich viel lukrativer waren. Damit konnten adäquate Märkte für landwirtschaftliche Industriewaren und Massenkonsumgüter nicht entstehen. Die industrielle Entwicklung blieb daher in den Bereichen Energie-, Petrochemie- und Zwischenproduktindustrien stecken, während der Agrarsektor generell nur geringe Produktionszuwächse erreichte und damit wachsende Nahrungsmittelimporte erzwang.

Das Renteneinkommen erhöhte aber auch die verteilungspolitischen Spielräume des Staates gegenüber der Gesellschaft[41]. Hatte sich das Regime unter Boumedienne zunächst auf einen eisernen Sparkurs festgelegt, so standen ihm in den 70er Jahren ausreichende Mittel zur Verfügung, auch größere Bevölkerungsteile materiell großzügiger in die Entwicklung einzubinden. Doch dies geschah in Algerien nur in Maßen und nicht ohne beträchtlichen gesellschaftlichen Druck. Der Staat erließ den unteren Bevölkerungsschichten jetzt zwar die Steuern, steigerte auch die Wohlfahrtsleistungen und leitete eine großzügige Beschäftigungspolitik ein. Aber die gewährte jährliche Einkommenssteigerung von 4,3% wurde durch die Inflation so abgeschliffen, daß der Lebensstandard unter dem Primat der Investitionen und des egalitären Prinzips zu sinken drohte. Der Staat reagierte auf die einsetzenden Massenproteste und Streiks dadurch, daß er die verschiedenen gesellschaftlichen Gruppen über die Partei und die Massenorganisationen unter Kontrolle brachte und die Aktivisten des Widerstands entweder kooptierte (z. B. Gewerkschaftsführer) oder in die Illegalität abdrängte (z. B. Studentengruppen). In einem sehr einseitigen „Dialog" von oben nach unten zwischen dem Präsidenten und den so ins Regime eingebundenen Teilen der Gesellschaft erfolgte dann die gruppenspezifische Zuweisung materieller Vorteile, allenfalls modifiziert durch die Fähigkeit einzelner Gruppen, dem Staat „Knappheitsrenten" abzutrotzen. Davon profitierten vor allem die Facharbeiter. Aber der politische Komfort, Legitimität durch interne Rentenverteilung aufrechtzuerhalten, hatte auch seine Schattenseiten. Er belastete nicht nur den Öffentlichen Sektor mit unnötig hohen Arbeitskräfte-Zahlen, die seine Produktivität zusätzlich schmälerten, er dämpfte auch die Motivation, politische Stabilität durch den Ausbau produktiver Tätigkeitsfelder anzustreben. Und über indirekte Einflüsse (Bevorzugung der Städte, Mangel an qualifizierten Arbeitskräften) weiteten sich im Rahmen der Erdölwirtschaft gegen den Willen des Regimes auch die Einkommensunterschiede.

Das Revolutionsregime erkannte schon Mitte der 70er Jahre, daß die sozioökonomische Entwicklung der ursprünglichen Konzeption widersprach, wirtschaftlich zu stagnieren begann, Dysfunktionen aufwies (regionale Asymmetrien u. a.) und neue Abhängigkeiten geschaffen hatte (Erdölpreis, Auslandsverschuldung, Nahrungsmittelimport, Technologietransfer). Noch in den letzten Jahren der Boumedienne-Ära bildeten sich innerhalb der Staatsklasse zwei alternative Strategien zur Behebung der Krise[42] heraus: einerseits eine Radikalisierung des Kurses mit vertieften Eingriffen in die Sozialstruktur, Mobilisierung der Massen und Eindämmung technokratischer Herrschaft, andererseits eine Liberalisierungspolitik, die Markteinflüsse stärken und dem Auslandskapital und dem Privatsektor größere Handlungsspielräume zugestehen sollte. Die Anhänger der ersten Strategie waren vor allem in der linken Parteibürokratie und in den Massenorganisationen zu finden, konnten sich aber auch auf Teile der Verwaltung und des Offizierscorps stützen. Boumediennes Förderung der Parteikader stärkte die linken Kritiker und hielt die „sozialistische Option" bis zu seinem Tode offen. Der Machtkampf um die Nachfolge 1978 beinhaltete eine Auseinandersetzung um die Richtung des Krisenmanagements. In ihr setzten sich die Technokraten des Militärs und der Verwaltung gegen die sozialistischen Kräfte um Parteichef Muhammed S. Yahiaoui und eine rechte Gruppierung durch. Sie installierten als Repräsentanten des neuen Kurses Chadli Benjedid im Präsidentenamt. Diese Wende entsprach dem politischen Primat der Staatsklasse (Machterhalt, Stabilität) unter den neuen finanziellen Rahmenbedingungen der Erdöl/Erdgas-Wirtschaft. Es setzte sich jenes Segment der Staatsklasse durch, dessen Entwicklungsstrategie die veränderten Umweltbedingungen am angemessensten berücksichtigte und das die Stabilität des Regimes auf die profitabelste Art und Weise zu garantieren schien.

Das Reformprogramm Chadli Benjedids[43] strebte eine Rationalisierung des Öffentlichen Sektors an (Dezentralisierung, Reduktion der Betriebsgrößen, Regionalisierung, marktgerechtes Management), die kontrollierte Einbindung des Privatsektors und des Auslandskapitals in die gesellschaftliche Entwicklung und eine Stärkung der vernachlässigten Landwirtschaft. Dem entsprach auch die Verminderung des Staatsinterventionismus in die sozialen Verhältnisse. Der Staat löste den Druck auf das Privateigentum, nahm seine egalitären Prinzipien etwas zurück, entlastete die Betriebe von wohlfahrtspolitischen Aufgaben (Arbeitsbeschaffung, Arbeitnehmer-Selbstverwaltung) und förderte die Dynamik privater Initiative. Wohlwissend, daß dieses Programm gefährliche Deformationen an der sozialen Basis erzeugen konnte, wechselte der Staat auch seine Allokationspraxis. Zur sozialen Abfederung dieses „Rechtsrucks“ sollten beachtliche Mittel in den Bildungs- und Gesundheitssektor, in die Stadtsanierung und den Wohnungsbau fließen. Die einseitige Industriefinanzierung wurde aufgegeben und die Auslandsverschuldung reduziert.

Die Umsetzung dieses Programms fand in den 80er Jahren statt. Gegen den harten Widerstand großer Teile der Bürokratie und des staatlichen Managements wurde der Öffentliche Sektor reorganisiert (Umstrukturierung von 60 Großunternehmen auf 500 kleinere Einheiten, größere Spezialisierung, Zuordnung zu Distrikten und Kommunen, Auflösung landwirtschaftlicher Großbetriebe) und sein Management betriebswirtschaftlichen Kriterien unterworfen. Die Zugriffsmöglichkeit der Betriebe auf das staatliche Investitionskapital sank; Staats- und Betriebsbürokratien wurden entflochten. Das Regime strebte Ende der 80er Jahre sogar eine völlige Eigenständigkeit der Staatsbetriebe an (Umwandlung in Aktiengesellschaften), um das Wirtschaftsmanagement in marktwirtschaftliche Bahnen zu lenken. Hatte der Privatsektor in der Ära Boumedienne nur in wirtschaftlichen Nischen überlebt und von den Unzulänglichkeiten der staatlichen Wirtschaftspolitik profitiert (Kleinhandel, Textil- und Lederverarbeitung, Nahrungsmittelindustrien), so wuchsen seit 1981 seine Handlungsmöglichkeiten systematisch an (Finanzvolumen, Branchenzulassung, Betriebsgröße, Kooperation mit dem Auslandskapital). Der Staat förderte die Expansion des Privatsektors (Verdoppelung der Privatunternehmen) vor allem in den konsumnahen Branchen und im Reparaturgewerbe. Darüber hinaus erwartete er vom Privatsektor qualitativ hochwertige Exportprodukte, um die extreme Einseitigkeit der Wirtschaftsstruktur zu überwinden.

Als Resultat der neuen Wirtschafts- und Entwicklungspolitik gingen Importe und Abhängigkeiten zwar zurück, während die Produktion jenseits der erdölabgeleiteten Industrien leicht anstieg, doch der erwünschte Aufschwung fand nicht statt. Dies lag zum einen daran, daß die Reorganisation des Öffentlichen Sektors auf massive

Widerstände in der Staatsklasse und in den Betrieben stieß und für die Staatsunternehmen nicht hinreichende Rentabilitätsbedingungen geschaffen wurden (Infrastruktur, qualifizierte Arbeitskräfte, Koordination). Zum anderen daran, daß die Privatunternehmer staatlicher Kontrolle unterworfen wurden (Korporierung) und sich als Klienten der Staatsklasse und als Monopolisten eher ihrer Beteiligung an der Rentenallokation widmeten (politisches rent-seeking) als kapitalistischen Unternehmergeist zu entwickeln. Noch entscheidender war jedoch, daß der Staat keine drastischen Signale setzte (z. B. Abwertung der Währung), um die Privilegierung der kapitalintensiven Branchen zu brechen und die Förderung alternativer Schwerpunktsetzungen unterließ (z. B. Subventionierung lokaler Technologieentwicklung). Aber es war nicht die entwicklungspolitische Stagnation, die das Regime Mitte der 80er Jahre mit wachsenden Problemen konfrontierte und 1991 schließlich in eine Existenzkrise stieß. Chadli Benjedid scheiterte vielmehr mit seinem Anpassungskurs an der Fluktuation des Weltenergiemarktes, denn die Einkommensverluste aus dem Erdölgeschäft führten zu einer Verengung der Entwicklungspolitik auf den „Kernbestand" der Reformen (Restrukturierung des Öffentlichen Sektors, Stärkung der Privatwirtschaft) und einer Vernachlässigung der kompensatorischen Sozialpolitik. Dementsprechend überlagerte der soziale Konflikt sehr bald die Probleme der ökonomischen Stagnation.

Der Zusammenbruch des Weltenergiemarktes machte sich in Algerien seit 1983 bemerkbar und mündete 1986 in eine gefährliche Budgetkrise (Absturz der Rente von 12,6 Mrd. auf 8,5 Mrd. $). Der Staat reagierte mit einschneidenden Sparmaßnahmen (Investitionen, Technologieimporte, Verwaltung), Förderung privaten Sparverhaltens und einer erneuten Verschuldung (25 Mrd. $), die ihn an die dritte Stelle in der arabischen Welt brachte (nach Ägypten und Irak). Aber die finanzielle Basis der wirtschaftlichen Kapitalbildung und der sozialen Allokationspolitik war ernsthaft angeschlagen. Subventionsabbau, unzureichende Güterversorgung, Kaufkraftschwund, wachsende soziale Verwahrlosung der städtischen Unterschichten (Gesundheit, Wohnverhältnisse: 8 Personen pro Raum, 40%ige Arbeitslosigkeit, geballt unter Jugendlichen) und gesellschaftliche Polarisierung (ungebremste Privilegierung des Privatsektors) resultierten daraus[44]. Die gesellschaftlichen Probleme explodierten schließlich 1988 in einer Serie von Streiks, Demonstrationen und Gewalttaten, die das Militär zunächst brutal unterdrückte. In dieser Situation befand sich das algerische Staatsklassenregime in einer tiefen politischen Krise. Die finanziellen Ressourcen des Rentierstaats reichten nicht aus, die Massenlegitimation materiell stabil zu erhalten. Ideologisch hatte das Regime mit seinem Rechtsruck Prestige und Glaubwürdigkeit verloren. Intern war die Staatsklasse gespalten. Die einseitige Förderung der Marktkräfte, des Auslandskapitals und der Privatwirtschaft marginalisierte linke wie staatskapitalistische Kräfte innerhalb des Regimes. Die Staatspartei (FLN) als Mobilisierungsinstrument war mit dem neuen Kurs ins Abseits gerückt worden. Daher war sie auch in der Krise nutzlos. Chadli Benjedid hatte demnach keine Wahl. Sollte der entwicklungspolitische Kurs beibehalten werden, konnten die unlösbaren sozialen Probleme nur durch eine breite politische Einbindung vielfältiger sozialer Gruppen kompensiert werden. Doch die Öffnung des politischen Systems seit 1989 (Diskussionsvielfalt, Vereinigungsfreiheit, Mehrparteiensystem, freie Wahlen) sollte nicht nur langfristig das Machtmonopol der Staatsklasse in Frage stellen, sie drohte vielmehr in wenigen Monaten die alte Staatsklasse durch eine islamistische zu ersetzen.

Radikale Islamisten engagierten sich als Organisatoren politischer Oppositionskräfte erstmals in den Unruhen von 1988. Erst die sozialen und wirtschaftlichen Krisenbedingungen gaben den Islamisten Auftrieb und verschärften das Verhältnis von Staat und Religion auch in Algerien. Eine politische Herausforderung der säkularen Staatsklasse durch den Islam war ein neues Phänomen. Innerhalb der Unabhängigkeitsbewegung und unter Ben Bella wurde der Islam von den traditionalen ulama repräsentiert, die eine eigenständige und einflußreiche Gruppe bildeten und den Islam als Staatsreligion zu verankern wußten. Die Staatsklasse unter Boumedienne hat den Islam dann wie alle sozio-ideologischen Strömungen ihrer Herrschaft unterworfen und instrumentalisiert[45]. Der Islam diente der religiösen Legitimation des „sozialistischen" Kurses, der sozialen Harmonisierung von Klassengegensätzen und der Arabisierung als nationaler Identitätsstiftung. Erst Ende der 70er Jahre bildeten sich kleine radikale Gruppen außerhalb des Staatsislams heraus. Einflüsse der ägyptischen Muslimbrüder und Kontakte zu weiteren regionalen Islamisten stärkten sie so sehr, daß der Staat unter Chadli Benjedid die Spielräume des Staatsislam systematisch erweiterte (Förderung besserer Ausbildung, formale Zugeständnisse und Agitationsmöglichkeiten), um eine weitere islamistische Ausdifferenzierung aufzufangen. Doch dies gelang nicht. Besonders an den Universitäten wurden islamistische Oppositionsgruppen aktiver, was vor allem mit der staatlichen Bildungspolitik[46] zusammenhing. So waren trotz progressiver Zielsetzung (Breitenbildung) unter dem Primat der politischen Stabilisierung (arabische Identität, nationale Integration, Legitimation) fatale Konfliktlinien aufgebrochen. Nicht nur, daß die Erwachsenenbildung politischem Opportunitätsdenken unterlag (Analphabetenquote bei Erwachsenen 55%). Während die Mehrheit der Kinder und Jugendlichen in mäßig ausgestatteten arabischen Schulen vor allem zu angepaßten „Staatsbürgern" ausgebildet werden sollte, blieben die modernen Bildungsinstitutionen für die Rekrutierung des technisch-administrativen Führungspersonals den Kindern der bilingualen Eliten vorbehalten. In Algerien erzielten unter diesen Bedingungen nur 40% der Grundschüler einen Schulabschluß und nur 4% schafften das Abitur. Für Kinder aus mittleren und unteren Bevölkerungsteilen war der Aufstieg in die „europäischen" Ausbildungsstätten des Landes (französisches Lehrpersonal) nur selten realisierbar. Absolventen der arabischen Schulen blieb die Karriere in den modernen Sektoren von Wirtschaft und Staat jedoch meistens verschlossen. Daraus resultierten einerseits eine immer dichtere Abschottung der Staatsklasse und ihrer Klientele bis hin zur Herausbildung einer regelrechten Militärkaste, andererseits aber die Kristallisation einer relativ gut ausgebildeten, wenn auch sozial blockierten Gegenelite, die sich zunehmend in islamistischen Zirkeln organisierte.

Eine größere Breitenwirkung erzielten die Islamisten jedoch erst in der sozialen und wirtschaftlichen Krise[47]. Jetzt versuchte das Regime die Islamisten in ein breiteres Spektrum politischer Interessengruppen und Parteien einzubinden und die politische Öffnung (auch gegenüber dem Islam) als Ersatz mangelhafter wirtschaftlicher Leistungen anzubieten. Doch profitierten von dieser Strategie nur die Islamisten. Während die FLN als (ehemalige) Staatspartei keine politischen Alternativen entwickeln konnte, durch Fraktionskämpfe innerhalb der Staatsklasse zerrissen wurde und andere Parteien überwiegend Partikularinteressen repräsentierten (z. B. in der Kabylei), setzte sich die Islamische Heilsfront (FIS) mit ihrer puritanischen Vision und wohlfahrtspolitischen Identifikation schon 1990 in den Kommunen und

Bezirken durch (54% bzw. 57%). Geführt und unterstützt durch eine junge, arabisch orientierte Akademiker-Elite, nutzte die FIS ihre organisatorischen Vorteile in den Moscheen (Kommunikations- und Agitationszentren) ebenso wie die soziale Verletzbarkeit des Regimes in den städtischen Ballungszentren und Slums (wohlfahrtspolitische Leistungen). Das Regime hatte dem vorprogrammierten Siegeszug der Islamisten in den Parlamentswahlen von 1991/92 kein politisches Mittel (mißglückte Reorganisation der FLN) entgegenzusetzen. Die FIS verfehlte schon im ersten Wahlgang eine absolute Mehrheit nur knapp. Doch das algerische Staatsklassenregime war letztlich doch nicht bereit, wie die Kemalisten 1950 (vgl. 2.2.1) zu kapitulieren.

Gestützt auf das unverhohlene Einverständnis der regionalen Eliten und des kapitalistischen Weltsystems brachen die Militärs als Wächter des Staatsklassenregimes den Wahlprozeß (zweiter Wahlgang) und die politischen Reformen eigenmächtig ab. Chadli Benjedid, dessen informelle Kommunikation mit den Islamisten eher der FIS als dem Regime zugutegekommen war, wurde zum Rücktritt gezwungen. Ein erneutes Revirement der politischen Institutionen (Sicherheitsrat, Staatskomitee, Konsultativrat) und der Versuch, mit längst entmachteten oder gar exilierten Repräsentanten des Unabhängigkeitskampfes (Muhammad Boudiaf u. a.) Massenloyalität zurückzugewinnen, vermochten die erneute Rekonzentration der Macht in Händen der Staatsklasse kaum zu verbergen. Die Heilsfront wurde mit dem Hinweis auf ihre antidemokratischen Einstellungen und Ziele, deren Vorboten in den islamistischen Kommunalverwaltungen allerdings auch nicht zu übersehen waren (kulturelle Intoleranz, autoritäre Sittenwächter, Aufbau einer Paralleljustiz u. a.), gewaltsam unterdrückt und in den Untergrund getrieben (März 1992). Aber auch wenn das politische Gewicht der algerischen Islamisten nicht mit dem ihrer iranischen Vorbilder zu vergleichen ist (politische Tradition, religiöses Charisma), wird die algerische Staatsklasse ihre Herrschaft auf der aktuellen Repressions- und Rentenbasis dauerhaft kaum zu stabilisieren vermögen. Die andauernden Machtkämpfe innerhalb der Staatsklasse zeigen, daß der Klärungsprozeß über ein geeignetes Krisenmanagement noch nicht beendet ist. Inwiefern es dem Regime dennoch gelingen könnte, zumindest Teilbereiche des politischen Systems auch weiterhin zu kontrollieren, wird weitgehend von der internen Elastizität und sozioökonomischen Wendigkeit der Staatsklasse abhängen.

### *3.1.2. Semirentiers und Rentenspekulanten*

Die Staaten des Vorderen Orients ohne eigene Erdölquellen oder mit nur kleiner Energieausbeute haben sich in der Regel den dominanten weltwirtschaftlichen und regionalen Strukturen der Erdölwirtschaft in den 70er Jahren angepaßt. Dies betraf nicht nur extrem ressourcenarme Staaten, die den Bezug zu den internationalen Metropolen nie aufgegeben hatten (z. B. Jordanien), sondern gerade auch jene Staaten, deren autonome Ausbruchsversuche gescheitert waren und deren politische Eliten eine bewußte Strategiewende zur Sicherung der eigenen Herrschaft vollzogen (Ägypten, Syrien, die Türkei und auch Tunesien). Durch die Attraktivität externer Finanzierungschancen fasziniert, durch das eigene Bürgertum gedrängt und unter dem Zwang entwicklungspolitischer Barrieren wurden Strukturanpassungen durchgeführt, die das Wirtschaftswachstum an externe Impulse banden. Auf diese Art und Weise entstanden im Vorderen Orient Semirentiers, die an der regionalen Umverteilung des Erdöleinkommens und an der strategischen Absicherung weltwirtschaftlicher Interessen finanziell partizipierten. Doch auch produktive Systeme, deren finanzielle Basis die Besteuerung von Industrie und Landwirtschaft war, konnten sich in diesem Klima an regelmäßige externe Finanzspritzen gewöhnen.

Die Vielfalt der Rentenarten und des Rentenerwerbs in diesen Systemen spiegelte hochkomplexe politische und stark ausdifferenzierte sozioökonomische Strukturen wider. Unsere Fallbeispiele repräsentieren ein breites Spektrum: während das Renteneinkommen in Ägypten zur dominanten Einflußgröße wurde, spielte es in der Türkei eine untergeordnete Rolle. Und dennoch löste das Versiegen der Rente hier radikale Reformen aus. Ägypten und die Türkei stehen zudem für eine spiegelbildliche Regimekonstellation: während sich in Ägypten ein Staatsklassenregime abmüht, eine transnationale bürgerliche Koalition in Schach zu halten, versucht in der Türkei ein bürgerliches Regime die bürokratischen Kapazitäten einer ehemaligen Staatsklasse in seine Politik einzubinden.

### *3.1.2.1. Der Semirentier und die politische Alimentierung: Ägypten 1970–1992*

Unter Sadat (1970–1981) und Husni Mubarak (seit 1981) entwickelte sich das politische System Ägyptens zum Musterbeispiel eines Semirentiers. Externe Einkommen im Rahmen der regionalen Erdölwirtschaft überlagerten mit ihrer Dynamik das innergesellschaftliche Entwicklungskonzept. Aber im Gegensatz zu den Ölrentiers mußte sich Ägypten auf eine Vielzahl schmaler und unsicherer Renten und Rentenäquivalente stützen, nicht zuletzt auch auf die labile politische Rente. Unter diesen Bedingungen waren alle denkbaren Möglichkeiten der Rentenbeschaffung auszuschöpfen. Auch jene Renteneinnahmen waren willkommen, die am Staat vorbei gesellschaftlichen Gruppen direkt zukamen. Der Staat in Ägypten war also nicht alleiniger Rentenempfänger, sondern stand einer Vielzahl gesellschaftlicher Subsysteme gegenüber, die mit seiner Rückendeckung externes Kapital selbständig einwarben. Daraus ergaben sich für den Semirentier zusätzliche politische Probleme: innergesellschaftliche Konkurrenzkämpfe um die externen Ressourcen und Auseinandersetzungen um politische Macht und Beteiligung. Das ägyptische Staatsklassenregime verlor seine absolute Dominanz gegenüber der Gesellschaft, entwikkelte jedoch in der Krise erstaunliche Kapazitäten als genialer „Überlebenskünstler".

In Ägypten war die autonome Wirtschafts- und Entwicklungspolitik der Nasser-Ära spätestens an den finanziellen Folgen der Konfrontation mit Israel gescheitert (Junikrieg 1967, Abnutzungskrieg am Suezkanal 1968/69). Doch darüber hinaus litt das ägyptische Wirtschaftssystem unter einer stagnierenden Produktivität und einem galoppierenden Zahlungsbilanz-Defizit, die intern verursacht waren (vgl. 2.2.2.1.). Die entwicklungspolitische Wende des Regimes 1968–1971 sollte diese Krise überwinden. Doch nicht im Sinne einer kapitalistischen Reorganisation überlieferter Strukturen, sondern durch die Schaffung günstiger Zugangsbedingungen zu den regionalen und weltweiten Rentenzyklen. Mit der Öffnung des ägyptischen Wirtschaftssystems (infitah) zum (kapitalistischen) Weltmarkt leitete Sadat ein langfristiges Reformprogramm ein[48]. Schrittweise wurden Außenhandel und Finanzen liberalisiert, Marktkräften Spielräume zugestanden, der Privatwirtschaft Priorität eingeräumt und der öffentliche Sektor vielfältiger Reorganisation unterworfen. Der Staat reduzierte systematisch die politische Kontrolle der Wirtschaft. Die infitah-Politik sollte Sogwirkung auf arabisches und internationales Kapital ausüben. Doch auch wenn das ägyptische Regime nicht müde wurde, den historischen Ressourcentransfer zugunsten der Ölstaaten als Erfolg eines gesamtarabischen Widerstands zu reklamieren, ging die führende Revolutionsmacht (vgl. 1.2.3.) leer aus. Die Präsentation Ägyptens als Schmelztiegel von Ölkapital, westlicher Technologie und hoch entwickelter arabischer Arbeitskraft fand wenig Widerhall. Finanzielle Hilfen und ausländische Investitionen blieben bescheiden. Dies zwang das Regime, sich 1976 dem Sanierungskonzept des Internationalen Währungsfonds zu beugen. Doch bereits die ersten Versuche, den internationalen Sparauflagen nachzukommen (Subventionsabbau), deuteten die Grenzen der ägyptischen Reformstrategie an. Ein dreitägiger Aufstand der ägyptischen Bevölkerung (Brotunruhen) signalisierte dem Regime die Gefahren kapitalistischer Wirtschaftsreformen. Sadat mußte nicht nur die Sparmaßnahmen rückgängig machen, sondern auch neue Wege finden, die finanziellen Belastungen des Staates abzubauen und die Bedingungen des Rentenzuflusses noch entschiedener zu verbessern. Der ägyptische Ausgleich mit Israel (Reise Sadats nach Jerusalem 1977, Camp David 1978/79) war mehr als nur die Bereinigung einer außenpolitischen Altlast aus der revolutionären Phase. Die ägyptische Außenpolitik wurde jetzt systematisch in den Dienst der externen Ressourceneinwerbung gestellt und erhielt Vorrang gegenüber der gesellschaftlichen Binnenentwicklung (Khedivalismus)[49]. Waren die Bemühungen des Regimes, externes Kapital zu mobilisieren, bis dahin auf die Wirtschaftspolitik beschränkt gewesen, so trat jetzt die außenpolitische Inwertsetzung strategisch-politischer Potentiale (geostrategische Lage, gesellschaftliche Kapazitäten) hinzu.

Das eigentliche Ziel der ägyptischen infitah-Politik war die Mobilisierung grenzüberschreitender Produktionsfaktoren (Kapital, Arbeit und Technologie) zugunsten staatlicher Einnahmen und gesellschaftlicher Investitionsanstöße. Der Staat förderte diese Prozesse durch die Schaffung geeigneter Wirtschafts- und außenpolitischer Rahmenbedingungen, bilaterale Vereinbarungen, die Unterstützung transnationaler regionaler Organisationen (Verbände, Handelskammern, Forschungszentren) und Handlungsspielräume für privatwirtschaftliche Gruppen, Berufsverbände und Individuen. Damit setzte er Integrationsprozesse unterhalb der Staatenbeziehungen in Gang, die viel komplexer und dynamischer waren als die Kooperationen des staatlich verordneten Panarabismus in der Ära davor. In diesem Zusammenhang flossen signifikante Kapitalhilfen der Erdölstaaten und der USA (bilateral und multilateral) nach Ägypten (politische Renten). Als Wirtschafts- und Entwicklungshilfe für den Öffentlichen Sektor, politische Kompensation (Frontstaat gegenüber Israel), Kapitalhilfe für das Krisenmanagement (Zahlungsbilanzausgleich, Schuldenmoratorien) und Nahrungsmittelhilfe gingen diese Ressourcen an den ägyptischen Staat, als günstige Kredite, Projekthilfen und Unterstützung einzelner sozialer Gruppen kamen sie unmittelbar privaten Händen zugute. Daneben gelang es Ägypten, seine Lage-(Kanalgebühren, Tourismus) und Ölrente beträchtlich zu erhöhen. Große Teile der ausländischen Wirtschafts- und Projekthilfen sowie der Kredite konnten jedoch nur über privatwirtschaftliche Eigeninitiative mobilisiert werden; d. h. der Staat konnte diese Ressourcen nur erhalten, wenn er sie spezifisch verwendete, vielfältigen gesellschaftlichen Akteuren Freiräume gab, geeignete Voraussetzungen zu schaffen, und die Finanzmittel mit ihnen teilte. Noch weitaus größere Kapitalmengen flossen aber durch die Arbeitsmigration nach Ägypten.

Zwischen 1973 und 1985 profitierte ein Drittel aller ägyptischen Arbeitskräfte (alle Berufsgruppen und Bildungsgrade) mindestens einmal von der Dynamik des regionalen Arbeitsmarktes. Die Löhne und Gehälter der ägyptischen Migranten übertrafen das ägyptische Verdienstniveau um das drei- bis dreißigfache und beinhalteten damit beträchtliche Rentenäquivalente. Internationale Kalkulationen der ägyptischen Ökonomie ergaben, daß der Anteil der externen Ressourcen am Gesamteinkommen von 8% im Jahre 1974 auf über 25% 1978 und 40% im Jahre 1980 angestiegen war. Wir dürfen jedoch nicht übersehen, daß nur Teile des externen Einkommens dem Staate direkt zufielen.

Welche Auswirkungen hatten die Renten auf die ägyptische Wirtschaft? Die infitah-Politik überwand Mitte der 70er Jahre die Stagnation der Ökonomie und leitete ein dramatisches Wirtschaftswachstum von 8–9% des Bruttosozialprodukts jährlich ein, neben dem selbst der Wachstumsgipfel der Revolutionsära verblaßte. In den 80er Jahren flachte die Wachstumskurve ab, blieb jedoch immer noch höher als in den 60er Jahren. Dieses Wachstum war aber weder auf eine höhere Produktivität von Arbeitskraft oder Kapital noch auf eine interne Sparpolitik zurückzuführen. Sie war überwiegend das Resultat externer „Finanzspritzen" und problematischer wirtschaftlicher Schwerpunktverschiebungen.

In der Nasser-Ära stand die staatlich forcierte Industrialisierung im Mittelpunkt der wirtschaftlichen Dynamik. Unter dem Einfluß der Öffnungspolitik[50] bildete sich dagegen neben dem stagnierenden Öffentlichen Sektor ein dynamischer Privatsektor heraus (Auslandskapital und ägyptisches Kapital). Dieser verschob das wirtschaftliche Wachstum primär in den Dienstleistungsbereich (Finanzwesen, Banken, Außenhandel, Tourismus, Consultancy), dann in die Landwirtschaft und das Immobiliengeschäft und die Rohstoffproduktion (Erdöl). Soweit er sich für die Industrialisierung interessierte, erhielten Chemie, Bauwesen und Kleingewerbe (Leder, Möbel, Holz, Kleidung) mäßige Investitionsanstöße. Die großen Industriebranchen für Zwischenprodukte und dauerhafte Konsumgüter blieben dagegen dem finanzarmen Staat und seinen politischen Rückzugsgefechten überlassen. Nach wie vor das Kernstück der ägyptischen Industrie, repräsentierte der Öffentliche Sektor das Scheitern einer autonomen Entwicklung. Denn das ausländische Privatkapital war an einer breiten Industrialisierung Ägyptens nicht interessiert, da es über bessere Standorte verfügte und den ägyptischen Staat (nicht grundlos) als latenten Gegenspieler marktwirtschaftlicher Bedingungen begriff. Das ägyptische Privatkapital aber fürchtete die ausländischen Importe und orientierte sein Verhalten an den Interessen des internationalen Kapitals. Damit trat die Landwirtschaft wieder in den Vordergrund.

In der Nasser-Ära war die ägyptische Landwirtschaft nicht gerade vernachlässigt worden, aber die Abschöpfungspraxis des Regimes und seine industriellen Prioritäten belasteten sie schwer. Trotz beachtlicher Wachstumsraten (2,8%) konnte sie daher die Nahrungsmittel-Versorgung der ägyptischen Gesellschaft immer weniger gewährleisten, zumal Bevölkerungswachstum, höhere Einkommen und neue Bedürfnisstrukturen zusätzliche Nachfrage erzeugten. Der Staat reagierte zunächst mit Nahrungsmittel-Importen (Weizen, Mehl u. a.), die im Rahmen der Renteneinkommen finanziell günstig erschienen und deren Verteilung neue bürokratische Kontrollinstrumente schuf. Doch der Anstieg dieser Importkosten (10% des Bruttosozialprodukts, über 80% der Exporteinkünfte) löste schließlich eine Wende in der Agrarpolitik aus. Unter dem Motto „food security" wurde auch in Ägypten die

Abschöpfungspraxis in der Landwirtschaft aufgegeben und eine breite Subventionierung eingeleitet. Sie kam der Bewässerungsinfrastruktur, Landgewinnung, Mechanisierung, neuen Anbaumethoden und einer Stützung der Agrarpreise zugute. Diese erneute Hinwendung zur Landwirtschaft spiegelte einerseits das Ende der binnenmarktorientierten Industrialisierung wider, andererseits aber auch die privatwirtschaftlichen Prioritäten der infitah-Politik. Denn die Subventionierung nutzte vor allem dem kapitalintensiven cash crop-Agrobusiness (Obst, Gemüse, Fisch, Tierprodukte) der Großgrundbesitzer, der mittleren kapitalistischen Bauern und der neuen landwirtschaftlichen Aktiengesellschaften (z. T. ausländisches Kapital), löste aber bei der Produktion von Grundnahrungsmitteln (Getreide u. a.) keinerlei Impulse aus. Eine Senkung der Nahrungsmittel-Importkosten durch die neue Agrarpolitik fand also nicht statt. Verbessert wurde nur die Versorgung der wohlhabenden Schichten mit gehobenen Nahrungsmitteln und die wirtschaftliche Basis der Agrarkapitalisten. Die breite Masse der Landbevölkerung hingegen konnte ihren Lebensstandard nur durch eine Mischung von Einkommensquellen steigern: eine Kombination von kommerzieller Landnutzung, Arbeitsmigration (Städte, Erdölländer) und nichtagrarischem Einkommen vor Ort. Insgesamt gesehen erhielten die produktiven Sektoren der ägyptischen Wirtschaft (Industrie, Landwirtschaft) also nur sehr mäßige Impulse durch die Öffnungspolitik, während der Dienstleistungsbereich enorme Zuwächse zu verzeichnen hatte. Dementsprechend kamen die zentralen Anstöße für den ägyptischen Arbeitsmarkt auch nicht von innen, sondern von außen.

Die ungewöhnlich hohe Arbeitsmigration (Golfstaaten, Irak, Libyen) mit ihren extremen, rentenbedingten Einkommen hob in Ägypten den Lebensstandard der Bevölkerung bis in die abgelegensten Dörfer hinein und stabilisierte damit indirekt auch das ägyptische Regime. Konservative Schätzungen gingen davon aus, daß in der zweiten Hälfte der 70er Jahre rd. 6 Mrd. $ jährlich als Migranteneinkommen nach Ägypten flossen. Davon konnte der Staat allerdings kaum die Hälfte durch seine Finanzinstitutionen kontrollieren. Die Migranteneinkommen strömten überwiegend in den Konsum (Nahrungsmittel, Gebrauchs- und Luxusgüter), in den Hausbau oder auch in die Gründung von Dienstleistungsexistenzen; nur selten wurden Produktionsmittel gekauft. Aber ihre gesellschaftlichen Wirkungen waren viel breiter. Zum einen erteilten sie der ägyptischen Wirtschaft Produktionsanstöße (Renten-Multiplikator-Effekt), zum anderen wirkte ihre Zirkulation ganz wesentlich bei der Neuformierung der ägyptischen Gesellschaft mit. Dies hatte Auswirkungen sowohl an der Spitze wie an der Basis der Gesellschaft. So entstand z. B. durch das Geschäft mit den Migrantenüberweisungen (Wechselkurs- und Devisenprofite, Anlagen, Spekulation) ein ganz neuer Zweig des ägyptischen Bürgertums, während die Umverteilung der Migranteneinkommen „nach unten" trotz extremen Bevölkerungswachstums sogar den Arbeitsmarkt der Marginalisierten stabilisierte. Dem gesamtgesellschaftlichen Nutzen standen allerdings auch Dysfunktionen gegenüber, so die „Vergeudung" der Einnahmen durch einen rasant zunehmenden Import von Konsumgütern und die (rentenbedingte) Blockierung arbeitsintensiver Exportsektoren (vgl. 3.1.).

Zweifellos hatte das Regime zu Beginn der 80er Jahre die wirtschaftliche Krise der Revolutionsepoche überwunden. Der Anpassung an die regionale Erdölwirtschaft und der Öffnung zum kapitalistischen Weltmarkt war ein außerordentliches Wirtschaftswachstum zu verdanken, von dem kein Teil der Gesellschaft ausgeschlossen blieb. Doch diese Entwicklung hatte ihre Tücken. Zum einen beruhte sie überwiegend auf externen Kapitalinfusionen, zum anderen blockierte die ökonomische Umstrukturierung auch die Eigendynamik. Am deutlichsten wurde dies bei der Zahlungsbilanz sichtbar. Die Ausgaben für Nahrungsmittel-Importe, Kapitalgüter (Öffentlicher Sektor), Konsum- und Luxuswaren stiegen ununterbrochen. Bevölkerungswachstum, steigender Lebensstandard, stagnierende Industrialisierung und unzureichende wirtschaftliche Gegensteuerung des Staates trieben die Importe in die Höhe, zusätzlich angeheizt durch den Privatsektor, der hier seine größten Gewinne machen konnte. Auf der anderen Seite wurden die produktiven Sektoren vernachlässigt; zum Teil weil die Privatwirtschaft (aus komplexen Gründen) in produktive Sektoren nur mäßig investierte oder gar geschützte Produktionsbereiche bevorzugte, während der Staat angesichts knapper Mittel politische Prioritäten hatte; zum Teil weil der hohe Rentenanteil am gesellschaftlichen Einkommen Exportproduktionen blockierte. Wachsende Importkosten standen demnach erneut stagnierenden Exporten gegenüber. Das wachsende Defizit konnte nur durch Renten und Rentenäquivalente in Grenzen gehalten werden. Doch die Verschuldung war unter diesen Umständen nicht aufzuhalten. Auslandsverschuldung, Nahrungsmittel-Abhängigkeit, Staatsdefizit, Preisverzerrungen, Arbeitsmarktprobleme und eine wachsende soziale Polarisierung bildeten den Hintergrund der infitah-Politik.

Dem Regime war diese Brüchigkeit des neuen Wirtschaftswachstums wohl bewußt. Die Reaktion der Staatsklasse darauf war jedoch politischer Natur, nicht wirtschaftlicher. Sicherlich hätte ein kapitalistischer Staat den Rentensegen der 70er Jahre eher zu einer sozioökonomischen Strukturreform und ihrer sozialen Abfederung verwendet. Doch diese Logik entsprach weder den wirtschaftlichen Realitäten Ägyptens (Wirtschaftsstruktur, Interessen des Auslandskapitals, Fehlen einer eigenen Kapitalistenklasse) noch dem Rentiercharakter seiner Eliten. Ökonomisches Krisenmanagement erfolgte primär nach außen. Intern war das Regime mit weitaus größeren sozialpolitischen Problemen konfrontiert. Im Zuge der infitah-Politik waren signifikante soziale Verzerrungen, die das Regime in der Nasser-Ära abgebaut hatte, erneut aufgebrochen. Wissenschaftliche Untersuchungen zeigten, daß unabhängig vom Wirtschaftswachstum über ein Viertel der ägyptischen Bevölkerung ohne staatliche Gegensteuerung unter die Armutsgrenze (Ernährung, Kleidung, Wohnverhältnisse als Indikatoren) zu sinken drohte, während der „Klub“ der Millionäre immer größer wurde. Die Brotunruhen von 1976 signalisierten eine gesellschaftliche Schmerzschwelle, auf die das Regime sensibel reagierte. Obwohl es nur über Bruchteile der gesellschaftlichen Renten direkt verfügte, spiegelte sich der Rentensegen sofort in zwei Verteilungsformen wider: der Konsumsgüter-Subventionierung (vor allem Nahrungsmittel) und der Beschäftigungspolitik. Mit wachsendem Rentenzufluß begann das Regime die Beschäftigungsmöglichkeiten im Öffentlichen Sektor und im Staatsdienst erneut auszuweiten. Dieser Widerspruch zur parallelen marktwirtschaftlichen Rationalisierungsrhetorik war kein Zeichen von Verwirrung. Er brachte vielmehr den Primat der Stabilisierungspolitik über die ökonomische Strukturanpassung deutlich zum Ausdruck. Noch zentraler aber waren die Nahrungsmittel-Subventionen, da sie den Lebensnerv der Armen berührten. Wissenschaftliche Untersuchungen zeigten, daß Unterschichten-Familien etwa 80% ihres Einkommens für die Ernährung ausgaben und die staatlichen Nahrungsmittel-Subventionen (rd. 20% der Staatsausgaben) ihr Realeinkommen um ein

Drittel anhoben. In Ägypten wurde die Versorgung mit Nahrungsmitteln erst im Rahmen der infitah-Politik staatlich monopolisiert, was gleichfalls den Kriterien ökonomischer Liberalisierung widersprach. Dieses Merkmal des politischen Systems in Ägypten ist meist völlig verkannt worden. Aus marktwirtschaftlicher Perspektive nur eine von vielen Dysfunktionen der ägyptischen Wirtschaftspolitik, war es de facto ein Kernstück politischer Herrschaft im Semirentierstaat[51]. Nahrungsmittel-Subventionen, die in Ägypten nahezu umfassend wirkten (90% der Bevölkerung), bildeten das zentrale Äquivalent für die vielfältigen Allokationsleistungen der reichen Ölrentiers. Mit der Bereitstellung von Lebensmitteln relativ hoher Qualität zu erschwinglichen Preisen (gute Kalorienversorgung im internationalen Vergleich) erfüllte der Staat eine Art „Sozialvertragsklausel" gegenüber der ägyptischen Bevölkerung, wofür er Legitimität empfing und Partizipationsverzicht forderte. Mitten im Kontext formaler Anpassung an die Normen kapitalistischer Wirtschaftsprozesse kristallisierten sich demnach erneut politische Mechanismen orientalischer Tradition heraus.

Bis in die 80er Jahre hinein erfreute sich das politische System Ägyptens dank seiner externen Einkommen einer gewissen (labilen) Stabilität. Kritisch wurde die Lage erst, als Mitte der 80er Jahre die Renteneinnahmen zu sinken begannen. Dies betraf die eigene Ölrente, die Zuwendungen der Ölstaaten und vor allem die Migranteneinkommen. Auch wenn die schrumpfenden Arbeitsmärkte in den Ölstaaten und schließlich auch der Zweite Golfkrieg 1990/91 zu keiner massiven Rückkehr der ägyptischen Migranten führten, so kam es letztlich doch mindestens zu einer Halbierung der Migrantenüberweisungen. Die unmittelbaren Folgen dieses Renteneinbruchs zeigten sich auf dem nationalen Arbeitsmarkt. Während Arbeitslosigkeit (rd. 20%) und Unterbeschäftigung gewaltig zunahmen, verschärften sich die Lebensbedingungen in den bäuerlichen Unterschichten (Versiegen alternativer Beschäftigungsmöglichkeiten), im informellen Sektor der Städte (Verdrängungswettbewerb) und unter den Jugendlichen generell. Der Staat wiederum stand mit sinkendem Einkommen wachsenden gesellschaftlichen Bedürnissen gegenüber. Trotz wesentlicher Einsparungen bei den Subventionen wuchs die Verschuldung rasant (1988 rund 50 Mrd. $); selbst der Schuldendienst war kaum noch zu leisten. In dieser Situation mußte sich das Regime erneut an die internationalen Finanzorganisationen wenden. Doch hier hatte sich das politische Klima verschärft.

Auf dem Höhepunkt der politischen Einbindung Ägyptens in das westlich-konservative Lager (Camp David) waren es vor allem amerikanische Kapitalhilfen und Kredite gewesen, die das Regime unter Sadat wirtschaftlich stabilisiert hatten[52]. Unter dem Einfluß der Grundbedürfnis-Diskussion in den Vereinten Nationen konzentrierte sich ein ganzes Heer amerikanischer Entwicklungsexperten (USAID) auf eine ausgewogene Hilfestellung bei der Entwicklung des Kapitalismus in Ägypten. Mit der Reagan-Administration wechselte jedoch das Entwicklungskonzept der USA. 1985/86 stand das Regime unter Mubarak einer konzertierten Aktion der amerikanischen Entwicklungshilfe-Organisation (USAID), der internationalen Finanzinstitutionen (IWF, Weltbank) und der internationalen Gläubigervereinigung für Ägypten (Pariser Klub) gegenüber. Das Sanierungsprogramm dieses Verbundes beschränkte sich nicht nur auf rigorose Sparmaßnahmen und ökonomische Strukturreformen, wie dies noch 1976 der Fall war. So wurden auch jetzt Einsparungen im Subventionsgefüge, Maßnahmen zur Exportförderung, eine Steuerreform und die Privatisierung des Öffentlichen Sektors gefordert. Mit missionarischem Eifer war die neue amerikanische Entwicklungsbürokratie in Kairo vielmehr bemüht, „Ägypten vor sich selbst zu retten“. Frustriert durch die Widersprüchlichkeit der ägyptischen Politik, zielte die amerikanische Entwicklungspolitik auf die Erzwingung politischer Reorganisationen hin. Systematisch wurde Ägypten in die Verschuldung getrieben, um dem Regime finanzielle „Daumenschrauben“ anlegen zu können. Zu diesem Zweck flossen in den 80er Jahren allein aus amerikanischen Mitteln über 20 Mrd. $ nach Ägypten, zwei Drittel der gesamten internationalen Entwicklungshilfe der USA und jährlich 5,7 bis 9,7% des ägyptischen Bruttosozialprodukts. Rund die Hälfte dieser Ressourcen wurde projektorientiert gegeben, der Rest stand im Rahmen von Warenprogrammen zur Verfügung, nur geringe Mittel flossen dem Staate uneingeschränkt zu. Etwa 75% der gesamten Hilfsleistungen kehrten übrigens durch den Import amerikanischer Waren und Dienstleistungen wieder in die USA zurück. Darüber hinaus förderte USAID vor allem die ägyptische Privatwirtschaft (unter Einschluß der kooperierenden Multinationalen Konzerne) und versuchte, sie systematisch gegen die Staatsklasse aufzubauen. Mittelfristiges Ziel war offensichtlich eine „lateinamerikanische“ Reformkoalition für Ägypten, bestehend aus dem Militärsektor, der produktiv orientierten Bourgeoisie und dem internationalen Kapital. Wir werden auf diese politische Konstellation noch zurückkommen.

Ende der 80er Jahre war die finanzpolitische Lage Ägyptens derjenigen in den 70er Jahren des letzten Jahrhunderts nicht unähnlich (vgl. 1.1.4.). Auch damals hatte sich die Hegemonialmacht im Verbund mit dem internationalen Kapital bemüht, das politische System Ägyptens über eine Finanzkontrolle gefügig zu machen. In beiden Fällen ging es darum, die politischen Strukturen Ägyptens mit ihrem antikapitalisten Charakter weltwirtschaftlichen Interessen anzupassen. Das autochthone ägyptische Regime erschien erneut in Frage gestellt. Umso erstaunlicher aber war sein Krisenmanagement. Zunächst ging es auf das amerikanische Reformkonzept mit öffentlichen Diskussionen, Zugeständnissen an das Privatkapital, einer Abwertung der Währung und dem Versprechen, die Subventionen weiter abzubauen, ein. De facto wurden die internationalen Auflagen jedoch in entscheidenen Teilen ignoriert, durch völlig andere Zielsetzungen abgeändert oder durch das Patt gegnerischer Klientele neutralisiert. Innenpolitische Rochaden blockierten gleichzeitig die „Reformkoalition“ (Militär, Bürgertum, Auslandskapital). Mubarak balancierte innerhalb des Staatsapparates reformorientierte und etatistische Bürokratiesegmente aus und entmachtete die führenden Offiziere, auf die das amerikanische Konzept gesetzt hatte. Darüber hinaus setzte eine außenpolitische Offensive zur Abwehr des Reformdrucks und zur Mobilisierung neuer Renten ein. War es Mubarak bereits gelungen, die Gläubigerfront (Pariser Klub) mit Hilfe Kuwaits zu entzweien, so löste das Ausbalancieren anglo- und frankophiler Bürokratiesegmente im ägyptischen Staatsapparat (Konkurrenz um Einfluß und Geschäftsverbindungen) die Kooperation zwischen den Gläubigern noch weiter auf. Durchschlagenden Erfolg erzielte das Regime jedoch mit dem Ausspielen der westlichen Entwicklungsbürokraten (USAID, internationale Finanzagenturen) gegen die Repräsentanten der amerikanischen Außenpolitik (US-Botschaft in Kairo, State Department, Pentagon). Waren jene primär daran interessiert, Ägypten auf den Weg einer (monetaristisch verstandenen) kapitalistischen Entwicklung zu zwingen, so ging es diesen vor allem um den politischen Beitrag Ägyptens zur Stabilität der Region. Diesen Gegensatz nutzend, konnte Mubarak für die Rolle Ägyptens im Nahostkonflikt und bei der Eindämmung des Irak finanzielle Kompensationen einklagen und die Auflagen der Entwicklungsbürokraten im Kontext islamistischer Brandherde als stabilitätsgefährdend verurteilen. Der Zweite Golfkrieg brachte Ägypten eine Halbierung der Auslandsschulden (rd. 25 Mrd. $) und vielfältige krisenbedingte Rentenprofite (weiche Kredite der Industriestaaten, Kompensationszahlungen der Golfländer, Beteiligung der Weltbank an Arbeitsbeschaffungsprogrammen). So rettete sich das ägyptische Regime mit dieser Meisterleistung klassischer Rentierpolitik aus einer ausweglos erscheinenden Situation in eine neue Runde regionaler Verteilungskämpfe. Indessen aber geht das zähe Ringen um die Deregulierung der Wirtschaft zwischen den Reformkräften und der Staatsklasse ununterbrochen weiter (Liberalisierung des Devisenmarktes, Reform des Pachtsystems in der Landwirtschaft, Mietrechtsreform 1992).

Unsere bisherige Analyse hat gezeigt, daß das ägyptische Regime unter Sadat und Mubarak substantielle Anstrengungen unternommen hatte, die wirtschaftliche Stagnation Ägyptens durch Anschluß an die regionalen Rentenzyklen zu überwinden. Das Resultat war eine Überlagerung der produktiven Wirtschaftssektoren durch eine Rentenökonomie, deren Wachstum bis Mitte der 80er Jahre beachtlich gewesen war, dann jedoch den Fluktuationen des Weltmarktes und der Weltpolitik zum Opfer fiel. Seither hat das Regime einen wirtschaftspolitischen Zusammenbruch nur mit Hilfe ständiger Renteneinwerbung verhindern können. Wir haben aber in unserer Darstellung bisher nicht berücksichtigt, daß nur Bruchteile der Rente dem Staat direkt zuflossen: Im Gegensatz zu den Ölrentiers haben wir es also in Ägypten mit einem ganz anderen Typ von Rentier zu tun. Hier hatte der Anschluß an die regionale Rentenallokation das Staatsklassenregime zwar überleben lassen, doch stand es seither geschwächt einer Vielzahl gesellschaftlicher Kräfte gegenüber, die ebenfalls zu Rentenempfängern geworden waren. Wir werden im folgenden nach den gesellschaftlichen Konsequenzen dieser Rentenstreuung fragen und die Mechanismen untersuchen, mit deren Hilfe sich das Regime bis heute an der Macht behaupten konnte.

Nasser hatte die herrschende Klasse des ancien régime (Agrar-, Handels-, Finanz- und Industriebourgeoisie) in den 50er Jahren nicht nur politisch entmachtet. Durch umfangreiche Verstaatlichungen, Bodenreformen, Repression und Exilierung war das Bürgertum auch wirtschaftlich und sozial dezimiert worden. Nur wenige überlebten einflußreich in wirtschaftlichen Nischen oder in enger Kooperation mit der Staatsklasse. Im Rahmen der Öffnungspolitik wendete sich das Schicksal dieser Klasse jedoch wieder. Das Regime gab ihr wirtschaftliche Handlungsfreiheiten zurück, garantierte das private Eigentum und förderte vor allem die Außenaktivitäten der Privatwirtschaft. Zuerst suchte die Staatsklasse, die marktwirtschaftlichen und außenwirtschaftlichen Kompetenzen des Bürgertums zu nutzen, dann setzte sie seine Dynamik für die wirtschaftliche Umstrukturierung ein. Doch bald wurde deutlich, daß das Bürgertum (einschließlich der Freien Berufe) vor allem für die Vermittlung externer Kredite, Investitionen und Projekthilfen nützlich und notwendig war. Und schließlich war es ohne die privatwirtschaftlichen Akteure kaum noch möglich, externe Ressourcen in ausreichenden Mengen zu mobilisieren. Internationales Kapital und westliche Entwicklungsbürokraten förderten das Wiedererstarken des ägyptischen Bürgertums nach Kräften, während es für die staatliche Renteneinwerbung immer unverzichtbarer wurde. Unter diesen Bedingungen bildete sich in den 70er und 80er Jahren eine neue bürgerliche Klasse heraus, die der Staatsklasse das Herrschaftsmonopol streitig zu machen begann.

Doch wie ist diese neue Bourgeoisie[53] Ägyptens zu charakterisieren? Zunächst ist festzuhalten, daß sie aus einer Reihe sozialer Gruppen entstand, die bisher nur teilweise zusammenwuchsen und sowohl kulturell als auch sozial extreme Gegensätze aufwiesen. Wir können sechs Elemente unterscheiden:
- Reste der alten Bourgeoisie, die in Kooperation mit der Staatsklasse sozial und wirtschaftlich zurückgezogen oder im Exil überlebt hatten;
- Handelsagenten der Nasser-Ära, die in der revolutionären Phase an die Stelle der Minoritäten getreten waren und in aller Stille den Kontakt des Öffentlichen Sektors mit dem kapitalistischen Weltmarkt aufrechterhalten konnten;
- Mitglieder der Staatsklasse, die in der infitah-Periode in die Privatwirtschaft überwechselten oder bürokratische Positionen mit privatwirtschaftlichen Aktivitäten zu vereinbaren wußten;
- Selfmademen der infitah-Periode, die sich während des wirtschaftspolitischem Umbruchs geschäftlich (legal oder illegal) nach oben gekämpft und die Öffnung aktiv forciert hatten (munfatihun);
- Eigentümer und Manager islamischer Banken und Investmentgesellschaften, die vor allem den Kontakt mit dem arabischen und asiatischen Kapital pflegten und von den Überweisungen der Arbeitsmigranten profitierten sowie
- Industrielle (Schuhindustrie u. a.) und Agenten des traditionalen Sektors (Bazar, Arbeitsvermittlung), die den Handlungsspielraum der infitah nutzten, um die Enge des Kleingewerbes zu überwinden.

Während die ersten vier Gruppen den modernen, westlich orientierten Sektor der Privatwirtschaft repräsentierten, waren die beiden letzten eher auf den Binnenmarkt und regional ausgerichtet. Diese Unterscheidung hatte auch eine kulturelle Komponente. So war das Bürgertum in einen islamischen (Kategorien 5 und 6) und einen säkularen Teil gespalten. Doch auch das säkulare Bürgertum bestand aus einer Vielzahl von Schichten (nach Tradition, Bildung, Familienstatus, politischen Verbindungen etc.), zwischen denen soziale Spannungen herrschten. Insofern bildete das Bürgertum in Ägypten eher eine Hierarchie sozialer Gruppen als eine einheitliche Klasse. Andererseits waren aber auch Verschmelzungsprozesse zu beobachten. Vor allem Familien, die es verstanden, sozialen Status (alte Bourgeoisie), Kapital (Handelsagenten mit Beziehungen zum Auslandskapital) und politische Verbindungen (Einheirat politischer Eliten) in Einklang zu bringen, rückten ins Zentrum des neuen Bürgertums. Sie repräsentierten eine extrem reiche, stark internationalisierte, verwestlichte Schicht von Geschäftsleuten, denen der private Umgang mit den Vertretern multinationaler Unternehmen vertrauter war als der Kontakt zum ägyptischen Durchschnittsbürger. Doch wo lagen die wirtschaftlichen Schwerpunkte dieser Bourgeoisie? Ihre zentralen Aktivitätsfelder waren der Importhandel, die Repräsentation ausländischer Firmen sowie Beratungs- und Gutachtertätigkeiten (Consultancy). Sie engagierten sich mit eigenem Kapital bei joint ventures im Bauwesen, in der Landwirtschaft, in der Nahrungsmittel- und Pharmaindustrie. Ihnen gehörten auch Zulieferbetriebe, landwirtschaftliche Großunternehmen, Immobiliengeschäfte oder Dienstleistungsfirmen im Ölsektor. Sicherlich waren auch echte unternehmerische Talente unter ihnen zu finden. Mehrheitlich stammte ihr

Reichtum jedoch aus handelspolitischen Kontakten (politischen Verbindungen), rentenschaffenden Privilegien (Monopole, Staatsaufträge, Vermittlungsfunktionen), Spekulationsgeschäften und manchmal auch betrügerischen Aktivitäten.

Das neue Bürgertum entwickelte sehr bald eine politische Einflußnahme, die kaum zu übersehen war. Über informelle Kontakte (Familie, Kumpanei, Klientele) oder durch zahllose Wirtschaftsverbände (Handelskammern, Syndikate) und politische Gremien (Parlamentsausschüsse u. a.) wirkten seine Repräsentanten in Gesetzgebungsprozessen, die ihre Interessen betrafen, und bei der Formulierung von Verordnungen mit. Darüber hinaus konnten sie in ihren Domänen Vetomacht installieren. Dies alles führte zu einer breiten wissenschaftlichen Kontroverse[54] darüber, wie weit es mit der Autonomie des Staates gegenüber der Bourgeoisie gekommen war. Sicherlich mußte der ägyptische Staat seinen bürgerlichen Kräften weitaus größere Zugeständnisse machen als die Ölrentiers. Doch schränkte er ihre politischen Freiräume in ständigen Auseinandersetzungen auch systematisch ein. So zersplitterte der Staat den politischen Druck des Bürgertums in eine Vielzahl konkurrierender Gruppen und Verbände, die um staatliche Zuweisungen von Privilegien wetteiferten. Denn erst diese schufen wiederum Renten (z. B. Monopole, Lizenzen) oder Zugang zu externen Kapitalinfusionen. Zwar waren es primär die privatwirtschaftlichen Akteure, die mit ihren Spezialkenntnissen, Verbindungen oder Initiativen ausländische Kreditvergaben auslösten, doch ohne die staatliche Registrierung oder den politischen Auftrag oder zumindest Duldung der Bürokratie waren finanzielle oder wirtschaftliche Transaktionen nicht möglich – von der internen Umsetzung der Geschäfte in Profite ganz abgesehen. Auch wenn der Semirentier nur geringe Kapitalmengen verteilen konnte, so war das Bürgertum doch auf seine politisch-bürokratische Einwilligung angewiesen. Und wenn das von außen gestützte Bürgertum aufsässig zu werden drohte, mobilisierten etatistische Bürokratiesegmente regelmäßig Widerstandspotentiale im Staatsapparat oder in der Öffentlichkeit. Dann erschütterten und verunsicherten Korruptionsvorwürfe und Strafaktionen gegen einzelne ihrer Repräsentanten die gesamte Bourgeoisie.

Die bisher spektalulärste Auseinandersetzung zwischen Staatsklasse und Teilen der Bourgeoisie betraf die Islamischen Investmentgesellschaften. Diese hatten mit Hilfe ihres religiösen Anstrichs und überdurchschnittlicher Dividenden große Teile des Migrantenkapitals an sich gebunden, Devisenbestände, die der Staat nicht kontrollieren konnte und mit denen sie, meist im Ausland, profitable Spekulationsgeschäfte tätigten. Der Konflikt zwischen Staat und Islamischen Investmentgesellschaften betraf die Kontrolle der Migrantenüberweisungen. Etatistische Segmente der Staatsklasse in der Zentralbank versuchten 1986 die Investmentgesellschaften durch öffentliche Kampagnen gegen ihre Glaubwürdigkeit, Solidität und nationale Integrität zu destabilisieren. Doch diese nahmen die Herausforderung an und verbündeten sich mit einem anderen Bürokratiesegment, das für die anstehenden Parlamentswahlen zuständig war und eine Auseinandersetzung um das islamische Image des Regimes zu stoppen suchte. Als die Regierung nun auch wegen einer Liquiditätsschwäche der Zentralbank auf Devisen angewiesen war, die sie häufiger schon aus den Beständen der Islamischen Investmentgesellschaften bezogen hatte, entließ Mubarak den Chef der Zentralbank und brach die bürokratische Attacke gegen die Investmentgesellschaften ab. Zunächst schien sich die Finanzfraktion des Bürgertums gegen den Staat durchgesetzt zu haben. Doch schon ein Jahr später strebte der Staat unter dem Druck der Austeritätspolitik erneut eine bessere

Kontrolle der Gastarbeiter-Devisen an. In einer konzertierten Aktion mit den führenden Managern der Islamischen Banken und Investmentgesellschaften erzwang das Regime einen Kompromiß. Während die Finanzbourgeoisie das Devisengeschäft mit den Touristen und Teile des Finanzgeschäftes mit den Migranten dem Staat überließ, eröffnete dieser ihr mit Hilfe staatlicher Regelungen joint ventures-Geschäfte in einer Reihe von Branchen, in denen sie bis dahin nicht Fuß gefaßt hatte (z. B. Kühlschrankproduktion, Automontage u. a. m.). So hatte sich der Staat den Zugang zu einem Teil der gesellschaftlichen Rentenäquivalente erkämpft, mußte dafür aber mit rentenschaffenden Privilegien bezahlen, die das betroffene Bürgertum langfristig stärkte. Das staatliche Dilemma in dieser Situation war offenkundig: zerschlug er die islamischen Finanzinstitutionen, wozu er zweifellos in der Lage gewesen wäre, konnte ihm die Kontrolle über die Gastarbeiteranlagen vollends entgleiten. Überließ er dagegen die Verwaltung der Gelder monopolistisch den Investmentgesellschaften, so war dies gleichbedeutend mit der Aufgabe wirtschaftlicher Kontrollkapazitäten und eines Teils seiner Patronagemacht. Der Staat war also aus strukturellen Gründen auf Kompromisse mit dem Bürgertum angewiesen. Doch seine Manipulationsmöglichkeiten waren noch beachtlich. Dies wird vor allem in der Analyse der Herrschaftsstruktur deutlich.

Eng verknüpft mit der wirtschaftlichen Öffnung Ägyptens war auch eine „Liberalisierung" des politischen Lebens. Nachdem das Regime sein politisches Organisationsmonopol aufgegeben hatte, bildeten sich unter Sadat zahllose Interessengruppen und ein breites Spektrum politischer Parteien und Bewegungen heraus, die ihre politischen Ansichten immer freier propagieren konnten. Ihnen zur Seite stand ein Mediensystem, dessen politische Vielfalt zunahm und das sich der politischen Kontrolle des Staates zu widersetzen begann. Die Staatspartei der Nasser-Ära (Arabische Sozialistische Union), ein zentrales Organ der Massenmobilisierung, der Legitimation (Repräsentation der Bauern und Arbeiter, der Intellektuellen, des nationalen Kapitals und der Soldaten) und der Kommunikation zwischen Präsidenten und Gesellschaft, verlor ihre wichtigsten Funktionen. Als Stütze des Staates in einem Mehrparteiensystem diente ihre Nachfolgeorganisation (National Demokratische Partei; NDP) nun mehr der Blockierung oppositioneller Kräfte, der politischen Einbindung des Bürgertums und als Wahlmaschine. Ihre Position als organisatorisches Machtzentrum der Staatsklasse ging verloren. An ihrer Seite bildete sich ein ganzes Spektrum politischer Parteien heraus (Neo-Wafd, Sozialistische Partei der Arbeit, Tajammu'-Partei, Liberale Partei, Umma-Partei u. a.)[55].

Unter Mubarak wuchs die organisatorische Stärke der Verbände, Parteien und Bewegungen noch mehr, während die Kontrollkapazitäten des Staates weiter abnahmen. Vor allem aber konnte der ägyptische Staat die Herausbildung einer breiten islamistischen Oppositionsbewegung nicht unterdrücken, die im Zuge der wirtschaftlichen Krise der 80er Jahre an Boden gewann. Alle diese Tendenzen haben in der wissenschaftlichen und publizistischen Diskussion zu widersprüchlichen Schlußfolgerungen und Einschätzungen geführt:

1. der Annahme, daß dem ägyptischen Regime die politische Kontrolle über seine Gesellschaft entgleitet;
2. der Spekulation, Militärbürokratie und Bürgertum würden sich zu einer autoritären Herrschaft lateinamerikanischer Prägung zusammenschließen, um eine kapitalistische Entwicklung abzustützen;

3. der Hoffnung, daß Ägypten mittelfristig auf dem Wege zu einer pluralistischen Gesellschaft oder gar demokratischen Regierungsform ist und
4. der Befürchtung, daß in Ägypten eine islamistische Bewegung zur Macht gelangen könnte.

Auch wenn diese Prognosen ganz unterschiedlich ausfallen, gemeinsam schließen sie direkt oder indirekt vom wirtschaftlichen Wandel auf einen baldigen Sturz des Regimes. Gerade diese Annahme erscheint uns dagegen zumindest voreilig. Sicherlich hat sich das politische System des Semirentiers Ägypten in den letzten zwanzig Jahren stark verändert, doch spiegelt dieser Wandel eher hohe Flexibilität und Innovationskapazitäten wider als Sklerose und Verfall. Die ägyptische Staatsklasse war in den 50er Jahren mit dem Ziel angetreten, die verkrusteten, neokolonialen Wirtschafts- und Sozialstrukturen gegen den Widerstand des internationalen Systems aufzubrechen und aus eigener Kraft zu entwickeln. Dieser Aufgabe entsprach ein hoch zentralisiertes, bürokratisches Regime, das alle gesellschaftlichen Ressourcen monopolisieren und den gesellschaftlichen Aufbruch steuern konnte. An der Spitze dieses Systems stand ein charismatischer Führer, dessen Ausstrahlung sowohl nach innen wie nach außen mit der politischen Strategie übereinstimmte. Als sich die ägyptische Staatsklasse jedoch in den 70er Jahren den Rahmenbedingungen der regionalen Erdölökonomie beugte, waren andere politische Kapazitäten gefragt. Das Regime mußte sich aus der wirtschaftlichen Steuerung zurückziehen und beachtliche Teile seiner Gesellschaft freisetzen, um ihnen Zugang zu den internationalen Rentenzyklen zu verschaffen. Es mußte auf das staatliche Abschöpfungsmonopol verzichten. Darüber hinaus löste die wirtschaftliche Eigendynamik innerhalb der Gesellschaft Ansprüche auf soziale Autonomie und politische Mitgestaltung aus. Die erfolgreiche Einwerbung vielfältiger Renten stabilisierte das Regime zwar wieder, doch verfügte es jetzt nur noch über Bruchteile der gesellschaftlichen Ressourcen. Es stand nach innen zunehmend selbstbewußteren und wirtschaftlich unabhängigeren sozialen Gruppen gegenüber, während seine eigenen Herrschaftsinstrumente (Patronagemacht, Sicherheitsdienste, Wohlfahrtspolitik) immer stumpfer wurden. Von außen aber wuchs der Druck der internationalen Rentenallokateure, immer größere soziale und wirtschaftliche Freiheiten einzuräumen. Unter diesen Bedingungen Herrschaftsansprüche aufrechtzuerhalten, erforderte komplexe taktische Fähigkeiten im Krisenmanagement, Wendigkeit bei der Einwerbung von Renten bis hart an die Grenze der Selbstverleugnung, waghalsige politische Schachzüge und die Bereitschaft zur sozialen Mutation der Staatsklasse. An der Spitze eines solchen Regimes konnte kein strahlender Held stehen, sondern eher ein farbloser bürokratischer Taktiker. Selbst gegen die Schatten seiner Vorgänger mußte sich Husni Mubarak unvorteilhaft abheben. Und dennoch waren seine politischen Fähigkeiten nicht zu unterschätzen.

Verbände und Mehrparteiensystem markierten zunächst nur ein politisches Zugeständnis der Staatsklasse an den wirtschaftlichen Reformkurs und das westliche Ausland. Als die wirtschaftliche Öffnung jedoch unabhängige gesellschaftliche Kapitalbasen schuf, nahmen reiche Wirtschaftsakteure (Unternehmer, Financiers, Agrarkapitalisten), bürgerliche Gruppen und Institutionen sowie ideologische Bewegungen die Gelegenheit wahr, Verbände und Parteien mit eigenen Klientelsystemen zu durchsetzen und parallel zum Staat autonome Machtblöcke zu errichten. Sadat versuchte diese Kräfte in einer „politischen Arena“ zu binden[56]. Er kooptierte

Teile davon in die bürokratische Elite und neutralisierte den Rest durch Ausbalancieren der konkurrierenden Interessen, durch Kontrolle und Repression. Aber er erkannte bereits, daß die bürokratische Omnipotenz der Nasser-Ära zu bröckeln begann. Seine Gegenstrategie war die Akkumulation privatwirtschaftlicher Ressourcen in eigenen Händen. Durch seine Frau, seine Familie und seine politischen Freunde (engster Freundes- und Beraterkreis) beteiligte sich der Präsident an der Privatisierung gesellschaftlicher und externer Mittel, um damit zusätzliche Patronagemacht zur Stärkung seiner Autorität zu gewinnen. Diese Verquickung von privater Bereicherung und Machtkonzentration war jedoch nicht unproblematisch, da sie die politische Legitimation des Regimes insgesamt in Frage stellte. Unter Mubarak wurde die Aufrechterhaltung der politischen Herrschaft noch schwieriger, da die finanziellen Ressourcen des Staates abnahmen und die der gesellschaftlichen Akteure wuchsen. Hinzu kam, daß ihm der persönliche Einfluß auf die führenden Repräsentanten der neuen Bourgeoisie, den Sadat als „grand old man" der Staatsklasse noch besaß, fehlte. Mubarak hatte also keine andere Wahl: die Stabilität des Regimes erforderte eine massive Förderung privatwirtschaftlicher Aktivitäten, doch gefährdete dies gleichzeitig das Herrschaftsmonopol der Staatsklasse. Daraus ergaben sich zwei zentrale Probleme der Herrschaftssicherung: die politische Kontrolle der gesellschaftlichen Kräfte und die Aufrechterhaltung der eigenen Patronagemacht.

Patronagemacht ist die Fähigkeit des Regimes, Mitgliedern der herrschenden Staatsklasse ausreichende Möglichkeiten der Selbstprivilegierung zu bieten (Kontrollfunktionen, herausragender Lebensstandard) und wichtige soziale Gruppen materiell an sich zu binden (Einkommen, Zugang zu Konsumgütern, soziale Sicherung etc.). Sie schweißt die Staatsklasse zusammen, versorgt das Regime mit Legitimität und sichert das staatliche Durchsetzungsvermögen (Information, Kontrolle). Doch die schwindenden Staatseinnahmen schwächten die Patronagemacht des Regimes in den 80er Jahren so sehr, daß nicht nur der „Sozialvertrag" mit den Massen (Subventionierung, Beschäftigungspolitik), sondern auch die Selbstprivilegierung der Staatsklasse und ihrer bürokratischen Klientele gefährdet schien. Das Krisenmanagement Mubaraks versuchte in dieser Situation nicht nur neue Renten einzuwerben. Um den Zusammenhalt der Staatsklasse aufrechtzuerhalten, wurden die Patronagekosten des Regimes systematisch auf gesellschaftliche Gruppen und Institutionen verlagert. War es dem Regime im Rahmen der abhängigen kapitalistischen Entwicklung schon nicht möglich, politisch ausreichende Teile des Mehrprodukts abzuschöpfen, wie dies früher der Fall war, so zwang der Staat der Gesellschaft wenigstens die Finanzierung seines Personals auf.

Die Auslagerung der Patronagefinanzierung hatte vielfältige Formen und spiegelte den politischen Status der jeweiligen Gruppen und Schichten der Staatsbürokratie wider[57]. Mitglieder des Top-Managements im Öffentlichen Sektor erhielten ausreichende Möglichkeiten privater Bereicherung aus externen Kapitalinfusionen, wenn ihre Firmen ausländischen Unternehmen Zugang zum ägyptischen Markt verschafften (joint ventures). Top-Bürokraten hatten häufig Gelegenheit, qua Amt ausländische Kredite in privatwirtschaftliche Unternehmen (z. B. Importfirmen) zu lenken, die ihnen oder ihren Familienangehörigen gehörten oder an denen sie beteiligt waren. Höhere Mitglieder der Staatsklasse wurden am Ende ihrer Amtszeit in lukrative Aufsichtsrats- oder Management-Funktionen von joint ventures oder von privaten Institutionen (z. B. Wohlfahrtsverbänden) berufen. Dies geschah nicht ohne politischen Druck oder die Einsicht der privaten Unternehmen und Vereinigungen, daß es töricht wäre, eine „hilfreiche" Persönlichkeit der Staatsklasse nicht zu finanzieren. Diese Auslagerung der Patronagefinanzierung ging aber über eine individuelle Versorgung weit hinaus. So waren die Kontrollfunktionen der Ministerien mit zahllosen illegalen (wenn auch, am System gemessen, nicht unbedingt illegitimen) Bereicherungsmöglichkeiten verknüpft, die der Staat nicht nur duldete, sondern regelrecht nutzte, um seine Klienten materiell abzustützen. Ganze Behördenteile des Innenministeriums wurden im Rahmen des internationalen Rauschgifthandels (Transit) alimentiert. Auch sie waren so Nutznießer „internationaler Renten", die als Produkt politisch-moralischer Marktverzerrungen zu fassen sind. Dagegen zweigten die Bürokraten des Ministeriums für Soziale Angelegenheiten regelmäßig bescheidenere Beträge aus den Spendenaktionen charitativer Verbände oder ihren ausländischen Zuschüssen für sich ab. Die Handlungsspielräume, die das Regime Teilen der Staatsbürokratie zur persönlichen oder institutionellen Bereicherung überließ, waren politisch abgestuft. Blieben den unteren oder peripheren (Relevanz der Behörden) Bürokratieteilen nur Brosamen des staatlich erpreßten Ressourcentransfers (z. B. finanzielle Zuwendungen an Polizisten oder Schalterbeamte; zweites Gehalt an höhere Chargen), so konnte der Militärsektor ganz neue Methoden privatwirtschaftlicher Alimentierung entwickeln.

Obwohl Sadat mit Hilfe des Militärs das Staatsklassenregime wieder stabilisiert hatte, war der Militärsektor im Rahmen der infitah-Politik finanziell und politisch aus dem Machtzentrum verdrängt worden. Zu Beginn der 80er Jahre war die Unzufriedenheit innerhalb des Offizierscorps derart gewachsen, daß Gerüchte über eine Beteiligung des Militärs an der Ermordung Sadats 1981 nicht verstummen wollten. Mubarak revidierte daher die Politik gegenüber dem Militärsektor. Unter der Leitung von Verteidigungsminister Abu Ghazala wurde die Armee verkleinert, aber qualitativ modernisiert und professionalisiert und mit außergewöhnlichen materiellen Privilegien ausgestattet. Diese Privilegierung umfaßte nicht nur überdurchschnittliche Einkommen, Wohlfahrts- und Infrastrukturleistungen sowie individuelle Bereicherungsmöglichkeiten (z. B. im Beschaffungswesen oder durch den Verkauf subventionierter Privathäuser), sondern auch die korporative Expansion des Militärsektors in produktive Wirtschaftssektoren.

Die ägyptische Armee gründete in den 80er Jahren ein vom Öffentlichen Sektor unabhängiges Wirtschaftskonglomerat in den Bereichen Rüstungsindustrie, Landwirtschaft und Landgewinnung, Bauwesen und Dienstleistungsindustrien. Nachdem die Errichtung einer integrierten arabischen Rüstungsindustrie durch „Camp David" gescheitert war, baute die ägyptische Armee eine eigene Rüstungsproduktion auf. Dies geschah in Kooperation mit amerikanischen und europäischen Rüstungskonzernen und unter Beteiligung privater ägyptischer Unternehmen aus der Elektroindustrie. Dabei gelang es dem politischen Einfluß des Verteidigungsministers, umfangreiche amerikanische Kredite (z. T. sogar solche, die für Entwicklungsprojekte vorgesehen waren) in die joint ventures der Rüstungsindustrie umzulenken. Staatlich hoch subventioniert und durch ausländische Kapital- und Technologie-Impulse unterstützt, versorgte die ägyptische Rüstungsindustrie nicht nur die eigene Armee (Basisausrüstung, Gewehre, Geschütze, Munition), sondern arbeitete auch mit hohem Gewinn für den Export. Diese Einnahmen und die sich aus der Zusammenarbeit mit privatwirtschaftlichen Unternehmen ergebenden Vorteile (private Bereicherung, Patronagemöglichkeiten u. a.) flossen ausschließlich dem

Offizierscorps zu. Auch im Agrarsektor begann das Engagement des Militärs, ideologisch verbrämt, als Beitrag zur Sicherheitspolitik (food security), mündete jedoch sehr schnell in ein höchst kommerzielles Unternehmen korporativer Bereicherung. Auf der Basis subventionierter Produktionsmittel und unbezahlter Arbeitskraft (Rekruten) stampften die Offiziere einen gewaltigen agro-industriellen Komplex aus dem Boden (Geflügelzucht, Milchproduktion, Fischzucht, Rinderhaltung, Früchte- und Gemüseanbau), dessen Produkte einerseits der Selbstversorgung dienten, andererseits aber auf dem Markt hohe Gewinne abwarfen. Hinzu kamen Landgewinnungsprogramme, in deren Rahmen das Militär kultivierbares Land zu militärischen Zwecken requirierte (auf Kosten privater Eigentümer oder anderer staatlicher Behörden), infrastrukturell aufbereitete und angesichts extremer Bodenknappheit zu Höchstpreisen an private Hände veräußerte. Darüber hinaus setzte die Armee ihre technischen Spezialisten auch im Bauwesen (Straßenüberführungen) und im Infrastrukturbereich (Telephonnetz-Ausbau z. B.) ein und ging dabei lukrative Kooperationen mit ausländischen und lokalen Privatfirmen ein.

Dieses privatwirtschaftliche Engagement des ägyptischen Militärs diente sicherlich partiell auch einer stabilen Selbstversorgung angesichts flukturierender Staatsbudgets und unsicherer Versorgungsleistungen des Regimes. Gewichtiger war jedoch seine Funktion, die militärische Korporation insgesamt und einzelne Offiziersgruppen an den Rentenflüssen, die am Staat vorbeigingen, zu beteiligen, und zwar in beträchtlich größerem Umfang, als dies anderen Bürokratiesegmenten möglich war (Selbstprivilegierung). Darüber hinaus sicherte sich das Militär als ein zentraler Teil der ägyptischen Staatsklasse jedoch außerhalb des Staatsapparates zusätzliche finanzielle und organisatorische Ressourcen, die auch seine politische Macht (Patronage, Klientelnetze) stärkten. War es demnach in den 70er Jahren dem Präsidenten selber gelungen, Rentenflüsse, die für den Privatsektor bestimmt waren, zugunsten des Regimes umzuleiten, so hat heute der Militärsektor diese Aufgabe übernommen. Ob diese bürokratische Flexibilität in Zukunft der Staatsklasse insgesamt nützlich sein wird (Stabilisierung bürokratischer Herrschaft) oder ob sich hierin bereits Erosionserscheinungen innerhalb des Regimes widerspiegeln (Absetzbewegung des Militärs zugunsten eines lateinamerikanischen Autoritarismus), ist nur schwer abzuschätzen.

Das zweite Problem der Herrschaftssicherung unter Mubarak war die politische Kontrolle der gesellschaftlichen Kräfte. Zwar hatte das ägyptische Regime die wirtschaftlichen Spielräume des Bürgertums weit geöffnet. Es war mit ihm eine kooperative „Koalition" eingegangen. Doch dies bedeutete keineswegs, daß es mit dem Bürgertum seine politische Macht zu teilen gedachte. Im Gegensatz zum lateinamerikanischen Autoritarismus versuchte die ägyptische Staatsklasse, den politischen Einfluß des Bürgertums systematisch einzudämmen. Zur selben Zeit, da das Regime die Expansion der ägyptischen Privatwirtschaft und des Auslandskapitals förderte, holte Mubarak Repräsentanten des nasseristischen Etatismus als Gegengewicht zu den aggresiven Vertretern eines politischen Systemwandels in die Kernelite zurück. Doch Mubarak stoppte die Interessen der Bourgeoisie nicht nur innerhalb der Bürokratie. Auch in den Verbänden und Parteien wurde die politische Dynamik des Bürgertums und der (oberen) Mittelschichten systematisch gegängelt. Die Grenzen der Liberalisierung gingen schon daraus hervor, daß der Staat das Übergreifen der Parteien- und Verbändepolitik auf die unteren Schichten und Klassen der Gesellschaft (Arbeiterschaft, untere Mittelschichten, alter Mittelstand und Bauern) zu blockieren verstand. Staatliche Bürokratie und Korporationen schirmten die Massen von den Auswirkungen der Liberalisierungspolitik ab. Das Regime räumte demnach nur den Teilen der Gesellschaft freiwillig politische Spielräume ein, auf deren Initiative und Dynamik es wirtschaftlich angewiesen war. Aber auch innerhalb dieser Grenzen wurde die politische Willensbildung bürokratisch kanalisiert. Die größten Entfaltungsmöglichkeiten erhielten die Verbände; ihre Zahl konnte den Eindruck einer pluralistischen Gesellschaft wecken. Doch dies täuschte. Der Staat war ständig bemüht, die Interessengruppen an sich zu binden (Kooptation der Verbandseliten), systematisch zu zersplittern und die Kooperation von Parteien und Verbänden zu hintertreiben. Deshalb gelang es auch nicht, die Interessen der verschiedenen Verbandsgruppen in politische Programme umzusetzen.

Noch ambivalenter war jedoch das Verhältnis des Staates den politischen Parteien gegenüber. Zum einen versuchte er die politischen Ambitionen der Bourgeoisie an das Parteiensystem zu binden (erst an die Staatspartei, dann an die Neo-Wafd) und in diesem Kontext zu neutralisieren. So wurden die Handlungsspielräume der Parteien eingeschränkt, die Artikulation oppositioneller Parteien in den Medien behindert oder völlig unterbunden (Fernsehen) und ihre Wahlchancen systematisch unterminiert. Zum anderen aber war der Staat an der Aufrechterhaltung eines kritischen Potentials durchaus interessiert. Mubarak lancierte und nutzte im Kontext einer konkurrierenden Parteienpolitik politische Enthüllungen und Skandale auch, um politische Gegenspieler innerhalb der Staatsklasse einzuschüchtern oder auszuschalten. Angesichts dieser ständigen Manipulationen konnte sich kein starkes Parteiensystem herausbilden. Von der Staatspartei NDP ständig übervorteilt, von staatlichen Sicherheitsdiensten überwacht, von der Staatsführung korrumpiert und von der Bürokratie in allen Wahlkämpfen diskriminiert, waren die Parteien intern gespalten, durch interne Konkurrenzen geprägt und mehr mit sich selbst beschäftigt als mit dem mächtigen Staatsapparat. Seriöse Schätzungen haben ergeben, daß die Parteienpolitik am Ende der 80er Jahre kaum eine Million Menschen mobilisieren konnte und in den verschiedenen Parlamentswahlen nicht einmal 10% der Wahlberechtigten abgestimmt hatten.

War es demnach dem Regime gelungen, die Dynamik der bürgerlich-liberalen Politik zu bremsen oder gar einzudämmen, so drohte die islamistische Herausforderung weitaus gefährlichere politische Schleusen zu öffnen. Die infitah hatte mit ihrer sozialen Polarisierung, ihren wirtschaftlichen Verwerfungen und ihrer kulturellen Überlagerung in weiten Teilen der Bevölkerung Prozesse der sozialen Marginalisierung, Entfremdung und Politisierung ausgelöst. Selbst in der Landbevölkerung und in der modernen Arbeiterschaft waren als Reaktion darauf (anomische) Gewaltausbrüche zu beobachten. Die deutlichsten Anzeichen einer sozialen und politischen Unruhe zeigten sich jedoch in den städtischen unteren Mittelschichten moderner (kleine Beamte und Angestellte, Schüler, Studenten) und traditionaler Prägung (Handwerker, Arbeiter in Kleinbetrieben, kleine Händler). Hier gelang es den seit den 70er Jahren wieder tolerierten Islamisten, eine breite Oppositionsbewegung aufzubauen, die das Regime nicht nur prinzipiell in Frage stellte, sondern auch terroristisch zu bekämpfen begann (Ermordung Sadats u. a.). Aber erst in den 80er Jahren entfaltete die islamistische Oppositionsbewegung ihre volle Stärke. Auf der Grundlage beachtlicher finanzieller Ressourcen (Unterstützung aus den Erdölstaaten, transnationale islamistische Bewegung, eigene Banken und Investmentgesellschaften) wurden die Organisationskapazitäten ausgebaut und islamistische Bildungs- und Wohlfahrtseinrichtungen (Kliniken u. a.) wieder errichtet. Als die Auseinandersetzungen zwischen Staat und Islamisten Mitte der 80er Jahre eskalierten (Demonstrationen, Mobilisierungskampagnen, Terroranschläge), wurden vielfach iranische Verhältnisse befürchtet[58]. Doch ganz abgesehen davon, daß die ägyptischen Islamisten über keine bürokratische Elite verfügten, war ihre Bewegung gespalten und stand einem selbstbewußten Staatsapparat gegenüber.

Das Regime unter Mubarak vermochte die Islamisten nicht nur zu bremsen; es stellte sie indirekt sogar in seine Dienste. Seine Strategie war komplex. Unter Berücksichtigung der Vielfalt islamistischer Strömungen vermied das Regime eine generelle Konfrontation. Es gab den Islamisten sogar in einigen Politikfeldern nach (z. B. Bevorzugung von Männern durch die Beschäftigungspolitik des Öffentlichen Sektors, eigene Bildungseinrichtungen) und duldete ihre organisatorische Vorherrschaft an den Universitäten, während sonst der gesamte Sicherheitsapparat mit voller Härte eingesetzt wurde. Gleichzeitig spielte das Regime die Muslimbrüder gegen die radikalen Gesellschaften der Islamisten (ǧama'at) aus. Dabei profitierte es davon, daß die Muslimbrüder unter dem Einfluß der Rentenallokation ihre sozialrevolutionäre Zielsetzung aufgegeben hatten und seit 1986 fest in Händen der islamischen infitah-Bourgeoisie waren. Diese neuen Eliten wurden nun in die institutionalisierte Interessenpolitik eingebunden. Der revolutionäre Kern der Islamisten hingegen fiel der propagandistischen Denunziation und polizeilichen Repression zum Opfer. Die Überlegenheit des Regimes gegenüber den Islamisten zeigte sich jedoch besonders darin, wie es diese Gegenspieler gleichzeitig noch auf anderen Politikebenen nutzte. So stützten die bürgerlichen Islamisten als autonome Einwerber von Renten die ökonomische und auch soziale Basis des Regimes (Legitimation), während die radikalen die Aufrechterhaltung und den Ausbau staatlicher Notstandsvollmachten rechtfertigten, mit deren Hilfe das Regime alle oppositionellen Gruppen der Gesellschaft verfolgen und unter Druck setzen konnte. Doch um die Widersprüchlichkeit noch zu erhöhen: das Regime war an einer Demonstration seiner Kontrollmacht gar nicht interessiert und ließ in den 90er Jahren sogar eine weitere Eskalation des Terrors zu. Denn nach dem Zusammenbruch des Ost-West-Konflikts mußten neue Gründe für die politische Alimentierung zuverlässiger Regime gefunden werden. Was konnte die westlichen Staaten aber geneigter machen, das ägyptische Staatsklassenregime finanziell zu erhalten als die Gefahr einer islamistischen Revolution im strategischen Zentrum des Vorderen Orients? Solange jedoch die Islamisten mit ihren Anschlägen die internationalen Rentenströme nicht beeinträchtigen (kritischer Punkt: Terror gegen Touristen 1992) und ihnen die Infiltration des Militärsektors nicht gelingt, gefährden sie das Regime nicht.

#### *3.1.2.2. Der bürgerliche Produktionsstaat und die Versuchung der Rente: die Türkei 1950–1992*

Auch wenn niemand die Türkei ernsthaft als Rentier bezeichnen wird, soll unsere Analyse zeigen, daß auch produktive Systeme im Vorderen Orient vor Renteneinflüssen nicht gefeit sind. Wir werden an diesem Beispiel verdeutlichen, wie selbst geringe Renteneinnahmen wirtschaftspolitische Strategien stützen oder im Falle ihres Verlustes kippen können. In unserem Systemvergleich soll das türkische

Beispiel zudem deutlich machen, unter welchen Umständen Staaten des Vorderen Orients radikale wirtschaftliche Strukturreformen im Sinne der internationalen Entwicklungsorganisationen durchzuführen bereit sind. Nach wie vor ist die Türkei der einzige Staat dieser Region, der eine exportorientierte Industrialisierung durchzusetzen versuchte. Dies war vor allem dem politischen Übergewicht einer relativ hoch entwickelten Industriebourgeoisie zu verdanken. Doch spielte hierbei auch der Verlust internationaler Renteneinnahmen eine nicht zu unterschätzende Rolle.

Der Sturz des kemalistischen Staatsklassenregimes 1950 (vgl. 2.2.1.) bedeutete eine epochale Wende in der osmanisch-türkischen Geschichte. Erstmals etablierte sich eine soziale Klasse an den Schalthebeln politischer Macht. Die sozioökonomische Basis[59] des neuen Regimes bestand aus einer breiten Koalition des Handelskapitals, des kommerziellen Großgrundbesitzes, der mittleren und kleinen Landbesitzer und der kleinen städtischen Produzenten im Bazar und in den Kleinstädten. Diese Koalition wurde durch ihr Interesse an einer Marktorientierung (gegen Etatismus) und an einer Rückbesinnung auf die Werte der kulturellen (religiösen) Tradition zusammengehalten. In die politischen Machtzentren des Staates[60] rückte jetzt ein breites Spektrum von Politikern ein, das aus den Freien Berufen und der Privatwirtschaft kam. Diese politische Führung repräsentierte nach wie vor eine Bildungselite (70–80% mit Universitätsabschlüssen), stammte jedoch überwiegend aus ihren Wahlkreisen. Tonangebend in dieser politischen Elite der Demokratischen Partei (DP) war eine Gruppe von Akademikern und ehemaliger (abtrünniger) Bürokraten unter Adnan Menderes. Sie war der Tradition des elitären Führungsanspruchs zwar auch verbunden (Sozialisation), mußte ihre politische Macht aber kooperativ mit der herrschenden Klasse absichern (Klientelstrukturen).

Die Wirtschafts- und Entwicklungspolitik des liberalen, bürgerlichen Regimes Menderes garantierte die Einbindung der Türkei in den Weltmarkt. Durch günstige westliche Kredite angekurbelt (Infrastruktur, Traktoren, Landerwerb) und eine internationale Hochkonjunktur für Agrarerzeugnisse gefördert, erhielt die gesamte Landwirtschaft einen bemerkenswerten Wachstumsschub. Dieser wirkte sich auf den Lebensstandard der bäuerlichen Massen, die Produktivität und die Marktintegration aus. Doch Mitte der 50er Jahre brachten Konjunktureinbrüche auf dem Weltmarkt und Dürreperioden das Wachstum zum Erliegen. Unter dem Druck einer wirtschaftlichen Krise mußte der Staat mit Arbeitsbeschaffungsmaßnahmen und Importbeschränkungen intervenieren. Im Schatten der Zahlungsbilanzprobleme entstand aber eine einheimische Produktion von Industriewaren, die der ursprünglichen liberalen Einstellung des Regimes widersprach. Importrestriktionen als Folge sinkender Exporterlöse führten zur Herausbildung eines privaten Industriesektors, der schneller zu wachsen begann als die Landwirtschaft. Der ungeplante Industrialisierungsschub löste in den Unterschichten eine erste Welle der Land-Stadt-Migration und der Ausdifferenzierung einer Lohnarbeiterschaft aus. Noch wichtiger war jedoch, daß Teile des Großgrundbesitzes und des städtischen Handelskapitals in Industrieunternehmen investierten. Diese neue Industriebourgeoisie fühlte sich durch das landwirtschaftlich orientierte Regime unzureichend gefördert und verurteilte das staatliche Krisenmanagement als inkompetent. Zur gleichen Zeit regte sich in der Krise das Widerstandspotential der entmachteten ehemaligen Staatsklasse, die nach dem Regimewechsel in der Bürokratie, im Militär und in der politisch ausmanövrierten Republikanischen Volkspartei (RVP) überlebt hatte.

Auch sie kritisierte die politischen Fähigkeiten des Regimes und wurde dafür systematisch ihres Einkommens, Prestiges und ihrer Mitwirkungsmöglichkeiten im politischen Prozeß beraubt.

Der Staatsstreich der Militärbürokraten[61] von 1960 (General Gürsel) war kein Versuch, das Rad der Geschichte zurückzudrehen. Er diente zwar der Reintegration der Bürokratie ins Machtzentrum, doch stellte er weder die Herrschaft der Bourgeoisie noch die Einbindung der türkischen Ökonomie ins Weltwirtschaftssystem, geschweige denn die westliche Allianz in Frage. Die Mehrheit der Offiziere nahm die Grenzen ihres Spielraums durchaus realistisch wahr. Im Mittelpunkt stand vielmehr die Reorganisation der soziopolitischen Strukturen zugunsten eines wirtschaftlichen Wachstums, das sehr viele gesellschaftlichen Interessen befriedigen konnte, ohne die internationalen Kontrollansprüche zu berühren. Der Eingriff der Bürokratie in das bürgerliche Regime mochte zum Teil vordergründigen, partikularen Interessen entsprechen, der politische Kompromiß jedoch, der daraus resultierte, schuf Rahmenbedingungen, die sowohl das soziale als auch das wirtschaftliche Gefüge der Türkei dynamisierten. Das Regime der DP hatte das Land zwar in den Weltmarkt zurückgeführt und der Privatwirtschaft Entfaltungsmöglichkeiten geboten, doch war es in der wirtschaftlichen Krise nicht in der Lage, alternative Wachstumsbedingungen zu schaffen. Darunter litt vor allem die neue Industriebourgeoisie, der es darum ging, knappe Devisenressourcen privilegiert zugeteilt zu bekommen, durch protektionistische Maßnahmen verläßlich abgeschirmt und mit einem wachsenden Binnenmarkt versorgt zu werden (Importsubstituierende Industrialisierung). Dem Liberalismus der DP waren solche „Dienstleistungen" fremd; sie gefährdeten außerdem das komfortable Herrschaftsmonopol (damals) überwiegend ländlicher Klientelstrukturen. Die ehemalige Staatsklasse hingegen verfügte über ausreichende Kompetenzen der Staatsintervention (Ideologie, bürokratische Instrumente), drängte zurück an die Macht, war aber nicht mehr stark genug, ein Herrschaftsmonopol zu errichten. So war sie ein geeigneter Bündnispartner der Industriebourgeoisie, die ihrerseits die Zustimmung der USA vermittelte. Der Westen insgesamt (OECD, IWF, USA) akzeptierte dieses Arrangement aus übergeordneten strategischen Gründen, da es politische Stabilität versprach (Südflanke der NATO) und trotz Protektionismus die Integration in den Weltmarkt nicht in Frage stellte. Doch wie war das politische System nach der Kurskorrektur beschaffen?

Der Staatsstreich des Militärs 1960 schaltete die bürgerliche Elite nur kurzfristig aus. Die Mehrheitsfraktion der Offiziere akzeptierte, daß es allenfalls darum gehen konnte, der ehemaligen Staatsklasse ein Mitspracherecht im politischen System des Bürgertums zu sichern. Daher wurde ein radikaler Flügel der Offiziersjunta, der die Zeit zurückdrehen wollte, sehr schnell ausgebootet. Das Militär gab der alten Staatsbürokratie Gelegenheit, verfassungsmäßige und institutionelle Rahmenbedingungen zu schaffen (II. Republik), die ihre erneute Verdrängung durch eine gewählte parlamentarische Mehrheit ausschließen sollten. Die neue Verfassung von 1961[62] war vor allem durch eine Vielzahl eigenständiger Institutionen und Machtblöcke gekennzeichnet (Zweikammersystem, Unabhängigkeit des Rechtswesens mit weiten Kontroll-Kompetenzen, Nationaler Sicherheitsrat, Autonomie von Massenmedien und Universitäten, Verbandsfreiheit, Vorschriften zur innerparteilichen Demokratie, weite Individualrechte), die das politische Leben in ein System von „checks and balances" einbanden. Ex post wurde sie sehr oft als Grundlegung einer türkischen Demokratie gefeiert. Ihren bürokratischen Urhebern ging es damals jedoch primär darum, die Hochburgen der Staatsbürokratie im Entscheidungsprozeß aufzuwerten, die Mechanismen der Mehrheitsbeschaffung ihrer Gegner zu schwächen (Verhältniswahlrecht, innerparteiliche Demokratie, Aufwertung der Verbände gegenüber Parteien) und die Macht der Parlamentsmehrheit, die sie sich realistischerweise nicht zutrauten, in eine institutionelle Machtbalance einzubinden (Gewaltenteilung zum Schutz der Staatsbürokratie). Das Resultat dieser Reorganisation war ein politisches System, das drei Pole[63] aufwies: eine Parteielite, eine Top-Bürokratie und die Spitze des Militärs.

Das Militär sicherte sich in der II. Republik eine ständige Mitsprache über den „Nationalen Sicherheitsrat", der in allen Fragen außen- und innenpolitischer Sicherheit konsultiert werden mußte. Darüber hinaus verfügte das Militär über informelle Einflußmöglichkeiten bis hin zum Gewohnheitsrecht einer Besetzung des Präsidentenamtes. Reichten diese Möglichkeiten nicht aus, so scheuten die Offiziere nicht davor zurück, gewaltsam in die politische Sphäre zu intervenieren (1971/73, 1980/83) oder damit zu drohen (1964, 1969). Die temporäre Errichtung einer Militärjunta zur politischen Kurskorrektur war zwar verfassungsrechtlich nicht gedeckt, wurde aber von großen Teilen der Bevölkerung als legitimer Akt angesehen. Die zivile Bürokratie besetzte hingegen strategische Positionen innerhalb des Staatsapparates: die Koordination der Kabinettspolitik, ein Kontrollorgan zur Abwehr von Übergriffen der Regierung in die persönlichen und institutionellen Rechte der Bürokratie (Staatsrat) und die staatliche Planung und Steuerung der Wirtschaft. Und zusätzlich übernahm sie in Krisenperioden der Parteipolitik auch die Regierungsgeschäfte (1971–73).

Die Eliten der Parteien[64] beherrschten ihrerseits das Parlament und die Regierung. Hier kehrten 1965 die bürgerlichen Kräfte, jetzt unter dem Namen Gerechtigkeitspartei (GP), mit einer neuen Führung (Süleyman Demirel) ins Machtzentrum zurück. Das modernisierte Klientelsystem[65] der GP setzte sich in den Wahlkämpfen erneut durch, da es sowohl die ländliche wie die städtische Bevölkerung beinahe aller sozialer Schichten ansprach. Die Wucht des GP-Wahlkampfes schaltete die mit Hilfe des Militärs an die Macht gelangte Republikanische Volkspartei aus. Zu jener Zeit repräsentierte die ehemalige Staatspartei der kemalistischen Ära unter der Führung Inönüs nur noch die Staatsbeamten, die moderne Intelligenz und einige Klientele auf dem Lande. In der Opposition der 50er Jahre verkrustet, war sie als Instrument der alten Staatsklasse im Wettbewerb um Wählerstimmen chancenlos geblieben. Insofern hatten die Bürokraten mit ihrer institutionellen Verschanzung der neuen Niederlage weitsichtig vorgebeugt. Doch die jungen Kader der Bürokratenpartei gaben sich nicht geschlagen. In einem langwierigen, konfliktgeladenen Klärungsprozeß voller ideologischer Auseinandersetzungen und Abspaltungen (1961–1972) verwandelten sie die ehemalige Staatspartei in eine moderne „Volkspartei". Unter der Führung von Bülent Ecevit wurde der Kemalismus (vgl. 2.2.1.) den Bedingungen des politischen Wettbewerbs und des sozioökonomischen Wandels angepaßt. Auf dieser Grundlage faßte die neue RVP in den politisierten Unterschichten der Städte Fuß. In den 70er Jahren verdrängte sie schließlich die GP aus ihrer absoluten Vormachtstellung und etablierte sich als paritätische Kraft in einem Parteiensystem, das trotz seiner Vielfalt im Grunde bipolar geprägt war (GP und RVP). Damit hatten sich die Erben des Kemalismus auch im Elitenkartell des bis dahin bürgerlich dominierten Parteiensystems festgesetzt.

Das Regime der Türkei in den 60er und 70er Jahren entsprach strukturell (nicht geplant) den Bedürfnissen einer modernen, nationalen Industrie- und Finanzbourgeoisie, die im Rahmen der Weltmarktintegration eigene Entwicklungsspielräume anstrebte, dabei jedoch von den traditionalen bürgerlichen Kräften (Handelsbourgeoisie, kommerzieller Großgrundbesitz) und dem Agrarsektor insgesamt blockiert worden war. Die Einbindung der ehemaligen Staatsklasse in das bürgerliche System brach die Vorherrschaft des Agrar-Handels-Komplexes und seiner politischen Elite. Die neue Machtbalance innerhalb des politischen Systems machte wirtschafts- und sozialpolitische Weichenstellungen möglich, die das alte DP-Regime nicht geleistet hätte. Darüber hinaus führte die Korrektur des Regimes zu einer organisatorischen Modernisierung der bürgerlichen Partei (GP) und erzwang ihre Anpassung an die Interessen der modernen Industrie- und Finanzbourgeoisie. Da die Stabilität der bürgerlichen Herrschaft insgesamt jedoch darauf angewiesen war, die Klientelstrukturen des Agrar-Handels-Komplexes zu nutzen, konnte sich auch die GP nicht vorbehaltlos auf die Seite der Industriebourgeoisie stellen. Der moderne Wirtschaftssektor brauchte daher die Unterstützung der interventionistischen Bürokratie, zum einen, um knappe Ressourcen „gegen den Strom" umzuverteilen, zum anderen, um über die Politisierung der Massen Binnenmärkte zu schaffen – aber selbstverständlich unter der Bedingung, daß das etatistische Element der Bürokratie genauso unter Kontrolle bleiben würde wie die gesellschaftliche Beteiligung. Das Resultat war demnach ein populistisches Regime: eine soziopolitische Konstruktion, die mit Hilfe von Massenloyalität und kanalisierter Massenmobilisierung einen wirtschaftspolitischen Durchbruch zugunsten eines Teils des Bürgertums zu erzielen suchte.

Das wirtschaftspolitische Programm der Staatsbürokratie war durch die radikale Phase des Kemalismus beeinflußt, doch hatte es sich an den politischen und sozioökonomischen Rahmenbedingungen der 60er Jahre „abgerieben". Übrig blieb eine staatliche Regulierung des Industrialisierungsprozesses, eingebunden in den kapitalistischen Weltmarkt, unter Berücksichtigung sozialer Gerechtigkeit. Diese Regulierung beinhaltete zum einen eine staatliche Allokation gesellschaftlicher Ressourcen zugunsten der Industriebourgeoisie, zum anderen die Gewährung hoher gesellschaftlicher Organisations- und Handlungsfreiheit[66]. Tarifautonomie, Streikrecht, Vereinsfreiheit und soziale Sicherheit wurden in der Türkei nicht erkämpft, sondern vom Regime „zugewiesen". Sie mochten einerseits der Bekämpfung etablierter Klientelstrukturen dienen, aber sie nutzten auch einer Einkommensverteilung zugunsten breiter Bevölkerungsschichten und damit der Erschließung von Märkten. Dafür erwartete das Regime wiederum die Anerkennung einer staatlichen Vormundschaft. Die Ressourcenallokation und der Paternalismus des Staates bildeten die Grundelemente der politischen Ökonomie in den 60er und 70er Jahren.

Der türkische Wirtschaftskurs (Importsubstituierende Industrialisierung) zielte auf die Expansion des Industriesektors im Rahmen einer abhängigen Entwicklung hin[67]. Dabei ging es nicht um den Aufbau komplexer Wirtschaftsstrukturen oder eine autonome Entwicklung (vgl. 2.2.1.). Im Mittelpunkt stand vielmehr eine umfassende Konsumgüterindustrie, die zu 95% auf den Binnenmarkt orientiert war und für diesen mit relativ hohen Kosten Produkte mäßiger Qualität schuf. Der Binnenmarkt war protektionistisch abgeschirmt. Diese Industrie war auf einen ständig steigenden Import von Produktionsmitteln, Zwischenprodukten, Rohstoffen, Technologie und Patenten aus den Industriestaaten angewiesen. Daher stand die Industrialisierung der Türkei auch im Einklang mit den weltwirtschaftlichen

Interessen. Die Dynamik dieser Industrialisierung (7–8% jährliches Durchschnittswachstum 1960–1973) veränderte das sozioökonomische Profil des Landes und schuf drei gewaltige Wachstumspole: um das Marmarameer und in den Regionen Izmir und Adana. Getragen wurde sie von der Privatwirtschaft, doch diese erwartete entscheidende staatliche Hilfestellungen.

Der staatliche Einfluß auf die gesellschaftliche Einkommensverteilung[68] schuf sowohl auf dem Lande als auch in den Städten beachtliche Märkte. So verbesserte die wirtschaftspolitische Privilegierung der Landwirtschaft (Subventionierung von Produktionsmitteln und Agrarpreisen, Verzicht auf Besteuerung) die Kaufkraft aller Bauern erheblich. Die Landbevölkerung insgesamt spielte aufgrund der Klientelstrukturen und einer wahlrechtlichen Bevorzugung ländlicher Wahlkreise in allen Wahlkämpfen eine entscheidende Rolle. Dieses politische Gewicht garantierte den Bauern in den Verteilungskämpfen der 60er und 70er Jahre einen relativ hohen Lebensstandard. Da die Einkommensverzerrungen auf dem Lande durch Großgrundbesitz traditionell gering waren (Ausnahmen: Kurdengebiete in Ostanatolien und Region Adana), konnte sich die bäuerliche Nachfrage nach Textilien, Kleidern, verarbeiteten Nahrungsmitteln, Traktoren und dauerhaften Konsumsgütern sehen lassen. In den Städten wiederum konnten Gewerkschaften, Berufsverbände und staatliche Wohlfahrtsprogramme den Lebensstandard eines Drittels der türkischen Arbeiterschaft und weiter Teile der Mittelschichten überdurchschnittlich absichern. Das türkische Lohnniveau in den modernen Industriesektoren lag in den 70er Jahren 50 bis 100% über dem vergleichbarer Sektoren in Südkorea. Darüber hinaus fanden vielfältige Ressourcentransfers (Startkapital) vom Lande in die Städte statt, da „Landflucht" selten aus absoluter Not geschah (pull-Effekt). Diese Politik der Einkommensstreuung war aber nicht das Resultat gesellschaftlicher Organisationskraft oder demokratischer Beteiligung, sondern akzeptierter sozialpolitischer Zuwendung im Interesse der Industriebourgeoisie und der politischen Eliten.

Kümmerte sich der Staat auf der einen Seite um die Märkte der Industriebourgeoisie, so versorgte er sie auf der anderen mit zusätzlichen Investitionsmitteln, Devisen und außergewöhnlichen Profitmöglichkeiten. Protektionistische Maßnahmen (Schutz vor externen Importwaren und eigenständig operierenden ausländischem Kapital) sowie die Gewährung von Monopolen und Oligopolen schufen hohe Renteneinkommen. Die gleiche Wirkung hatten überhöhte Wechselkursraten. Sie verbilligten die Importe der Industrie und schädigten alle Exporte. Hinzu kam ein breites Subventionsspektrum: verbilligte Produktionsmittel, Kredite und Steuerrabatte. Auch der Öffentliche Sektor der kemalistischen Periode wurde in den Dienst der Privatwirtschaft gestellt. Er lieferte ihr billige Zwischenprodukte und gut ausgebildetes Personal (Ingenieure, Manager), engagierte sich in Bereichen, die der Privatwirtschaft zu kostspielig oder zu wenig lukrativ waren, und übernahm zusätzlich noch arbeitsmarktpolitische Aufgaben (überflüssige Arbeitsplätze), die indirekt dem Binnenmarkt zugutekamen. So unterstützt, expandierte die moderne Privatwirtschaft nicht nur auf Kosten früherer Konsumgüterimporte, sondern erzielte ständig hohe Wachstumsraten. Sie ruinierte auch die traditionalen Kleinindustrien außerhalb der Wachstumspole. Soweit diese Firmen nicht zugrundegingen, arbeiteten sie als Zulieferbetriebe der modernen Industrie. Als solche wurden sie bis an die Grenzen des Existenzminimums ausgebeutet (mit extrem schlechten Lohn- und Arbeitsbedingungen für die dortige, nicht organisierte Arbeiterschaft) und trugen damit zusätzlich zu den komfortablen Gewinnen des modernen Sektors bei.

Im Mittelpunkt der staatlichen Industrieförderung stand jedoch die Verteilung knapper Devisen[69]. Da viele der großen Industrieunternehmen kaum 10% der ausländischen Zahlungsmittel, die sie für den Import ihrer Produktionsmittel und anderer input-Faktoren benötigten, selber erwirtschafteten, waren sie auf die staatliche Zuteilung von Importquoten und günstiger Kredite angewiesen. Dieser Prozeß erfolgte im Zusammenspiel bürokratischer Steuerung, politischer Patronage und Verbandspolitik in den Korporationen der Wirtschaft. Der größte Teil der Devisen wurde durch den Agrarexport erwirtschaftet. Doch es gab kein Jahr, in dem die Importkosten die Exporteinnahmen nicht bei weitem übertroffen hätten (jährliches durchschnittliches Defizit zwischen 1960 und 1973 rd. 300 Mio. $). Dieses Zahlungsbilanzdefizit wurde bis Ende der 60er Jahre durch Kapitalhilfen und Kredite der USA, aber auch der internationalen Finanzorganisationen und der OECD-Staaten finanziert. In den 60er Jahren lagen diese Finanztransfers zwischen 1,4 und 4,3% des türkischen Nationaleinkommens. Die strategische Bedeutung der Türkei an der Südflanke der NATO führte dazu, daß die Devisenlücken durch politische Renten geschlossen wurden. Als die amerikanischen Zahlungen um 1970 versiegten (Hegemonialkrise der USA, politische Auseinandersetzung um die türkische Zypernpolitik), übernahmen Migrantenüberweisungen aus Europa, vor allem der Bundesrepublik, die Deckung der Zahlungsbilanz (jährlicher durchschnittlicher Beitrag 1 Mrd. $). Renten und Rentenäquivalente sorgten dafür, daß sich die Verschuldung der Türkei in Grenzen hielt, die für das Industriewachstum nötigen Importe finanzierbar und die Ausbeutung der unteren Schichten begrenzt blieben. Da die Türkei in ihrer Ernährung autark war (Nebeneffekt der Privilegierung der Landwirtschaft), konnten die externen Einnahmen voll der Industrialisierung zugutekommen. Sicherlich verfügte die Türkei im Vergleich zu anderen Staaten des Vorderen Orients nur über bescheidene Renteneinkünfte. Doch auch diese hielten einen Entwicklungsprozeß aufrecht, der sich selbst nicht finanzieren konnte. Erst das Versiegen der Renten und Rentenäquivalente stellte das türkische Entwicklungskonzept in Frage.

Auch in der Türkei führte die Reorganisation des Weltenergiesystems in den 70er Jahren zu einschneidenden sozioökonomischen Veränderungen. Doch während die arabische Welt und Iran Nutznießer gewaltiger Kapitaltransfers von Nord nach Süd wurden, versank die Türkei in der Krise. Die Erdölpreiseskalation traf das türkische Wirtschaftskonzept auf zweierlei Wegen: indirekt, indem sich die Importe aus den Industriestaaten aufgrund der dortigen Inflation (Resultat der Energiekostensteigerungen) schlagartig verteuerten, und direkt, indem die türkischen Energiekosten wuchsen und die europäische Rezession das Wachstum der Migrantentransfers verhinderte. In der zweiten Hälfte der 70er Jahre schnellte das türkische Zahlungsbilanzdefizit von durchschnittlich 428 Mio $ jährlich auf knapp 4 Mrd. $ hoch. Der Staat reagierte ganz typisch: er bemühte sich um zusätzliche Kredite und als er diese nicht erhielt, sicherte er die Industrieimporte durch staatliche Garantien für kurzfristige, hochverzinsliche Geldaufnahmen auf dem Euromarkt. Als auch diese Politik an der Eskalation der Auslandsschulden 1977/78 scheiterte, versuchten die türkischen Unternehmer Devisen (Kapital der Gastarbeiter in Europa) privat aufzukaufen und den Import essentieller Güter selber zu organisieren. Sofort entstand eine Schicht von Finanzagenten, Vermittlern und Schmugglern, die aus den Außenhandelsverzerrungen hohe Gewinne (Renten) abschöpften. Diese mußten letztlich von der türkischen Industriebourgeoisie finanziert werden. Auf der anderen Seite war es trotz drastischer Produktionsrückgänge nicht möglich, den hohen Lohnkosten-Anteil der Industrie zu reduzieren. Die Organisationsmacht der Arbeiterklasse (Gewerkschaften, Parteien) blockierte eine solche Anpassung an die wirtschaftlichen Krisenbedingungen ebenso wie die drastischen Sparauflagen, die das Regime von der Weltbank und vom Internationalen Währungsfonds auferlegt bekommen hatte. Damit verlor die Türkei ihre internationale Kreditwürdigkeit vollends. Das türkische Akkumulationsmodell war unter diesen Umständen nicht mehr aufrechtzuerhalten. Es war an den Dysfunktionen der Politik gescheitert, denn der Staat war zu seinen beiden zentralen Hilfestellungen nicht mehr in der Lage: der Ressourcenbeschaffung und der vormundschaftlichen Kontrolle der Gesellschaft. Wie konnte dies geschehen?

In der II. Republik diente die politische Organisationsfreiheit (Verbände, politische Parteien) einerseits dem Ausbalancieren antagonistischer politischer Kräfte, andererseits sollte sie ein Mittel für den Ausbau von Märkten sein. In dieser Konstruktion war es die Aufgabe der beiden großen Parteien (GP und RVP), den gesellschaftlichen Kräften zum einen Impulse zu geben, zum anderen aber ihre Aktivitäten in angemessenen Grenzen zu halten (Populismus). Trotz ihres ideologischen und politischen Gegensatzes waren die Sozialprofile der beiden Parteieliten nicht sehr verschieden. Sie fühlten sich beide als Erben osmanischer Staatsautorität und entwickelten unter dem Deckmantel „parlamentarischer Demokratie" paternalistische Züge. Beide Parteien versuchten, die vielfältigen Interessengruppen mit Anhängern zu durchsetzen und damit zu „kolonisieren"[70]. Die GP dominierte besonders die Wirtschaftsorganisationen des Mittelstandes und der Landwirtschaft sowie die kulturellen und kommunalen Verbände. Die RVP war wiederum im Gewerkschaftslager erfolgreich. Beide Parteien warben um ein extrem breites Wählerpotential, dessen widersprüchliche Interessen sie in keinem politischen Programm vereinheitlichen konnten. Zwar fanden ihre politischen Auseinandersetzungen im Rahmen eines Klassendiskurses statt (Bürgertum – Arbeiterschaft), doch waren bei beiden die Unterschiede zwischen Rhetorik und realem Handeln offenkundig. Sie repräsentierten eine populistische Kräftekonstellation, deren Kontrollkapazitäten primär davon abhingen, daß sie wirtschaftliche Rahmenbedingungen einer breiten gesellschaftlichen Integration garantieren konnten. Aber die Parteieliten agierten nicht nur in diesem übergeordneten Interesse. Sie waren selber Opfer der entfachten sozialen Dynamik, mit Normen, Motiven und Verhaltensweisen, die oft zwischen extremen Positionen hin und her gerissen wurden.

Die importsubstituierende Industrialisierung löste nämlich soziale Umwälzungen aus, deren Politisierung ständig zunahm. Die Entstehung urbaner Wachstumspole (Istanbul, Izmir, Adana-Mersin) mit ihrer sozialen Sogwirkung, die Marginalisierung traditionaler Handwerks- und Handelszweige in den Kleinstädten durch Großbetriebe und Migrantenkapital und die Reproduktion heimatlicher sozioethnischer Subkulturen in den Vorstadt-Quartieren der Landflüchtigen (gecekondus) bildeten ein wachsendes Konfliktpotential. Dieses konnte von den beiden großen Parteien in den 70er Jahren nur noch unzureichend gebunden werden.

Auf der „rechten Seite" stand die GP einer zunehmenden Fragmentierung „bürgerlicher" Interessen gegenüber. Das Industrialisierungskonzept des Regimes bevorzugte die binnenmarktorientierten Großunternehmen in den Wachstumszentren. Dies führte zur Entfremdung des kommerziellen Großgrundbesitzes, der diskriminierten Klein- und Mittelindustrien Zentralanatoliens, der von der Moderne bedrohten traditionalen Dorf- und Kleinstadtgemeinschaften und schließlich sogar eines hoch modernen Industriesektors, der eine exportorientierte Politik (einschließlich EG-Anschluß) wünschte. Damit verlor die GP wesentliche Teile ihres ehemaligen Klientels. Diese abtrünnigen Elemente verfügten über ausreichende Patronagemacht, um unabhängige politische Parteien und Verbände zu gründen und die Kontrollkapazität der GP zu schwächen. Von besonderer Bedeutung waren hierbei zwei Parteien mit antisystemischen Ideologien[71]: die rechtsradikale Partei der Nationalen Bewegung und die islamistische Nationale Heilspartei. Ihren Massenanhang fanden diese Bewegungen vor allem unter den Entwurzelten in den Ballungsgebieten, den Absteigern des alten Mittelstandes und in den blockierten unteren Mittelschichten. In der Wirtschaftskrise der 70er Jahre lösten sie eine Eskalation der Gewalt aus, die der Staat nicht mehr einzudämmen vermochte.

Auf der „linken Seite" hingegen war es der RVP erst in den 70er Jahren gelungen, in der rapide wachsenden Arbeiterklasse Fuß zu fassen. Damit übernahm sie die Aufgabe, das Konfliktpotential der proletarisierten Massen zu kanalisieren. Als „sozialdemokratische Version" des Kemalismus trug sie zur Politisierung und Mobilisierung der Unterschichten entscheidend bei und stärkte damit ihre Massenbasis, vor allem in der Gewerkschaftsbewegung. Am Ende der 70er Jahre war die RVP sogar nahe daran, die GP als zentrales Steuerungsinstrument des Regimes abzulösen[72]. Doch die ökonomische Krise offenbarte auch das bürokratische Erbe der Partei. Ihre Neigung, Klassenpositionen und ethnische Interessen (Kurdenfrage) nationalstaatlichen Imperativen unterzuordnen, gab zahllosen linken Organisationen[73] und Bewegungen Auftrieb. Im „linken Spektrum" etablierte sich eine beeindruckende Artikulations- und Organisationskapazität, die unabhängig von der RVP wirkte. Dieser Radikalismus jenseits der „linken Mitte" (Ortanin Solu; Standortbezeichnung der RVP) stieß nun mit dem Radikalismus von rechts zusammen. Dieser gesellschaftlichen Dynamik waren die beiden Parteien nicht gewachsen, zumal ihr historischer Gegensatz (Zentrum-Peripherie-Konflikt) und ihre politische Konkurrenz eine „große Koalition" ausschlossen.

Ihre Auseinandersetzung um die Vorherrschaft trug die gesellschaftlichen Konflikte sogar in den Staatsapparat hinein und löste hier Erosionen aus, die eine weitere Säule politischer Macht in Mitleidenschaft zogen. Unter dem Einfluß mehrfacher Regierungswechsel und fragwürdiger Koalitionen mit den rechtsextremen Parteien wurde die zivile Bürokratie zum Opfer exzessiver Parteipatronagen[74]. Während das Offizierscorps parteipolitische Penetrationsversuche weitgehend abzuwehren verstand (mehrfache Säuberungen), verlor die zivile Bürokratie in den 70er Jahren ihre Homogenität, ihr Ethos und ihre professionelle Kompetenz. Die einstige Elite spiegelte jetzt die Vielfalt der gesellschaftlichen Kräfte wider. Doch diese „Demokratisierung" der Verwaltung leitete auch einen Qualitätsverlust ein. Daher war es notwendig, die zunehmend komplexeren Aufgaben der Exekutive „Seiteneinsteigern" mit wirtschaftswissenschaftlicher, technischer oder naturwissenschaftlicher Ausbildung zu übertragen. Zusätzlich zur parteipolitischen Spaltung bildete sich ein technokratisches Bürokratiesegment heraus, das sehr schnell in die Spitzenpositionen der Ministerien aufstieg. Damit wurde auch die Bürokratie zum Spiegelbild des Wandels und der Kontroversen innerhalb der türkischen Gesellschaft. Die bürokratischen und parteipolitischen Eliten der populistischen Koalition waren zu Opfern ihrer eigenen Liberalisierungspolitik geworden. Denn die Talfahrt der türkischen Wirtschaft und die Erosion der Staatseinnahmen lösten massive gesellschaftliche Widerstände aus und heizten das vorhandene Konfliktpotential an. Während die Wirtschaftskrise dem populistischen Regime die materielle Basis entzog, behinderten seine internen Widersprüche das politische Konfliktmanagement.

Die politische Ökonomie der Türkei erforderte eine generelle Revision, da der Akkumulationsprozeß nicht mehr finanzierbar war und die internationalen Finanzorganisationen ihre Hilfestellung davon abhängig machten, daß eine solide Basis zur Erwirtschaftung ausreichender Devisen geschaffen würde. Dies war von der binnenmarktorientierten Industrialisierung nicht zu leisten. Eine Reorganisation des Wirtschaftssystems auf Exporte hin setzte jedoch umfassende sozioökonomische Einschnitte voraus. Die wirtschaftspolitische Wende erfolgte 1980 (Staatsstreich der Militärs) auf der Basis einer politischen Koalition der Industrie-, Finanz- und Handelsbourgeoisie mit zwei Bürokratiesegmenten: dem Militär und der neuen technokratischen Bürokratie.

In der Türkei hatte sich die Staatsbürokratie sowohl 1960 wie 1980 zur Verfügung gestellt, um das bürgerliche Regime aus einer entwicklungspolitischen Sackgasse und machtpolitischen Blockade zu befreien. Doch diese Bürokratie hatte 1980 ein völlig anderes Profil als zwanzig Jahre zuvor. Damals hatten drei Bürokratiesegmente (Offizierscorps, zivile Bürokratie, Parteibürokratie der RVP) mit einheitlicher kemalistischer Tradition in verteilten Rollen zusammengewirkt. Von diesen waren 1980 nur noch die Militärbürokraten übrig geblieben, die beiden anderen Segmente hatten sich von den gesellschaftlichen Kräften einbinden lassen. Dies hatte im Laufe der Jahre zu ständigen Kontroversen zwischen den ehemaligen Staatsklassensegmenten geführt. Das Militär[75] betrachtete die Solidarisierung der Bürokratie mit den verschiedenen sozialen Gruppen und Klassen und ihren Wertewandel als „Degeneration" und hielt an der elitären Führungs- und Wächterfunktion des Kemalismus fest. Dies hing zum einen mit der intensiven Pflege der bürokratischen Tradition im Militärsektor zusammen, zum anderen aber auch mit den eigenen korporativen Ressourcen (Finanzmittel, Patronagemacht). Seine Unabhängigkeit beruhte nicht zuletzt auf einem Wirtschaftsimperium (OYAK), das ursprünglich als Pensionsfonds gegründet worden war, dann aber im Rahmen der Importsubstitution zu einem der größten türkischen Industrie- und Großhandelskonglomerate aufstieg (Nutzfahrzeuge, Textil- und Nahrungsmittelindustrien, Zwischenprodukte, Werkzeugmaschinen und Kommunikationsmedien). So fühlte sich das Militär 1980 als alleiniger Erbe des Kemalismus und daher dazu berufen, mit den „Fehlentwicklungen" der Politik aufzuräumen. Umso irritierter war es jedoch, als eine Gruppe der neuen technokratischen Bürokratie unter Turgut Özal am Militär vorbei die Kooperation mit dem Bürgertum suchte, sich durch einen technokratischen Parteiaufbau „von oben" etablierte und das Konfliktmanagement in kürzester Zeit monopolisierte[76]. Dieser technokratische Sektor der Bürokratie hatte durch seine Ausbildung, seine Berufserfahrung in der Privatwirtschaft oder in internationalen Organisationen und seine Funktion im Staatsapparat professionelle Kompetenz mit bürokratischem Führungsanspruch verknüpfen gelernt. Die Neuordnung der politischen Ökonomie in den 80er Jahren erfolgte also im Zusammenspiel zweier unterschiedlicher, z. T. sogar gegensätzlicher Bürokratieteile und dem Bürgertum. Und zwar nachdem die alten Parteieliten entmachtet, das Parteiensystem aufgelöst, die zivile Staatsbürokratie rigorosen Säuberungen unterworfen und die Verbände unter Kuratel gestellt worden waren.

Das bürokratisch-bürgerliche Machtkartell sanierte in wenigen Jahren die Finanzen der Türkei, reorganisierte das Wirtschaftssystem zugunsten einer Exportoffensive und leitete eine Periode hoher Wachstumsraten ein. Im Vorderen Orient wurde die Türkei damit zum Musterschüler internationaler Entwicklungsbürokraten und zum Vorzeigeobjekt eines erfolgreichen Schuldenmanagements in der Dritten Welt generell. Was waren die Inhalte, Folgen und Rahmenbedingungen der Reformstrategie?

Das finanzielle Stabilisierungsprogramm[77] der internationalen Finanzorganisationen (Weltbank, IWF) setzte die politische Durchsetzung einer radikalen wirtschaftspolitischen Weichenstellung voraus: exportorientierte Industrialisierung (komparative Kostenvorteile), Anpassung des Öffentlichen Sektors an den Markt, Abbau der staatlichen Steuerung und ein staatliches Austeritätsprogramm. Im Mittelpunkt stand die strukturelle Umpolung der Industrie durch eine Serie radikaler Währungsabwertungen, Abbau des Protektionismus, Schwächung des Binnenmarktes durch Lohn- und Subventionssenkung und eine Vielzahl von Exportanreizen. Großzügige Umschuldungen und neue internationale Anleihen der Weltbank und der OECD-Staaten gaben der Türkei 1982 die Kreditwürdigkeit zurück; damit stand auch die Tür zu den privaten Finanzmärkten wieder offen. Gleichzeitig begann sich die Umstrukturierung des Wirtschaftsapparates auszuwirken. Das Wachstum des Bruttosozialprodukts (rd. 4,7% jährlich) war primär auf die türkischen Exporte zurückzuführen (von 2,3 Mrd. $ 1979 auf 10,2 Mrd. 1987), besonders Industriegüter (Textilien, Eisen und Stahl, Maschinen, Chemiewaren) und Dienstleistungen (Vertragsfirmen im Bauwesen mit türkischen Arbeitskräften). Der überwiegende Teil davon ging in die Ölstaaten des Vorderen Orients (von 15,1% der türkischen Exporte 1979 auf 41,9% 1985) und betraf kapitalintensive Industriezweige, während der schwächere Exportanstieg (18%) nach Westeuropa vor allem arbeitsintensiven Produktionen (Ausbeutungsindustrien) zu verdanken war. Ausgelöst wurde die neue wirtschaftliche Dynamik vom Privatsektor, speziell den Großbetrieben in den Wachstumszentren. Doch der Nutzen der Export-Strategie ging über die modernen Wirtschaftskonglomerate weit hinaus. Zum einen waren die staatlichen Steuerrabatte und Kreditsubventionen relativ breit gestreut, zum anderen trug die staatliche Unterdrückung der Gewerkschaften ganz wesentlich zur Erholung der technologieschwachen Industriezweige mittlerer Kategorie bei. Hinzu kam, daß der Staat durch bilaterale Abkommen aktive Exportförderung betrieb. Und auch wenn der Öffentliche Sektor rationalisiert wurde, so diente er primär der Entlastung des Privatsektors. Deshalb war dieser an seiner Privatisierung gar nicht interessiert[78]. Über diese unmittelbaren Hilfestellungen hinaus strebte das Regime unter Özal eine Wirtschaftsförderung über langfristige Infrastrukturinvestitionen an. Das gigantische Staudamm-Projekt an den Oberläufen von Euphrat und Tigris (GAP) sollte Grundlage eines neuen Industrialisierungs- (Agroindustrien u. a.) und Exportschubs werden.

Das Krisenmanagement Özals hatte allerdings zwei bemerkenswerte Voraussetzungen: außerordentliche internationale Kapitalanleihen und günstige internationale Konjunkturbedingungen einerseits, sowie brutale soziale Repression andererseits. Verglichen mit anderen verschuldeten Staaten in der Dritten Welt, erhielt die Türkei nach 1980 ungewöhnlich günstige Umschuldungsbedingungen und zusätzliche hohe Kredite. Diese ließen den Schuldenberg zwar von 16,5 Mrd. $ auf 38 Mrd. ansteigen, doch waren dadurch umfangreiche Infrastruktur-Investitionen und

Hilfestellungen für die expandierende Exportwirtschaft möglich. Trotz ihrer ökonomischen Rationalität gingen die Auslandsanleihen aber vor allem auf die strategische Relevanz der Türkei zurück. Ihre Vergabe erfolgte als westliche Reaktion auf die Iranische Revolution, die sowjetische Afghanistan-Invasion und den Ersten Golfkrieg. Insofern war ihnen ein gewisser Rentencharakter nicht abzusprechen.

Noch wichtiger für die Strukturanpassung war aber die innenpolitische Repression. Mit der Unterdrückung der gesellschaftlichen Artikulations- und Organisationsfreiheit, der Ausschaltung autonomer Gewerkschaften (DISK) und des gesamten Parteienspektrums waren die politischen Voraussetzungen für eine Umverteilung der gesellschaftlichen Einkommen geschaffen worden. Es folgten eine staatliche Kontrolle der Lohnanpassung und die Streichung zahlreicher Errungenschaften der Arbeiterbewegung. Im Bereich der Agrarpolitik wurden vielfältige Subventionen gestrichen und die Stützung der landwirtschaftlichen terms of trade aufgehoben. Empirische Untersuchungen der Einkommensverteilung[79] haben gezeigt, daß eines der zentralen Resultate der neuen politischen Ökonomie die Umverteilung des gesellschaftlichen Mehrprodukts auf Kosten der unmittelbaren Produzenten (Arbeiter und Bauern) war. In der ersten Hälfte der 80er Jahre fand ein genereller Lohnverfall von rd. 52% statt, unter den Industriearbeitern von 28,6%. Gleichzeitig verschlechterten sich die Austauschrelationen landwirtschaftlicher Produkte zu den Industriewaren (terms of trade) um 40%. Das bäuerliche Realeinkommen sank um 38%. Die Bevölkerung auf dem Lande versuchte ihren Lebensstandard durch Selbstausbeutung (Anstieg der Agrarproduktion) und Konsumverzicht zugunsten von Produktionsmitteln und Kreditaufnahmen zu halten. Dabei gingen noch einmal beträchtliche Teile des Einkommens an Kaufleute und spezialisierte Geldverleiher verloren. In den Städten fielen die Gehälter der einfachen Staatsbediensteten um 50%. Gleichzeitig stieg die allgemeine Arbeitslosigkeit auf 16%, im ländlichen Bereich auf 20%, während die Möglichkeiten der Arbeitsmigration nach Westeuropa versiegten. Diese sozialen Rückschläge führten zu einer signifikanten Zunahme derjenigen Bevölkerungsteile (ungelernte Arbeiter, Handwerker, untere Staatsbedienstete), die unter der Armutsgrenze lebten. Im regionalen Vergleich des Vorderen Orients fiel die Türkei (im Gegensatz zu Ägypten) in der Armutsstatistik beträchtlich zurück[80].

Wirtschaftswissenschaftler, Entwicklungsbürokraten, Privatwirtschaft und nicht zuletzt der türkische Staat haben die soziale Verelendung großer Teile der Bevölkerung als notwendige Voraussetzung für den Aufbau einer kapitalistischen Exportökonomie in Kauf genommen. Welche Leistungen erbrachte nun aber das Wirtschaftssystem? Als in den arabischen Ländern aufgrund des Erdölpreisverfalls 1986 das Wirtschaftswachstum abebbte, endete auch der türkische Boom. Der Export türkischer Waren und Dienstleistungen in die arabische Welt stabilisierte sich in den folgenden Jahren 30–40% unterhalb des Niveaus von 1985 und stagnierte seitdem. Zur gleichen Zeit liefen auch die internationalen Kapitalinfusionen aus. Die Lage der türkischen Wirtschaft begann sich zu „normalisieren". Doch statt die neue Exportplattform durch Reinvestitionen, Produktivitätssteigerung, innovative Kooperation und internationales Marketing zu dynamisieren, verfiel die türkische Bourgeoisie in Passivität. Wirtschaftswissenschaftliche Analysen[81] haben gezeigt, daß die türkische Wirtschaft ihre Produktionszuwächse im Export nur auf Kosten des Binnenmarktes erzielte, ihre Produktivität kaum steigerte, keine Impulse vor- oder nachgelagerten Produktionen erteilte und nach dem Nachlassen internationaler Kredite die betrieblichen Investitionen sofort versiegten. Oberflächliche Interpretationen haben dieses Verhalten auf die wachsende Inflationsproblematik in der Türkei zurückgeführt. Wir werden auf die Ursachen der Inflation noch im Rahmen der politischen Strukturanalyse zurückkommen. Die eigentlichen Gründe der wirtschaftlichen Lethargie der türkischen Industriebourgeoisie liegen aber tiefer. Impressionistische Beobachtungen legen den Schluß nahe, daß die türkische Bourgeoisie nach wie vor nur auf staatliche (oder externe) Hilfestellungen reagiert und im Falle von Wirtschaftsblockaden eher politische Strategien einschlägt als ökonomische. Hatte der Staat in der Phase davor die Rahmenbedingungen einer binnenmarktorientierten Entwicklung geschaffen, so war er jetzt der Initiator der Exportökonomie gewesen. Auch nach vierzig Jahren „bürgerlicher Herrschaft" war die Wirtschaftsmentalität der türkischen Bourgeoisie durch die Tradition staatlicher Lenkung und Absicherung geprägt. Doch am Ende der 80er Jahre war der türkische Staat in den Widersprüchlichkeiten der exportorientierten Entwicklungsstrategie verfangen (finanzielle Außenabhängigkeit, Stagnation des Wachstums und sozialer Widerstand) und damit wirtschaftspolitisch immer weniger handlungsfähig.

Der Staatsstreich der Militärbürokraten unter General Evren hatte 1980 die politischen Voraussetzungen für den ökonomischen Strategiewechsel geschaffen: die Entmachtung der Parteieliten, denen die Kontrolle der Gesellschaft entglitten war. Die wirtschaftliche Weichenstellung erfolgte noch unter dem Repressionsapparat der Militärjunta (1980–83). Doch die bürgerlich-bürokratische Koalition suchte nach einem politischen Ersatz, der die Kontrolle der Gesellschaft flexibler und legitimer erscheinen lassen konnte. Im Rahmen einer neuen Verfassung (1982)[82], die das komplizierte Geflecht institutioneller checks and balances zugunsten der Exekutive einschränkte und die gesellschaftliche Organisationsfreiheit stark zurücknahm, entstand ein neues Parteiensystem ohne die ehemaligen Parteieliten. Nicht ohne Kontroversen mit den Militärs setzte sich der wirtschaftspolitische Architekt des Kurswechsels, Turgut Özal, auch in der Innenpolitik durch. Seiner neu gegründeten Mutterlandspartei (MP)[83] gelang es, das rechte Wählerpotential der GP, die rechtsextremen Wählerschichten und die konservativen Teile der RVP an den neuen Kurs zu binden. Mit einer Parteiführung, die aus der Privatwirtschaft und den unteren Organisationsstrukturen der ehemaligen rechten Parteien kam, wurde eine ganz neue Mischung moderner liberaler, aber auch kulturspezifischer Normen und Ziele angesprochen. Die MP versuchte im Gegensatz zur Realität des gewaltsamen Staatseingriffs, das Image wirtschaftswissenschaftlicher Kompetenz, antibürokratischer Tradition, kommunaler Herkunft und religiöser Affinität zu besetzen. Damit distanzierte sie sich nicht nur von den alten Parteieliten, sondern auch von den repressiven Offizieren. Die MP unter Özal übernahm nach dem Wahlsieg von 1983 die Aufgabe, die sozialen Konflikte zu dämpfen, die Gesellschaft zu depolitisieren und ihre Interessen auf spezielle Politikfelder (außenpolitische und kulturelle Fragen) zu lenken. Sie ergänzte das Repressionsinstrumentarium durch die Propagierung einer national-islamischen Mentalität[84]. Die Betonung von Familie, Gehorsam und Solidarität, islamischer Gemeinschaft (umma) und osmanischer Tradition sollte die Wahrnehmung von Klasseninteressen unterbinden und Partizipationsansprüche durch islamische Identifikationsangebote kanalisieren. Dadurch wurde auch die Reintegration der rechtsradikalen Gruppen in das Regime (bis in Führungspositionen von MP und Regierung hinein) und die wirtschaftliche Öffnung zur islamischen Welt gefördert. Die Kulturpolitik der MP, ein Äquivalent des

Korporatismus in den 70er Jahren, zerstörte den Prozeß der Ausdifferenzierung einer modernen klassenspezifischen Arbeiter-Kultur in den großen Ballungsgebieten.

Das neue Parteiensystem wurde aber sehr schnell von den Funktionärskadern der alten Parteien penetriert, die als Statthalter ihrer verdrängten Parteiführer an die Rückeroberung politischer Positionen gingen. Doch ihre Chancen hingen von den wirtschaftlichen und sozialen Rahmenbedingungen der türkischen Politik ab. Erst als 1987 die wirtschaftliche Rezession einsetzte, begann die Integrationskapazität der MP – trotz vielfältiger Wahlrechtsmanipulationen – zu bröckeln. Das Regime sah sich gezwungen, die politische Verbannung der alten Parteieliten aufzuheben, um ihnen erneut das Management der sozialen Konflikte anzuvertrauen. Dieses politische Revirement führte zum Niedergang der MP (interne Auseinandersetzungen um eine neue Identität, dynastischer Führungsstil des Parteichefs, Rückzug Özals ins Präsidentenamt) und zum Wiederaufstieg der beiden alten Führungsparteien: der Partei des Rechten Weges (PRW) unter Demirel (ehemals GP) und der Sozialdemokratischen Populistischen Partei (SDPP) unter Erdal Inönü (ehemals RVP). Mit dem Machtwechsel 1991 übernahm eine Koalition der beiden alten Parteien die Regierungsgeschäfte und das soziale Krisenmanagement. Die Rückkehr der alten Parteien an die Macht darf nicht als „Redemokratisierung" mißverstanden werden. Sie ist eher als funktionale Umgruppierung von Elitensegmenten in der Krise zu verstehen, was auch heftige Machtkämpfe nicht ausschließt. Parteianalysen[85] haben gezeigt, daß die PRW und die SDPP trotz ihrer festen Verankerung in der Wählerbasis nach wie vor populistisch orientiert sind. Sie ignorieren Minderheitenrechte, halten gesellschaftliche Teilinteressen für illegitim und verstehen ihre Führungsrolle als paternalistischen Auftrag. Dabei ist die SDPP wieder in die elitäre Tradition des Kemalismus zurückgekehrt (Trennung von Ecevit) und verspricht, den Wirtschaftskurs durch einen „starken Staat" zu verteidigen. Mit den alten Parteieliten sind die Konfliktspezialisten an die Stelle der Technokraten getreten. Gemeinsam konnten sie noch mehr Wähler binden (47%), als dies der MP auf dem Höhepunkt ihres Ansehens (45,1%), geschweige denn in der Krise (21–24%) möglich war. Doch das Konfliktmanagement war ungleich schwerer geworden.

Mitte der 80er Jahre führte das Wechselspiel der sozialen Dramatik, der Auseinandersetzung um Wählerstimmen und der stagnierenden Staatseinnahmen dazu, daß der Staat zugunsten der MP Wahlgeschenke durch Auslandskredite und durch Geldschöpfung finanzierte. Wahlkämpfe im Zeichen sozialer Depression führten zu periodischen Aufbesserungen von Beamtengehältern, Infrastrukturinvestitionen in labilen Wahlkreisen und Subventionen für spezielle Wählergruppen (Klientelismus und Patronage). Zusammen mit anderen Faktoren (z. B. ständige Abwertungen der Währung) heizten diese Ausgaben ab 1986 eine Inflation an, die der Staat zu bekämpfen suchte, dabei aber wieder das Wirtschaftswachstum bremste. In diesem Zusammenhang stiegen die Finanzbourgeoisie und die reinen Geldanleger zu den eigentlichen Nutznießern der Wirtschaftspolitik auf (Finanzierung des Schuldendienstes und der gesellschaftlichen Investitionen auf der Basis extrem hoher Zinsen), während sich die Industriebourgeoisie in die Passivität zurückzog. Als Folge der Inflation und der wirtschaftlichen Stagnation sank die Kaufkraft der Massen noch mehr, so daß auch das Repressionsinstrumentarium des autoritären Staates nicht mehr ausreichte, einsetzende Arbeitskämpfe zu kanalisieren. Das politische System mußte komplexer reagieren; dies beschleunigte die Reintegration der alten Parteien.

Die wirtschaftspolitische Weichenstellung des bürgerlich-bürokratischen Regimes war zu Beginn der 90er Jahre[86] erneut in die Krise geraten:

- Im wirtschaftlichen Bereich kam das Wachstum der Exportindustrien nicht voran. Wieder stand das Regime vor einem Zahlungsbilanzdefizit (7 Mrd. $ 1991). Auswege aus diesem Dilemma wurden nicht in der ökonomischen Innovation, sondern in erster Linie durch die Außenpolitik gesucht. Verzweifelte Bemühungen, den Stellenwert der Türkei nach dem Zusammenbruch des Ost-West-Konflikts im Vorderen Orient aufzuwerten (Allianz mit dem Westen im Zweiten Golfkrieg, hegemoniale Wasserpolitik) scheiterten[87]. Das Regime wurde mit etwas höheren Einfuhrquoten für Textilien (USA) und rd. 4 Mrd. $ finanzieller Entschädigung (politische Rente) abgefunden. Jetzt versuchte es langfristig über den Aufbau wirtschaftlicher, technologischer und kultureller Vermittlungstätigkeiten gegenüber den orientalischen Staaten der ehemaligen Sowjetunion und durch den Aufbau einer Schwarzmeer-Kooperation in strategische Positionen zu gelangen. Solche Funktionen könnten politische Renten abwerfen und Marktchancen für türkische Produkte eröffnen. Die politischen und wirtschaftlichen Kapazitäten der Türkei für eine solche regionale „Großmachtrolle“ sind jedoch wissenschaftlich umstritten und ihre Chancen gegen vielfältige Dysfunktionen (militärische Verwicklungen, Rückwirkungen auf die Innenpolitik u. a.) aufzuwiegen, zumal die Türkei in eine grundsätzliche Konkurrenz zum Iran getrieben werden würde.
- Auf der politischen Seite hatte die Ausgrenzung weiter Teile der Gesellschaft aus dem Wirtschaftswachstum ein gesellschaftliches Widerstandspotential aufgestaut, das der politischen Kontrolle zu entgleiten drohte. Die „Friedhofsruhe“ nach der Militärintervention wurde von Massendemonstrationen und -streiks abgelöst. In diese Klassenauseinandersetzung spielte aber noch zusätzlich ein ethnischer Konflikt hinein. Die Unterdrückung der Kurden und die Vernachlässigung ihrer Provinzen in Ostanatolien durch den türkischen Staat hatten zwar bereits in der Vergangenheit (20er und 70er Jahre) zu mehrfachen Aufständen und massiven militärischen Repressionsaktionen geführt[88]. Die Kurdenfrage explodierte jetzt aber in einer den gesamten Staat gefährdenden Weise. Die „kurdische intifada“ der 90er Jahre, ausgelöst durch eine menschenverachtende „Infrastrukturpolitik“ (gewaltsame Umsiedlungen, repressiv erzwungene Landflucht, systematische Vernichtung der kurdischen Opposition) zugunsten des agroindustriellen Süd-Ost-Anatolien-Projektes (GAP), überzog das Land mit Guerillakrieg und Terror.

Dieser Krisenakkumulation stand ein politisches System gegenüber, das von der sozialen Dynamik ein weiteres Mal eingeholt worden ist, dessen Problemlösungskapazität aber auf der Stelle tritt. Während das Gewaltinstrumentarium des Militärsektors in der Kurdenfrage ins Leere zu laufen beginnt, droht dem Parteiensystem erneut eine Zersplitterung und Radikalisierung (8 Parteien), die es handlungsunfähig machen könnte. Ob die Doppelstrategie bürokratischer Repression einerseits und populistischer Kontrolle andererseits das Regime noch einmal in die Lage versetzen wird, der ökonomischen Basis neue Impulse zu versetzen, ist kaum zu prognostizieren.

### 3.1.3. *Krise und Strukturreform im Vorderen Orient*

Der dritte Teil unserer Studie behandelte das staatliche Krisenmanagement im Vorderen Orient, das die Ära der gescheiterten Ausbruchsversuche aus den internationalen und weltwirtschaftlichen Abhängigkeiten weitgehend (Ausnahme Iran) abschloß. In vielfältigen Formen paßten sich die einzelnen Staaten der regionalen Erdölwirtschaft und der sie stützenden internationalen Politik an. Im Mittelpunkt dieser Anpassungsprozesse standen „internationale Renten". Mit ihrer Hilfe wurden die Gesellschaften des Vorderen Orients jeweils einzeln und auf sehr unterschiedliche Art und Weise in das Weltwirtschaftssystem integriert. Verglichen mit anderen Regionen der Dritten Welt kam dies einer Privilegierung gleich, obwohl sich der Nutzen innerhalb und zwischen den einzelnen Staaten sehr ungleich verteilte. Unterschiedliche Zugänge zu den regionalen Rentenströmen schufen eine ganze Hierarchie rentennutzender Gesellschaften, bis hin zu regelrechten Rentierstaaten.

In diesem Zusammenhang war es unser Anliegen zu demonstrieren, welche Auswirkungen sehr hohe externe Einkommen auf die jeweiligen politischen Systeme und die sozioökonomische Entwicklung ihrer Gesellschaften haben. An vier Länderbeispielen haben wir zu zeigen versucht, wie Renteneinkommen spezifische gesellschaftliche Strukturen, Verhaltensweisen, Einstellungen und Normen hervorbringen. In allen vier Fällen war es eine zentrale Aufgabe des Staates, den Rentenzufluß aufrechtzuerhalten und diese Ressourcen in die Gesellschaft hinein umzuverteilen. Geradezu idealtypisch nahm der Staat diese Funktionen in den beiden Ölländern wahr. In Ägypten hingegen waren gesellschaftliche Akteure an der Renteneinwerbung fast gleichberechtigt beteiligt. Aber selbst in der Türkei, wo der staatliche Rentenerwerb nur dem Ausgleich eines chronischen Zahlungsbilanzdefizits diente, bildete der Mechanismus der Rentensicherung und Ressourcenzuweisung eine der Säulen der politischen Ökonomie. In allen vier Fällen haben wir weiterhin beobachten können, wie die wirtschaftliche Dynamik vom Zugang zur staatlichen Rentenallokation abhing. Die einzelnen Wirtschaftsakteure konkurrierten um staatliche Monopole, privilegierte Zuweisungen von Ressourcen und andere materielle Hilfestellungen. In den beiden Ölstaaten wurden die Unternehmer so zu abhängigen Klienten des Regimes. In Ägypten dagegen mußte der Staat den Wirtschaftsakteuren immer größere Spielräume überlassen, denn vielfach war es ihrer Initiative zu verdanken, daß externe Ressourcen mobilisiert werden konnten. Doch auch dieser unmittelbare Zugang zum regionalen Rentenfluß unterlag staatlichem Einverständnis, um das die gesellschaftlichen Akteure mehr oder weniger konkurrierten. In der Türkei wiederum gab es unter den Branchen der Wirtschaft und den Unternehmern harte Konflikte um die Zuteilung knapper Devisen und Importquoten sowie anderer staatlicher Hilfestellungen. Diese Auseinandersetzungen fanden allerdings überwiegend zwischen den verschiedenen Fraktionen des Bürgertums innerhalb des Staatsapparates statt und nur selten waren sie dem Diktat einer übergeordneten bürokratischen Kraft unterworfen. In allen vier Fällen aber wurde deutlich, wie die Fluktuationen der Renteneinnahmen politische Stabilität und sozioökonomische Entwicklung belasteten.

Nicht ganz so deutlich wie die bereits genannten Effekte der Rentierstaatlichkeit kamen die negativen Auswirkungen der Rente auf die Entfaltung der Produktivkraft zum Ausdruck. Doch dies lag an der Auswahl unserer Fallbeispiele. In Ägypten verlagerte sich die wirtschaftliche Dynamik erwartungsgemäß mit zunehmender Rente aus der Landwirtschaft und der Industrie hinaus in den Dienstleistungssektor und den Außenhandel. In Algerien versandeten die Bemühungen um eine Verflechtung der verschiedenen Wirtschaftssektoren, während der forcierte Ausbau der Industrie keine Eigendynamik auslöste. Wurden die ägyptischen Trends durch die Wirkungen preistreibender Renten und externe Investitionsprioritäten verursacht, so waren es in Algerien Folgen überschätzter Handlungsspielräume und intensiver bürokratischer Konkurrenzkämpfe. Nur Saudi-Arabien und die Türkei wiesen keinen Verfall produktiver Wirtschaftssektoren auf. Beide Staaten konnten dagegen der Industrialisierung und der Landwirtschaft beachtliche Anstöße geben. Doch dies lag daran, daß Saudi-Arabien über ganz außergewöhnliche Mittel verfügte, während die Rente im türkischen Produktionsstaat eine eher untergeordnete Rolle spielte. Welche Auswirkungen hatte die Rente aber auf die Einstellungen und Verhaltensweisen der bürgerlichen Wirtschaftsakteure? In beiden Ölstaaten konnten wir feststellen, daß die Wirtschaftsmentalität der Unternehmer überwiegend durch politische und nicht betriebswirtschaftliche Fertigkeiten geprägt war. Dies traf für Ägypten in einem geringeren Maße zu, doch auch dort war umstritten, wie groß der Anteil der bürgerlichen Unternehmer ist, der sich nicht nur ständig auf staatliche Hilfestellungen verlassen möchte, sondern Rahmenbedingungen bevorzugt, die seine unternehmerischen Kapazitäten zum Tragen bringen. Dagegen durfte die Rentenmentalität der Bourgeoisie in der Türkei kein zentrales Thema sein. Doch fanden wir dort ein Relikt dieses Einstellungssyndroms, wie es sich im türkischen Produktionsstaat, dessen Ressourcen überwiegend aus produktiven Wirtschaftssektoren stammen, erhalten hatte. In wirtschaftspolitischen Krisen waren es nicht betriebswirtschaftliche Innovationen oder Weichenstellungen im Produktionsapparat, die eine Auflösung ökonomischer Blockaden gebracht hatten. Das türkische Bürgertum schritt vielmehr zu einer Reorganisation des Regimes, das seinerseits den Staat für die Neuordnung der soziopolitischen Rahmenbedingungen im Interesse neuer Entwicklungsanstöße einsetzte.

Renten und Rentenäquivalente prägten seit Anfang der 70er Jahre die meisten Staaten des Vorderen Orients. Unsere vier Beispiele haben versucht, wichtige Schattierungen der Rentierstaatlichkeit herauszuarbeiten, konnten aber selbstverständlich nicht alle Nuancen abdecken. So wurden zum Beispiel in anderen Arbeiten die politischen Systeme Jordaniens und der Palästinensischen Befreiungsorganisation (PLO) auf rententheoretischer Grundlage untersucht. Auch in Jordanien spielte die entwicklungspolitische Entmachtung des Staates angesichts versiegender Renten und direktem gesellschaftlichen Zugang zu den Rentenströmen eine zentrale Rolle[89]. Die PLO wiederum etablierte sich in den von Israel besetzten Gebieten Palästinas als legitimes, wenn auch extern verortetes Regime, erst durch die Umverteilung ihres Renteneinkommens. Die intifada konnte als Strategie interpretiert werden, mit deren Hilfe die PLO ihren regionalen Stellenwert wieder konsolidieren wollte, um den Strom bereits versiegender Renten wieder zu mobilisieren[90]. In unserer Untersuchung blieben aber auch die ressourcenarmen Agrarstaaten am Rande der orientalischen Entwicklung außer Betracht und einige zentrale Staaten, die in unserer bisherigen Darstellung berücksichtigt worden waren (Irak und Syrien), mußten zurückstehen, weil unsere Länderbeispiele die Strukturen und Prozesse der Rentierstaatlichkeit deutlicher repräsentierten. Im Irak[91] bildeten sich nach 1974 ähnliche Tendenzen heraus, wie wir sie in Algerien fanden. Auch wenn das irakische Ba'th-Regime unter dem Einfluß der Rente seine egalitär-transformatorische Zielsetzung viel schneller und rigoroser abwarf, als die algerische Staatsklasse, folgten beide Staaten einer ähnlichen Industrialisierungsstrategie. In ihrem Mittelpunkt stand die Kooperation des Öffentlichen Sektors mit dem Auslandskapital zugunsten einer energieabgeleiteten Industrieentwicklung und die staatliche Förderung eines Privatsektors, dessen konsumorientierte Produktion auch unter protektionistischen Bedingungen wenig Eigendynamik auslöste. Nur waren die finanziellen Perspektiven der irakischen Erdölressourcen ungleich günstiger. Doch im Gegensatz zu Algerien diente die Rente im Irak auch einer extremen Machtkonzentration (Saddam Hussain) nach innen und dem Aufbau einer regionalen „Großmachtrolle“ nach außen. Die Folgen dieser Politik (strukturelle Sklerose des Regimes, ausufernder Militärapparat und hohe Verschuldung) mündeten in einen abenteuerlichen Problemlösungsversuch, in dem es dem irakischen Staat primär um das Renteneinkommen Kuwaits ging.

Syrien hingegen wies deutliche Parallelen zur ägyptischen Entwicklung auf[92]. Auch hier gelang es dem Staatsklassenregime unter al-Assad, Anschluß an die regionalen Rentenflüsse (arabische Stützungszahlungen, günstige westliche und arabische Kredite, Migrantenüberweisungen und eigene kleine Ölrente) zu finden. Diese Einnahmen konsolidierten das Regime (breites klientelistisches Institutionengefüge unter patrimonialer Führung), leiteten aber auch eine Entideologisierung ein, die das Ende der sozioökonomischen Transformation in Syrien bedeutete. Im Gegensatz zu Ägypten konzentrierte der syrische Staat einen Großteil seiner externen Einnahmen in den Ausbau des Industriesektors (Grundstoff- und Konsumgüterindustrie), doch im Rahmen der infitah-Politik (Ausbau durch schlüsselfertige kapitalintensive Fabrikimporte, Indienststellung für die Privatwirtschaft, arbeitsmarktpolitische Abfederung) war seine Stagnation vorprogrammiert (mangelnde Produktivität und extreme Importabhängigkeit). Auch in Syrien verlagerte sich die wirtschaftliche Dynamik in den Dienstleistungsbereich, den Außenhandel, das Devisengeschäft und die Produktion gehobener Nahrungsmittel durch Mittelbauern und Großgrundbesitzer (Vernachlässigung von Kleinbauern und Grundnahrungsmitteln), während sich Teile der Staatsklasse über politische und wirtschaftliche Hilfestellungen in das neue Bürgertum integrierten. Da auch in Syrien Teile des nationalen Renteneinkommens am Staat vorbeiflossen (z. B. Migranteneinkommen), bildete sich eine zweite, illegale Zirkulationssphäre mit externem Einkommen heraus. Devisen der Migranten wurden verwendet, um im westlichen Ausland Rohstoffe, Ersatzteile, Produktionsmittel und Konsumgüter aufzukaufen, mit Hilfe des Militärs über den Libanon einzuschmuggeln und in Syrien weiterzuverkaufen. An dieser bizarren Art der Rentennutzung waren die Migranten, private Geldwechsler und Banken, Import-Export-Kaufleute, libanesische Zwischenhändler und Vermittler, Industrielle und Teile der syrischen Militärbürokratie beteiligt. Vielfältige und ungewöhnliche Bereicherungsmöglichkeiten traten auf. Aber die Auswirkungen der illegalen Rentenzirkulation gingen noch weiter. Sie half mit, Defekte der Industrialisierungspolitik (hohe Importabhängigkeit) zu kompensieren, reduzierte jedoch gleichzeitig die staatliche Lenkungskapazität und führte in den 80er Jahren sogar zu internen Machtkämpfen zwischen verschiedenen Bürokratiesegmenten um die Kontrolle der zweiten Rentenzirkulation. Trotz dieser z. T. kuriosen Rentensymptome repräsentierte Ägypten die Strukturen und Entwicklungstendenzen des Semirentiers ausgeprägter als Syrien. Das etatistische Gewicht seiner Staatsklasse (Partei, Bürokratie, Öffentlicher Sektor) war geringer, seine Öffnung zum kapitalistischen Weltmarkt weiter und die soziale Polarisierung tiefer als in Syrien. Auf dem Hintergrund dieser systemischen Labilitäten zeichneten sich die Entwicklungsmöglichkeiten der Semirentiers im Vorderen Orient am ägyptischen Beispiel wesentlich präziser ab. Syrien mag dieser Entwicklung in einigem Abstand folgen, doch die Erosion seiner sozioökonomischen Strukturen ist bisher noch stärker gebremst worden.

Internationale Renten hatten also die Staaten des Vorderen Orients wieder in die globalen Interaktionen des Weltwirtschaftssystems integriert. Was folgte daraus für die sozioökonomische Entwicklung der Region? Wir können grob drei Schwerpunkte wirtschaftlichen Wachstums unterscheiden, die sich nicht ausschließen, sondern vielfach überschneiden:

- die Konzentration auf eine erdölabgeleitete Industrialisierung (Verarbeitungsindustrien für downstream-Produkte und Nutzung extremer Energiekapazitäten);
- die Herausbildung von Dienstleistungsbereichen auf Kosten produktiver Wirtschaftssektoren und
- eine gezielte Importsubstitution im Rahmen der abhängigen Entwicklung.

Allen drei Schwerpunkten gemeinsam war, daß sie durch ständige Rentenzuflüsse gespeist wurden. Die Rentenökonomie hielt wirtschaftliche Strukturen aufrecht, die in ihrem weltwirtschaftlichen Kontext nicht lebensfähig waren. Auf der Basis internationaler Renten war es möglich, im Vorderen Orient eine „Unterentwicklung de luxe“ zu zementieren, deren eine Seite politische Privilegierung, deren andere Seite aber wirtschaftliche Marginalisierung bedeutete. Diese Janus-Köpfigkeit der regionalen Erdölwirtschaft mußte spätestens dann zum Vorschein kommen, als krasse Fluktuationen und Erosionsprozesse des Renteneinkommens neue Krisen auslösten. Unter dem Einfluß konjunktureller Schwankungen (Preiseinbrüche auf dem Weltmarkt, weltpolitische Verwerfungen, intraregionale Konflikte) und konstanter Trends (Rückläufigkeit des Stellenwerts von Primärgütern im Welthandel, Verlust der Steuerungsfähigkeit im Weltenergiesystem, Zusammenbruch des Ost-West-Konflikts) sank das Renteneinkommen. Dies löste verteilungspolitische Konflikte, Legitimationskrisen, Klassenkämpfe und zwischenstaatliche Konflikte aus.

Staatliches Krisenmanagement im Vorderen Orient der 80er und 90er Jahre war ein Produkt weltökonomischer Widersprüche, regionalspezifischer Traditionen und nationaler Ressourcen und Kapazitäten. Während internationale Entwicklungsbürokraten und Finanzorganisationen radikale Strukturreformen zugunsten von Exportökonomien erzwingen wollten, reagierten die betroffenen Staaten auf der Basis politischer Problemlösungsstrategien, wie sie sich unter dem Einfluß internationaler Renten aus der bürokratischen Tradition herausgebildet hatten. Die Situation entbehrte auch nicht einer gewissen Ironie. Denn die Rentierstaatlichkeit war gleichermaßen Resultat westlicher kapitalistischer Herrschaftsinteressen wie auch Barriere kapitalistischer Strukturanpassung. Durch diese Widersprüche und Antagonismen einerseits und die spezifischen nationalen Rahmenbedingungen andererseits geprägt, entstand ein vielfältiges Muster regionalen Krisenmanagements.

Unter unseren Fallbeispielen reagierten Saudi-Arabien und Ägypten erwartungsgemäß, indem sie der Renteneinwerbung und Renteneffektivierung absoluten Vorrang vor allen anderen Problemlösungsalternativen einräumten. Saudi-Arabien mit seinen ungewöhnlichen Ressourcen vermied es in der Krise, das Bürgertum auch nur wirtschaftspolitisch aufzuwerten. Das ägyptische Regime war wiederum mit einem so starken sozialen Widerstandspotential konfrontiert, daß es auch unter dem Druck westlicher Direktiven internen Problemlösungen auszuweichen suchte. Algerien wählte indessen angesichts begrenzter Möglichkeiten der Renteneffektivierung eine kontrollierte Mobilisierung privatwirtschaftlicher und marktwirtschaftlicher Elemente, um die Entwicklung voranzubringen. Aber diese Strategie scheiterte nicht nur an der Vernachlässigung ihrer sozialen Abfederung (Widerstand der von den Islamisten organisierten Massen), sondern vor allem auch an den Auseinandersetzungen innerhalb der Staatsklasse, die keine tiefgreifende wirtschaftspolitische Weichenstellung zuließen, an der geringen Dynamik des Bürgertums und an einem Wirtschaftsapparat, dessen Umstellung auf Exporte kaum möglich war. Nur die Türkei vollzog eine radikale Umstrukturierung des Wirtschaftssystems und ist heute der einzige Staat im Vorderen Orient (unter Ausklammerung Israels), der eine exportorientierte Industrialisierung verfolgt. Wie war dies möglich?

Auch wenn wir immer wieder beobachten konnten, welche strategische Rolle Renten oder Rentenäquivalente für das türkische Wirtschaftssystem gespielt haben und immer noch spielen, dürfen wir nicht vergessen, daß die Türkei kein Rentierstaat ist. Das Krisenmanagement von 1980 war nicht nur das Resultat versiegender Renteneinnahmen, sondern einer weit komplexeren Blockade des bürgerlichen Wachstumsmodells. Hier korrigierte ein Regime die Rahmenbedingungen der politischen Ökonomie, das nicht eine Entmachtung durch das Bürgertum fürchtete, da es dieses selber repräsentierte, sondern weit eher durch die Organisationskraft der unteren Klassen. Diese politische Konstellation stand mit der Reformstrategie der internationalen Organisationen im Einklang, da die Umstellung auf eine Exportökonomie der Ausschaltung interner Massenkaufkraft (durch politische Entmachtung) bedurfte. Darüber hinaus konnte sich die Türkei aber auch auf die Existenz eines hochkomplexen Produktionsapparates stützen, der in der Phase der Importsubstitution aufgebaut worden war und als Resultat einer (damals) relativ dynamischen Organisationsmacht der Massen im Vorderen Orient keine Parallele fand.

Ein Vergleich des aktuellen Krisenmanagements im Vorderen Orient zeigt, daß bisher mit Ausnahme der Türkei kein Staat in der Lage war, sein Entwicklungspotential aus der Umklammerung internationaler Rentenflüsse zu befreien. Die Ursachen dieser Unfähigkeit zur Krisenüberwindung sind struktureller Natur:

- der Charakter der politischen Eliten, die das Produkt staatlicher Renten sind;
- mächtige Vetogruppen (etatistische Bürokratiesegmente, Öffentliche Sektoren, Gewerkschaften, rentengestützte Bourgeoisie), deren materielle Interessen betroffen wären;
- inadäquate Produktionsapparate und fehlende Unternehmermentalität, die das Gelingen einer schnellen Anpassung in Frage stellen;
- noch immer relativ hohe Rentenflüsse, von denen andere Regionen der Dritten Welt nur träumen können und
- nicht zuletzt: das negative Beispiel der Türkei, die trotz Repression und Massenverelendung ihr Industriepotential nicht zu dynamisieren vermocht hat.

Betrachten wir die Perspektiven sozioökonomischer Entwicklung im Vorderen Orient im Zusammenhang mit den gegenwärtigen weltwirtschaftlichen Trends, so kommen wir zu einem bedrückenden Ergebnis. Während sich die Metropolen unter dem Einfluß der Konkurrenz mehrerer industrieller Wachstumspole durch eine Dritte Industrielle Revolution vom Rest der Welt noch weiter abgesetzt haben als bisher, gelang es nur einigen wenigen ostasiatischen Staaten mit einer nachholenden Industrialisierung den Anschluß zu finden. Für viele andere Staaten der Dritten Welt geht es nicht nur darum, daß ihre Entwicklung stagniert, eher ist schon von einer strukturellen Regression zu sprechen (Deindustrialisierung, Zusammenbruch der Infrastruktur, Rückentwicklung der Sozialstruktur und Verlust gesellschaftlicher Minimalleistungen). Wenn dieses Urteil aber auf Lateinamerika[93] mit seinen Schwellenländern (Brasilien, Mexiko, Argentinien) zutrifft, dann muß der Entwicklungsstand im Vorderen Orient erst recht nachdenklich stimmen. Vergleichen wir die ökonomischen Strukturen im Vorderen Orient mit denen Lateinamerikas, so kann allenfalls das Wirtschaftspotential der Türkei ähnliche Krisenfaktoren aufweisen, wie sie in der Diskussion um die lateinamerikanische Schuldenkrise tonangebend sind. Doch auch die Türkei wird die Bezeichnung „Schwellenland" nicht in Anspruch nehmen können. Über eine Substitution hochwertiger Konsumgüter ist ihr Wirtschaftsapparat nie hinausgekommen; weder ist sie heute in der Lage, ihre eigenen Produktionsgüter selber herzustellen, noch sind Ansätze einer angepaßten Technologieentwicklung, geschweige denn Forschung festzustellen. Unter diesen Umständen ist das Urteil, daß der Vordere Orient die Entwicklung im Sinne einer nachholenden Industrialisierung verpaßt hat, kaum übereilt.

Auf diesem Hintergrund können für die zukünftige sozioökonomische Entwicklung der Region mehrere Reaktionsalternativen aufgezeigt werden. Am wahrscheinlichsten ist noch eine lange Phase ständigen politischen Konfliktmanagements (muddling through), da die Erdölwirtschaft der Region auch weiterhin überdurchschnittliche Renten garantieren wird, allerdings auf einem niedrigeren Niveau als bisher. Sollte es dagegen eine erneute energiewirtschaftliche Hochkonjunktur mit steigenden Renten geben (z. B. durch einen Ausstieg aus der Kernenergie in wichtigen Industrie-Staaten), dann würden die heutigen wirtschaftlichen Verzerrungen im Vorderen Orient nur vertieft. Diese Prognose halten wir aber wegen der hohen Flexibilitäten auf dem Weltenergiemarkt für weniger stichhaltig. Gehen wir aber davon aus, daß die Renteneinnahmen in Zukunft ständig abnehmen werden und die Krisenverdichtung zunimmt, ergeben sich drei realistische Strategien:

- eine radikale Strukturreform zugunsten einer Exportökonomie nach türkischem Beispiel, getragen von einer durch das Auslandskapital gestützten Bourgeoisie und abgesichert durch ein autoritäres Regime (Militärbürokratie im Dienste des Bürgertums); diese Option ist die wahrscheinlichste, weil sie starke internationale und innergesellschaftliche Interessen hinter sich hat, ohne jedoch entwicklungspolitisch erfolgversprechend zu sein;
- eine Rückkehr zur autonomen Entwicklung der 50er und 60er Jahre, getragen von einer Massenbewegung (möglicherweise islamistischer Prägung) und gesteuert durch eine elitäre Staatsklasse mit einer neuen Mobilisierungsideologie; diese Option ist wegen der Sprengkraft sozialer Probleme nicht auszuschließen, würde aber erneut zu internationalen Konflikten führen und dem Druck weltwirtschaftlicher Strukturen nicht dauerhaft standhalten;

- eine Rückbesinnung auf autochthone Entwicklungsprofile, die den gesellschaftlichen Bedürfnissen entsprechen und im Rahmen kapitalistischer Strukturen realisierbar wären, getragen von einem breiten gesellschaftlichen und regionalen Diskurs, der auf Konsens und gesellschaftliche Partizipation setzt; diese Option ist als „relevante Utopie“ zu werten, die das gesamte gesellschaftliche Innovationspotential im Vorderen Orient im Interesse seiner Zukunft herausfordert.

Im Sinne dieser dritten Option erscheint uns eine wissenschaftliche, publizistische und politische Auseinandersetzung über die entwicklungspolitische Zukunft der Region und ihrer Gesellschaften dringender denn je. Eine Diskussion wirtschaftspolitischer und entwicklungssoziologischer Alternativen hat es im Vorderen Orient bisher nur ansatzweise und mit geringer Resonanz gegeben. Im Rahmen islamistischer Gesellschaftsutopien spielten zwar Prinzipien der materiellen Genügsamkeit, der Verteilungsgerechtigkeit und der wirtschaftlichen Eigenständigkeit immer wieder eine gewisse Rolle, doch wurden sie meistens machtpolitischen Interessen geopfert und von kulturellen Fragestellungen überlagert. Auf der anderen Seite konzentrierte sich die säkulare wissenschaftliche und publizistische Diskussion sozioökonomischer Entwicklung auf Fragen der Umverteilung regionaler Ressourcen und der regionalen Integration, ohne sich dabei über die politischen und sozialen Träger solcher Prozesse allzuviel Gedanken zu machen. Unserer Meinung nach müßten aus diesen und anderen Denkrichtungen alternative Zukunftsprojekte erarbeitet und diskutiert werden, um den überwiegend westlichen Entwicklungs- und Strategie-Konzepten eigene entwicklungspolitische Visionen entgegenzustellen. Ein solcher Diskurs ist allerdings nicht losgelöst zu sehen von der Frage, wie es um die gesellschaftliche Autonomie und die politische Partizipation steht. Dieser Thematik wenden wir uns im letzten Kapitel zu.

## 3.2. Klassenherrschaft und politisches System im Vorderen Orient

Im letzten Abschnitt unserer Darstellung wollen wir nach einem kurzen Rückblick auf die sozialen Formationen politischer Herrschaft im 19. und 20. Jahrhundert die Frage aufwerfen, wie sich Formen und Charakterzüge politischer Regime im Vorderen Orient zukünftig verändern könnten. Wie wir gesehen haben, etablierten sich im Zuge der imperialistischen Durchdringung erstmals in der Geschichte der Region gesellschaftliche Klassen als dominante Sektoren unabhängig vom traditionalen Staat: ein kommerzieller Großgrundbesitz, eine Handels- und Finanzbourgeoisie und ein regional operierendes Auslandskapital. In der Regel wurden diese Kräfte zur sozialen Trägerschicht des post-kolonialen Systems, wobei die traditionalen politischen Eliten unterworfen wurden (bürgerlicher Staat). Nur in den regionalen Randbereichen und im osmanischen Kerngebiet konnten sich die traditionalen Eliten auf der Grundlage externer Renten unangefochten an der Macht behaupten.

In den Zentren der imperialistischen Durchdringung, wo die sozioökonomische Modernisierung am längsten und nachhaltigsten wirkte, bildete sich auch eine kleine Industriebourgeoisie heraus. Doch geschah dies meist gegen den Widerstand der dominanten Sektoren und endete in einer Blockade. Erst mit Hilfestellung staatlicher Bürokratien, oft auf der Basis von Renten, konnten Industrieunternehmer im Wirtschaftssystem des Vorderen Orients Fuß fassen. In denjenigen Ländern, in denen es bereits traditionale Handels- und Manufaktureliten gab, entstand eine moderne Unternehmerschicht, die den Industrialisierungsprozeß aktiv vorantrieb. Stand sie dabei jedoch einer starken rentengestützten Bürokratie gegenüber, dann mußte sie die parallele Entwicklung eines öffentlichen Sektors hinnehmen, durch den sie bürokratisch kontrolliert blieb (z. B. Iran, Marokko). Nur wo sich das industrielle Bürgertum auch politisch durchsetzte, konnte der Staat eine freie Entfaltung der Industriebourgeoisie nicht mehr behindern (Türkei); dort mußte das Bürgertum allerdings auch die Nachteile eines „schwachen Staates" in Kauf nehmen, der es nicht vor der politischen Organisationskraft der Arbeiterklasse bewahren konnte. In denjenigen Ländern jedoch, in denen die traditionalen Wirtschaftsstrukturen nur bescheiden ausgebildet waren, entstand keine moderne Unternehmerschicht. Hier dominierte im Falle hoher Renteneinnahmen der Öffentliche Sektor das Wirtschaftssystem völlig, während sich als Resultat interner Rentenallokation nur eine passive Privatwirtschaft klientelistisch etablierte (Golfstaaten).

Im 20. Jahrhundert wurde das neokoloniale Machtkartell aus Großgrundbesitz, Handels- und Finanzbourgeoisie, traditionaler Elite und Auslandskapital in einer ganzen Reihe von Staaten revolutionär beseitigt. An seine Stelle trat eine Staatsklasse. Das waren in bürokratische Positionen aufgestiegene Mitglieder einer modern gebildeten Akademikerschicht (meist in zweiter Generation aus dem Kleinbürgertum stammend, d. h. Kleingewerbler im Handel, in der Dienstleistung, im Handwerk oder in der Landwirtschaft), die sich des Staatsapparates bemächtigten. Um diese Herrschaftsposition abzusichern, strebten sie die Überwindung der gesellschaftlichen Krise mit Hilfe einer Transformation der sozioökonomischen Strukturen an. Landreformen, Verstaatlichungen, Experimente mit verschiedenen Eigentumsformen und politische Repression dezimierten oder zerstörten die dominanten Sektoren der postkolonialen Epoche. Die Staatsklassen teilten ihre Macht mit keiner sozialen Gruppe. Doch sie besaßen bevorzugte Klientelgruppen:

- auf dem Lande wurden die mittleren Bauern ökonomisch privilegiert und auf lokaler Ebene an politischen Aufgaben beteiligt;
- in den Städten konsolidierten die modern gebildeten Mittelschichten (nach einer Periode sozialer Blockierung unter dem neokolonialen Regime) ihre Position als zentrales Klientel der Staatsklasse (Rekrutierungsfeld der bürokratischen Elite, Kontrollfunktionen, Einkommenssteigerung).

Mit dem politischen Anpassungsprozeß an die veränderten regionalen Rahmenbedingungen der Erdölwirtschaft und dem entwicklungspolitischen Paradigmenwechsel verschoben sich auch die sozialen Formationen der Staatsklassenregime. Am ausgeprägtesten war dies bei denjenigen Systemen der Fall, die an den regionalen Rentenströmen nur als Semirentiers partizipierten. In diesen bildete sich eine neue privatwirtschaftliche Unternehmerschaft heraus: Handels- und Finanzkapital, Industriebourgeoisie sowie eine Schicht von Agrarkapitalisten. Dieses neue Bürgertum wuchs aus Überresten der alten (imperialistischen) Bourgeoisie, Kleinkapitalisten der Revolutionsära, neuen selfmademen, innovativen Elementen der Mittelschichten (Bauern, Akademiker) und wirtschaftlich aktiven Teilen der Staatsklasse zusammen. Es verdrängte die Mittelbauern und die modernen Mittelschichten aus der Rolle einer bevorzugten Klientelgruppe und stieg, gestützt auf das Auslandskapital (und seine staatlichen Förderer), zunehmend zum politischen Rivalen der Staatsklasse auf (struktureller Vorläufer dieses Prozesses: die Türkei 1950). Die verdrängten Klientelgruppen des Regimes spalteten sich indessen: während die mittleren Bauern wenigstens ihre politische Stellung in den Kommunen weitgehend halten konnten und Teile der städtischen Mittelschichten individuell oder im Kontext ihrer Verbände (Syndikate) einen gewissen Anschluß an die privatwirtschaftliche Dynamik fanden (Beschäftigung in der Privatwirtschaft, Dienstleistungsfunktionen, private und kollektive Investitionen in Infrastruktur-, Handels- und Industrieunternehmen), wurde die Mehrheit der modernen Mittelschichten erneut Opfer einer „sozialen Schließung". In untergeordnete Positionen abgedrängt und materiell vernachlässigt, schlossen sich diese Teile der Mittelschichten politisch entweder den defensiven etatistischen Kräften der Staatsklasse oder den radikalen Oppositionskräften der Islamisten an. Die Krisenakkumulation der 80er und 90er Jahre löste demnach soziale Umwälzungen in den Klientel- und Patronagestrukturen des politischen Systems aus (sozialer Aufstieg, Mobilitätsblockaden, Marginalisierung) und stellte die Legitimation des gesamten Regimes in Frage. Am deutlichsten spiegeln sich diese Konfliktformationen heute im politischen System Ägyptens wider. Wo sich die Staatsklassen dagegen auf komfortable Renteneinkommen stützen konnten, blieb das Bürgertum in bürokratischer Abhängigkeit und seine soziale Dynamik gebremst. In diesen Systemen fand eine Herausforderung der Staatsklasse durch das Bürgertum nicht statt. Aber seine einseitige materielle und ideologische Bevorzugung führte in den Finanzkrisen der 80er und 90er Jahre auch hier zur Konfrontation mit den ausgegrenzten unteren Teilen der Bevölkerung (Algerien).

Die politischen Systeme des Vorderen Orients unter dem klassischen Imperialismus und in der Phase des Neokolonialismus (Herrschaft des Großgrundbesitzes, der Handels- und Finanzbourgeoisie) wiesen vielfältige Mischformen von traditionaler Herrschaft, autoritärer Kolonialverwaltung und klientelgebundenem Parlamentarismus auf; fast alle waren jedoch strukturellen Mechanismen externer Beteiligung am Entscheidungsprozeß unterworfen (penetrierte Systeme). Mit der Etablierung der Staatsklassenregime und der Expansion externer Renteneinnahmen kristallisierten sich hochbürokratisierte zentralistische Staaten heraus. Ihre Strukturen und Mechanismen spiegelten Charakterzüge vorkapitalistischer Herrschaftsformen hinter modernen Fassaden (Institutionen, Verfahren, Kategorien politischen Handelns) wider: eine gesellschaftlich abgehobene Stellung der Eliten, ein paternalistisches Verständnis der Bürokratie, die Neigung zur allumfassenden Steuerung der Gesellschaft und Ökonomie, einen herrschaftlich gesteuerten Elitenpluralismus als Ersatz für gesellschaftliche Partizipation und eine klientelistische Einbindung vieler sozialer Gruppen. Wir haben diese Retraditionalisierung politischer Systeme, in denen bereits zuvor vielfältige Instrumente politischer Willensbildung existiert hatten, als Neo-Patrimonialismus bezeichnet[94].

Aber die inneren Widersprüche der angestrebten Transformationsstrategien und die Krisen des Rentenflusses lösten gesellschaftliche Ansprüche auf politische Beteiligung aus, die in vielen Fällen durch Massenunruhen und wachsende gesellschaftliche Konfliktpotentiale nachhaltig verstärkt wurden. In unseren Fallstudien konnten wir die Differenziertheit dieser sozialen Reaktionsmuster festhalten. Während Saudi-Arabien auf seiner stabilen Rentenbasis gesellschaftliche Partizipationsansprüche bis heute effektiv zurückweisen konnte, erzwang in der Türkei die Notwendigkeit, das Wirtschaftswachstum auf breite soziale Grundlagen zu stellen, die Beteiligung der Massen am politischen Prozeß. Selbst wenn die politische Partizipation in der Türkei problematische Grenzen aufwies und Rückschläge hinnehmen mußte, lagen die qualitativen Unterschiede beider Extremfälle auf der Hand. Dazwischen standen wiederum Ägypten und Algerien, in denen die Krisen des Renteneinkommens massive soziale Widerstände und Partizipationsansprüche ausgelöst haben. Doch im Gegensatz zur Türkei lagen hier die Schwerpunkte politischer Mobilisierung in den Mittelschichten, während sich die Arbeiterklasse, die Bauern und die Marginalisierten nur durch anomische (ungeregelte) Ausbrüche einbringen konnten.

Die Artikulation gesellschaftlicher Ansprüche auf die Einhaltung von Menschenrechten und bürgerlicher Freiheiten, Organisationsfreiheit, Liberalisierung des politischen Lebens und Beteiligung am gesamtgesellschaftlichen Entscheidungsprozeß setzte in den 70er Jahren ein und löste in den Krisen der 80er Jahre eine ganze Flut politischer Forderungen aus. Diese politische Dynamik kam vor allem in den politischen Organisationen (Verbänden, Parteien, Parlamenten), bei Konferenzen und in den Medien zum Ausdruck. Aber darüber hinaus kristallisierte sich erstmals im Vorderen Orient eine breite intellektuelle Diskussion heraus, die das Problem der politischen Ordnung kritisch und konzeptuell zu erörtern begann. In den 70er Jahren durch eine Identitätskrise ausgelöst (Folge der komplexen Überlagerung durch den Westen), gewann sie durch die Krisenverdichtung der 80er Jahre an publizistischer und politischer Relevanz. Im Mittelpunkt stand die Frage nach einer politischen Ordnung, die den vielfältigen gesellschaftlichen Interessen, die sich im Rahmen einer abhängigen kapitalistischen Entwicklung herausgebildet hatten, gerecht werden könnte. Dies durfte kein demokratisches System westlicher Prägung sein, da sich die Oppositionskräfte im Vorderen Orient als Opfer liberaldemokratischer Staaten und (manipulierter) Partizipationsstrukturen im eigenen Lande fühlten. So erhielt die Suche nach einem originären islamischen Konzept eines politischen Systems neue Schubkraft. Das Prinzip der šūrā[95], eine im Koran und in den klassischen Rechtskommentaren fixierte Beratungs- und Konsultationsregel für den politischen Entscheidungsprozeß, wurde in der modernen Rechtsdiskussion des Vorderen Orients zum Ausgangspunkt einer spezifisch islamischen Variante der Demokratietheorie. Hatten sich die islamischen Intellektuellen seit Mitte des 19. Jahrhunderts bemüht, am Beispiel der šūrā eine Vereinbarkeit von Islam und Demokratie nachzuweisen, eine Tradition, die in den 50er und 60er Jahren durch die Ablehnung der Demokratie als eines imperialistischen Phänomens unterbrochen worden war, so diente das Wiederaufleben der šūrā-Diskussion in den 70er und 80er Jahren der Grundlegung eines eigenen islamischen Partizipationsmodells. Zwar hat die moderne Orient-Forschung gezeigt, daß weder die politische Realität noch das Denken der Rechtsgelehrten in der klassischen Periode des Islam unseren zeitgenössischen Partizipationsvorstellungen entsprachen. Doch dessen ungeachtet entwickelten die islamischen Gelehrten und politischen Publizisten von heute aus dem šūrā-Prinzip ein Konzept politischer Mitsprache der Gesellschaft, dessen Varianten fast das gesamte Spektrum politischer Interessen und ideologischer Positionen im Vorderen Orient abzudecken vermochte. Innerhalb dieser Diskussion sind einerseits Traditionalisten (Verteidigung der Legitimität allumfassender islamischer Regelung) und Islamisten (ideologische Instrumentalisierung des Islam zur

Bewältigung heutiger Probleme), andererseits Reformisten (Angleichung des Islam an die Moderne) und Säkularisten (Anerkennung des Islam als Kulturelles Erbe) zu unterscheiden.

Reformisten und Säkularisten bemühten sich, die humanitären Seiten des Islam (Gleichheitsprinzip, soziale Fürsorge, politische Ethik) zu betonen und das historisch-kulturelle Erbe als identitätsstiftende Grundlage herauszustellen, gleichzeitig jedoch das islamische Erbe als Beitrag zu einer komplexeren, universellen politischen Kultur zu definieren. So wurde der Konsultationsgedanke als authentisches Paradigma der islamischen Kultur verstanden, das jedoch je nach gesellschaftlichen Bedingungen (Entwicklungsstand) institutionell wandelbar und außerislamischen Ideen gegenüber offen sein mußte (Wahlen, bürgerliche Freiheiten, Volkssouveränität). Eine solche Interpretation versuchte das islamische Recht als Legitimationsbasis für einen breit angelegten (auch Nichtmuslime, Andersdenkende, Frauen) Demokratisierungsprozeß zu gewinnen. Traditionalisten und Islamisten hingegen unterwarfen den Konsultationsgedanken der Auslegung des islamischen Rechts (šarī'a) und legitimierten damit seine Reduktion auf die Vorlage von Empfehlungen und Ratschlägen und auf die vorrangige Partizipation islamischer Rechtsexperten. Eine Auslegung solcher Art vermochte den Anspruch auf historische Authentizität und normative Verbindlichkeit besser zu erfüllen als die der Reformisten und Säkularisten, aber sie stärkte gleichzeitig die neo-patrimonialen Herrschaftsstrukturen und schloß signifikante Teile der Gesellschaft (Frauen, religiöse Minderheiten, Systemkritiker und Ungebildete) aus der politischen Partizipation aus.

Auch wenn es sehr schwer ist, die politische Wirkung der šūrā-Diskussion generell abzuschätzen, und das heutige Übergewicht ihrer traditionalen und islamistischen Variante kaum zu übersehen ist, müssen wir festhalten, daß diese Debatte ein innovatives Phänomen der politischen Kultur im Vorderen Orient darstellt. Sie beinhaltet allerdings wandlungsoffene wie wandlungsresistente Tendenzen. Auf der einen Seite scheint sich der defensive Charakter der šūrā-Diskussion (Einzigartigkeit, Unvereinbarkeit von Islam und Demokratie) zugunsten einer ideologischen Vielfalt, die das religiöse Prinzip des Konsultationsgedankens (Dominanz der sărī'a) zurückdrängt, aufzulösen. Auf der anderen Seite werden einer politischen Beteiligung der Massen auch von den glühendsten Anhängern der Partizipationsidee elitäre Grenzen gesetzt. Da der Islam aber auch in Zukunft (vermutlich mehr denn je) zentrales Mittel der politischen Mobilisierung sein wird, ist es nicht gleichgültig, welche Wendung die šūrā-Debatte nehmen wird. Nach unserer Meinung sollte sie auf einen normativen Minimalkonsens zusteuern, bei dem die Prinzipien des Islam die Rolle einer dynamischen Gesellschaftsethik übernehmen könnten. Gegen diesen Hintergrund wäre dann ein möglichst breiter gesellschaftlicher Diskurs über konkrete Umsetzungen politischer Partizipation und sozioökonomische Ziele und Lösungsvorschläge dringend notwendig.

Einer solchen Herausbildung „demokratischer" Beteiligungsprozesse[96] standen bisher allerdings politische Realitäten gegenüber, die der Entfaltung gesellschaftlicher Dynamik generell enge Grenzen setzten. Zwar haben die meisten Staaten mit einer Öffnung ihrer politischen Strukturen reagiert (einer Art Liberalisierung), doch waren dies nur taktische Schachzüge in komplexen Strategien der Regimestabilisierung, zu denen häufig auch eine Rückbindung politischer Macht an konfessionelle, ethnische oder lokale Loyalitäten (Alawiten in Syrien) und repressive Maßnahmen gehörten. Das politische Entgegenkommen der bürokratischen Regime bestand in

Experimenten mit der Gewährung dosierter Freiheiten (politische Artikulation, Versammlungs- und Organisationsfreiheit, politische Kritik und Opposition) und der Zulassung formaler Partizipationsstrukturen (Mehrparteiensystem, Wahlen, politische Einflußnahme von Verbänden, Vetorecht in speziellen Politikfeldern). Doch blieben diese Spielräume sorgfältig kontrolliert oder auf exakt definierte Aktivitäten hin geeicht (Tabu-Zonen für den Herrscher und die Armee, Ausschluß der Oppositionskräfte vom Einfluß auf die Massenmedien) und oft traten an ihre Stelle subtilere Mechanismen (z. B. Verlust des Arbeitsplatzes statt physischer Repression). So wurden Parteienvielfalt, Verbandsfreiheit, organisierte Oppositionskräfte und die Ausweitung des Wahlrechts kompensiert durch eine Kanalisierung der gesellschaftlichen Aktivitäten in machtlose Parlamente, so daß letztlich auch die Wahlbeteiligung und das Interesse am politischen Prozeß sanken. Vielfach agierten scheinbar demokratische Institutionen oder Verfahren auch nur als Medien des Konfliktaustrags zwischen konkurrierenden Elitensegmenten. Auf der einen Seite gelang den Staatsapparaten zwar eine latente Stabilisierung durch Kooptation spezieller sozialer und wirtschaftlicher Eliten ins Regime (Aufteilung der politischen Verantwortung für die Folgen von Sparmaßnahmen und Marktmechanismen) und durch Umgruppierungen der Klientele (politisch wichtige sozioökonomische Gruppen auf Kosten organisationsunfähiger Teile der Bevölkerung). Doch auf der anderen Seite verstärkte die Manipulation demokratischer Normen und Strukturen auch die Entfremdung derjenigen sozialen Gruppen, die das Regime nicht mehr einzubinden vermochte.

Trotz dieser Dialektik wäre es übereilt, die gegenwärtige politische Dynamik als mittel- oder langfristigen Demokratisierungsprozeß zu charakterisieren. Zum einen stellt die äußerst widersprüchliche und uneinheitliche Erosion sozioökonomischer Strukturen im Vorderen Orient die Wahrscheinlichkeit linearer Entwicklungen der politischen Systeme generell in Frage. Komplexere autoritäre Herrschaftsformen als bisher sind ebenso denkbar wie Durchbrüche zu höherer gesellschaftlicher Beteiligung oder die Rückkehr zum orientalischen Patrimonialismus. Zum anderen ist die politische Zwielichtigkeit der Demokratiediskussion im Vorderen Orient kaum zu übersehen. Diffuse Begrifflichkeiten und fragwürdige Interessenkonstellationen sind dabei, das Prestige demokratischer Normen ein weiteres Mal zu entwerten. Das real vorstellbare Spektrum alternativer Entwicklungspfade politischer Systeme im Vorderen Orient möchten wir daher mit vier Szenarien umschreiben.

Gehen wir zum ersten davon aus, daß das Volumen externer Renteneinnahmen relativ stabil bleibt oder zumindest kritische Margen (ein empirisches Problem) nicht unterläuft. In diesem Falle werden Finanzkrisen am ehesten die Entwicklung zu komplexeren autoritären Herrschaftsformen beschleunigen, denn externe Renten und gesellschaftliche Beteiligung am politischen Prozeß scheinen historisch unvereinbar zu sein. Impressionistische Beobachtungen zeigen, daß die Eliten unter diesen Bedingungen mit korporatistischen und populistischen Strukturen experimentieren. Das Regime bemüht sich auf der einen Seite, seine besondere Verantwortung für die Interessen breiter Bevölkerungsschichten zu demonstrieren (Recht der „Unterdrückten" – mostazafin – in Iran, Sozialpakt über Nahrungsmittelversorgung in Ägypten). Zum anderen aber versucht es auch, alle gesellschaftlichen Gruppen in funktional differenzierten Zwangsverbänden (Korporationen) zu organisieren, um sie unter seiner „Obhut" in kooperative Prozesse gesamtgesellschaftlicher Problemlösung einzubinden (z. B. wirtschaftliche Lenkungsgremien). Der Ausbau des Korporatismus ist heute im Vorderen Orient als Modernisierungsprozeß autoritärer Systeme zu verstehen[97]. Ist der Staat noch stark genug (finanziell, organisatorisch, machtpolitisch), so kann er mit dieser Strategie sowohl Klassenkonfrontationen als auch die Herausbildung pluralistischer Organisations-Kapazitäten blockieren (z. B. Syrien heute). Ist er jedoch bereits geschwächt, so wird er sich damit begnügen müssen, ein loses, inkohärentes Netzwerk sozialer Gruppen und Organisationen (Zwangsverbände und unabhängige Interessengruppen) zu manipulieren und ihre Verselbständigung in handlungsfähigen Organisationen zu verhindern (z. B. Ägypten heute).

Gehen wir dagegen von einem stetigen Versiegen externer Einkommen aus, dann fände mit zunehmender entwicklungs- und verteilungspolitischer Handlungsunfähigkeit die Entmachtung des orientalischen Staates statt. Auf dem Wege dahin brechen die staatlichen Patronagemechanismen zusammen, Teile der Staatsklassen überführen zusätzlich staatliche Ressourcen in den Zuständigkeitsbereich der Privatwirtschaft (Entstaatlichung der Ökonomie), während die Autonomie der Gesellschaft gegenüber dem Staat mit allen dazugehörigen Chancen zur Selbstorganisation zunimmt. Anzeichen einer solchen Entwicklung sind weder in Ägypten noch in Syrien zu übersehen. Auf politischer Ebene wird sie von einer Demokratisierungsdiskussion unterstützt, die ihre Perspektiven sowohl aus dem pluralistischen Demokratieverständnis des Westens (politische, publizistische und bürokratische Akteure der USA im Vorderen Orient) wie aus der regionalen šūrā-Diskussion (bürgerliche Oberschichten) bezieht[98]. Im Kontext der sozioökonomischen Strukturen und der Traditionen des Vorderen Orients ist aber auch dieser Alternative eine gewisse Abgründigkeit nicht abzusprechen. Als politische Komponente der neoliberalen (monetaristischen) Entwicklungsstrategie (Analogie zum Markt), schließt das westliche Pluralismuskonzept die unteren Schichten der Bevölkerung aus dem politischen Prozeß aus. Spielen sie aufgrund ihrer geringen Kaufkraft schon in der ökonomischen Dimension für den Entwicklungsprozeß keine aktive Rolle, so blendet sie das pluralistische Demokratieverständnis wegen ihrer unzulänglichen Organisationskapazitäten vollends aus. Dementsprechend kommen weder Gewerkschaften noch Basisorganisationen der städtischen Marginalisierten oder andere Massenorganisationen in den Entwicklungskonzepten der internationalen Organisationen und der amerikanischen Entwicklungsbürokraten für den Vorderen Orient vor. Im Gegenteil: das Beispiel der türkischen Strukturanpassung zeigte, was die unteren Bevölkerungsschichten wirtschaftlich und politisch von den westlichen Entwicklungsstrategien zu erwarten haben. Die Erosion staatlicher Kontrollmechanismen ist also doppelbödig. Einerseits ist sie zwingend notwendig, gesellschaftlicher Partizipation im politischen System eine Chance zu geben, andererseits aber schließt sie die armen Bauern, die Arbeiterklasse, die städtischen Marginalisierten und nicht geringe Teile der unteren Mittelschichten aus dem dynamischen Wirtschaftsprozeß aus. Das westliche Demokratiekonzept hat eine verteilungspolitische Schlagseite mit extremer Krisenanfälligkeit und drei alternativen Szenarios unterschiedlicher Wahrscheinlichkeit.

1. Der Staatsapparat wird von einer Koalition des Bürgertums übernommen, die sich auf das Auslandskapital und die Hegemonialmacht des Weltwirtschaftssystems stützt. Innenpolitisch wird die bürgerliche Herrschaft durch den Militärsektor und ein modernes autoritäres Regime abgesichert, das einerseits repressiv durchgreifen, in günstigen Konjunkturphasen sich aber auch populistisch ent-

spannen kann. Unter günstigen soziopolitischen und wirtschaftlichen Bedingungen könnte sich ein solches Regime langfristig zu einer „autoritären Demokratie" türkischer Prägung wandeln. Neben der evolutionären Entwicklung des patrimonialen Rentierstaats dürfte dies das wahrscheinlichste Szenario sein.

2. Gestützt auf eine verzweifelte Lage der Massen und die gewachsenen Organisationskapazitäten der Islamisten übernehmen bürokratische Repräsentanten der unteren Mittelschichten den Staatsapparat. In diesem Falle würde sich das politische System am islamistisch-traditionalen šūrā-Verständnis ausrichten und eine Rückkehr zum neo-patrimonialen System bedeuten. Dieses Szenario würde schon wegen seiner wirtschaftspolitischen Option (Binnenmarktentwicklung) durch die internationalen Kontrollmechanismen blockiert werden. Doch politische Eruptionen mit dieser Stoßrichtung sind ebenso wenig auszuschließen wie die Möglichkeit, daß sich auch islamistische Regime mit den dominanten Interessen des Weltwirtschaftssystems arrangieren können (vgl. Iran).
3. Die Reorganisation der politischen Machtstrukturen durch das Bürgertum wird durch den Ausbau breiter gesellschaftlicher Artikulations- und Organisationskapazitäten flankiert. Dazu würde eine Dezentralisierung und Regionalisierung wichtiger politischer Prozesse ebenso gehören wie der Aufbau autonomer gewerkschaftlicher Organisationen (in der Landwirtschaft, im organisierten und im informellen Sektor), die Akzeptierung vielfältiger Organisationsformen und die Aggregation gesellschaftlicher Interessen im gesamtgesellschaftlichen Entscheidungsprozeß. Diese Kristallisation sozialer Basisbeteiligung wäre durch das koranische Konsultationspostulat im Rahmen einer reformistischen Auslegung legitimierbar.

Aus der Perspektive einer normativ reflektierten wissenschaftlichen Prognose ist ein Demokratisierungsprozeß im Vorderen Orient, der diesen Namen verdient, auf das Zusammenwirken politischer, kultureller und ökonomischer Strukturreformen angewiesen. Ohne eine Synthese gesellschaftlicher Organisation „von unten", die extern gefördert werden müßte, authentischer Legitimierung dieses Prozesses durch das kulturspezifische Konsultationsprinzip und eine konkrete Besinnung auf angemessene und realisierbare Wirtschaftsstrukturen werden demokratische Institutionen und Verfahren im Vorderen Orient nicht zu etablieren sein. Dieses letzte Szenario genießt in der sozioökonomischen und politischen Realität der Region zugegebenermaßen die geringste Förderung. Doch wie sollte sich Wissenschaft legitimieren, wenn sie es aufgeben würde, die Voraussetzungen und Bedingungen für die Überwindung existentieller Krisen immer wieder auszuleuchten?

# Literaturverweise

## *Anmerkungen (Teil 1.0.)*

1 Amin, S. 1975: Die ungleiche Entwicklung. Hamburg.
Amin, S. 1978: The Arab Nation. London.
Vgl. dazu auch folgende Arbeiten, die den Begriff „Asiatische Produktionsweise" bevorzugen: İslamoğlu, H. und Keyder, Ç. 1979: Ein Interpretationsrahmen für die Analyse des Osmanischen Reiches. In: Senghaas, D. (ed.): Kapitalistische Weltökonomie. Kontroversen über ihren Ursprung und ihre Entwicklungsdynamik. Frankfurt. S. 201 ff.
Massarrat, M. 1976: Hauptentwicklungsstadien der kapitalistischen Weltwirtschaft. Lollar/Lahn.

2 Wittfogel, K. A. 1977: Die Orientalische Despotie. Eine vergleichende Untersuchung totaler Macht. Frankfurt, Berlin, Wien.

3 Zum Osmanischen Reich vgl.:
Baer, G. 1970: The Administrative, Economic and Social Functions of Turkish Guilds. In: International Journal of Middle East Studies. S. 28 ff.
İnalcik, H. 1973: The Ottoman Empire: The Classical Age, 1300–1600. New York.
İslamoğlu-İnan, H. (ed.) 1987: The Ottoman Empire and the World Economy. Cambridge, Paris.
İslamoğlu und Keyder (Anm. 1).
Matuz, J. 1985: Das Osmanische Reich. Grundlinien seiner Geschichte. Darmstadt.
Werner, E. und Markov, W. 1978: Geschichte der Türken. Von den Anfängen bis zur Gegenwart. Berlin-Ost.

4 Senghaas, D. 1988: Konfliktformationen im internationalen System. Frankfurt. S. 125 ff.

5 İslamoğlu und Keyder (Anm. 1).

6 Braude, B. 1978/79: International Competition and Domestic Cloth in the Ottoman Empire, 1500–1650. A study in underdevelopment. In: Review (II). S. 437 ff.
Cizakça, M. 1985: Incorporation of the Middle East into the European World-Economy. In: Review (VIII). S. 353 ff.

7 Davis, R. 1970: English Imports from the Middle East, 1580–1780. In: Cook, M. A. (ed.): Studies in the Economic History of the Middle East. London, New York, Toronto. S. 193 ff.

8 Issawi, C. 1980: The Economic History of Turkey 1800–1914. Chicago.
Hershlag, Z. Y. 1964: Introduction to the Modern Economic History of the Middle East. Leiden.
Owen, R. 1981: The Middle East in the World Economy 1800–1914. London, New York.

9 Baer, G. 1969: Studies in the Social History of Modern Egypt. Chicago.
Berque, J. 1967: L'Égypte. Impérialisme et Révolution. Paris.
Groupe de Recherches et d'Études sur le Proche-Orient (ed.) 1982: L'Égypte au XIXe Siècle. Paris.
Richards, A. R. 1987: Primitive Accumulation in Egypt, 1798–1882. In: İslamoğlu-İnan (Anm. 3). S. 203 ff.

Tignor, R. L. 1966: Modernization and British Colonial Rule in Egypt 1882–1914. Princeton.
10 Fawaz, L. T. 1983: Merchants and Migrants in the Nineteenth-Century. Cambridge, Mass.
Owen, R. 1987: The silk-reeling industry of Mount Lebanon, 1840–1914: a study of the possibilities and limitations of factory production in the peripherie. In: İslamoğlu-İnan (Anm. 3). S. 271 ff.
Spagnolo, J. P. 1977: France and Ottoman Lebanon 1861–1914. London.
Tibawi, A. L. 1969: A Modern History of Syria including Lebanon and Palestine. London.
11 Ducruet, J. 1964: Les capitaux européens au Proche-Orient. Paris.
Landes, D. S. 1958: Bankers and Pashas. International Finance and Economic Imperialism in Egypt. London, Melbourne, Toronto.
Marlowe, J. 1975: Spoiling the Egyptians. New York.
12 Ageron, Ch.-R. 1990: Histoire de l'Algérie contemporaine (1830–1988). 9. Auflage. Paris.
Julien, Ch.-A. 1964: Histoire de l'Algérie contemporaine. La conquête et les débuts de la colonisation (1827–71). Paris.
Morsy, M. 1984: North Africa, 1800–1900. A Survey from the Nile Valley to the Atlantic. London.
13 Geyer, D. 1977: Der russische Imperialismus. Studien über den Zusammenhang von innerer und auswärtiger Politik 1860–1914. Göttingen.
Owen, T. C. 1985: The Russian Industrial Society and Tsarist Economic Policy, 1867–1905. In: Journal of Economic History (45). S. 587 ff.
Reinhard, W. 1988: Geschichte der europäischen Expansion. Bd. 3. S. 92 ff.
14 Busch, B. C. 1967: Britain and the Persian Gulf 1894–1914. Berkeley.
Ingram, E. 1984: In Defence of British India. Great Britain and the Middle East, 1775–1842. London.
McLean, D. 1979: Britain and the Buffer State. The Collapse of the Persian Empire, 1890–1914. London.
Niblock, T. (ed.) 1980: Social and economic development in the Arab Gulf. London.
15 Baer, G. 1962: A History of Landownership in Modern Egypt, 1800–1950. New York.
Berque (Anm. 9)
16 Keyder, Ç. 1987: State and Class in Turkey. A Study in Capitalist Development. London, New York.
Pamuk, Ş. 1987: Commodity Production for Worldmarkets and Relations of Production in Ottoman Agriculture, 1840–1913. In: İslamoğlu-İnan (Anm. 3). S. 178 ff.
17 Ma'oz, M. 1968: Ottoman Reform in Syria and Palestine 1840–1861. Oxford.
Schölch, A. 1986: Palästina im Umbruch 1856–1882. Untersuchungen zur wirtschaftlichen und sozio-politischen Entwicklung. Stuttgart.
18 Batatu, H. 1978: The Old Social Classes and the Revolutionary Movements of Iraq. A Study of Iraq's Old Landed and Commercial Classes and of its Communists, Ba'thists, and Free Officers. Princeton.
Farouk-Sluglett, M. und Sluglett, P. 1991: Der Irak seit 1958. Von der Revolution zur Diktatur. Frankfurt.
19 Gibb, H. A. R. und Bowen, H. 1957: Islamic Society and the West. London.
Haddad, R. M. 1970: Syrian Christians in Muslim Society: An Interpretation. Princeton.
Keyder (Anm. 16).
Owen (Anm. 8).
20 Havemann, A. 1983: Rurale Bewegungen im Libanongebirge des 19. Jahrhunderts. Berlin.
Harik, I. F. 1968: Politics and Change in a Traditional Society. Lebanon 1711–1845. Princeton.
Salibi, K. S. 1965: The Modern History of Lebanon. London.
21 Keyder (Anm. 16), Kap. 2.
22 Davis, E. 1982: Challenging Colonialism: Bank Misr and Egyptian Industrialization, 1920–1941. Princeton.

Deeb, M. 1976: Bank Misr and the Emergence of the Local Bourgeoisie in Egypt. In: Middle Eastern Studies. S. 69 ff.
Deeb, M. 1978: The Sozioeconomic Role of the Local Foreign Minorities in Modern Egypt, 1805–1961. In: International Journal of Middle East Studies. S. 11 ff.
Tignor, R. L. 1984: Private Enterprise, and Economic Change in Egypt, 1918–1952. Princeton.

23 Abdel-Moneim Abul-Fadl, M. M. 1975: The Sidqi Regime in Egypt, 1930–1935: New Perspectives. Ph. D.-Diss. School of Oriental and African Studies. London.

24 Farouk-Sluglett und Sluglett (Anm. 18).

25 Pawelka, P. 1991: Weltmarkt und Staat im Vorderen Orient. Zur politischen Ökonomie Syriens. In: Kalter, J. et. al. (eds.): Syrien. Mosaik eines Kulturraumes. Stuttgart. S. 39 ff.
Seale, P. $^{2}$1986: The Struggle for Syria. London.

26 Bierschenk, Th. 1984: Weltmarkt, Stammesgesellschaft und Staatsformation in Südostarabien (Sultanat Oman). Saarbrüken, Fort Lauderdale.

27 Hurewitz, J. C. 1956: Diplomacy in the Near and Middle East. Princeton.
Platt, D. C. M. 1968: Finance, Trade and Politics: British Foreign Policy 1815–1914. London.
Schölch, A. 1975: Wirtschaftliche Durchdringung und politische Kontrolle durch die europäischen Mächte im Osmanischen Reich (Konstantinopel, Kairo, Tunis). In: Geschichte und Gesellschaft. S. 404 ff.

28 Cameron, R. (ed.) 1967: Banking in the Early Stages of Industrialization. London, New York, Toronto.
Platt (Anm. 27).
Schölch (Anm. 27).

29 Burke III, E. 1976: Prelude to protectorate. Precolonial protest and resistance. Chicago.
Dunn, R. E. 1977: Resistance in the desert. Moroccan responses to French imperialism, 1881–1912. London, Madison.

30 Landes (Anm. 11).
Marlowe (Anm. 11).
Platt (Anm. 27).
Schölch, A. 1972: Ägypten den Ägyptern! Die politische und gesellschaftliche Krise der Jahre 1878–1882 in Ägypten. Zürich.

31 Krieken, G. S. van 1976: Khayr al-Din et la Tunisie (1850–81). Leiden.
Mahjoubi, A. 1977: L'Etablissement du Protectorat Français en Tunisie. Tunis.
Rosenbaum, J. 1971: Frankreich in Tunesien. Die Anfänge des Protektorats (1881–86). Zürich.
Schölch, 1975 (Anm. 27).

32 Blaisdell, D. C. 1929: European Financial Control in the Ottoman Empire. New York.
Feis, H. 1930: Europe, the World's Banker 1870–1914. New Haven.
Keyder (Anm. 16).
Owen, 1981 (Anm. 8).

33 Salibi (Anm. 20).

34 Karpat, K. 1988: The Ottman Ethnic and Confessional Legacy in the Middle East. In: Esman, M. J. und Rabinovich, I. (eds.): Ethnicity, Pluralism, and the State in the Middle East. Ithaca, London. S. 35 ff.

35 Longrigg, S. H. 1958: Syria and Lebanon under French Mandate. London.

36 Zur Frage der arabischen Einheit:
Amin, 1978 (Anm. 1).
Farah, T. E. 1987: Pan-Arabism and Arab Nationalism. The Continuing Debate. Boulder.

37 Diese dynamisch-aktive Kehrseite des Imperialismus im Vorderen Orient wurde historisch hergeleitet von:
Brown, L. C. 1984: International Politics and the Middle East. Old Rules, Dangerous Game. London.

38 Batatu (Anm. 18).
Farouk-Sluglett und Sluglett (Anm. 18).

Khadduri, M. 1960: Independent Iraq. A Study in Iraqi Politics, 1932–1958. Oxford.

39 Berque (Anm. 9).
Deeb, M. 1979: Party Politics in Egypt: The Wafd and its Rivals, 1919–1939. London.
Schölch, A. (ed.) 1987: Studien zur ägyptischen Gesellschaft im 20. Jahrhundert. Frankfurt.
Terry, Y. 1982: The Wafd 1919–1952. Cornerstone of Egyptian Political Power. London.
Vatikiotis, P. J. $^{2}$1980: The History of Egypt From Muhammad Ali To Sadat. London.

40 Love, K. 1969: Suez: The Twice-fought War. New York.
Thomas, H. 1966: Suez. London.

41 Reissner, J. und Fries, S. 1992: Muslimische Republiken der GUS: Alte Probleme – Neuer Anfang. Ebenhausen.

42 Clark, J. G. 1990: The Political Economy of World Energy. A Twentieth Century Perspective. Chapel Hill, London.
Massarrat, M. 1980: Weltenergieproduktion und Neuordnung der Weltwirtschaft. Die Weltarbeitsteilung und die Neuverteilung des Reichtums in der Welt. Frankfurt, New York.
Mommer, B. 1983: Die Ölfrage. Baden-Baden.

43 Massarrat (Anm. 42).

44 Beblawi, H. 1984: The Arab Gulf Economy in a Turbulent Age. London.

45 Sampson, A, 1975: The Seven Sisters. The Great Oil Companies and the World They Made. London.

46 Vgl. zur Geschichte der Ölpolitik im Vorderen Orient:
Mejcher, H. 1980/90: Die Politik und das Öl im Nahen Osten. 2 Bde. Stuttgart.

47 Mejcher, H. 1984: The International Petroleum Cartel (1928), Arab and Turkish Oil Aspirations and German Oil Policy towards the Middle East on the Eve of the Second World War. In: Gantzel, K. J. und Mejcher, H. (eds.): Oil, the Middle East, North Africa and the Industrial States. Paderborn. S. 27 ff.

48 Anderson, I. H. 1981: Aramco, the United States and Saudi Arabia. A Study of the Dynamics of Foreigen Oil Policy 1933–1950. Princeton.

49 Anderson (Anm. 48).
Krasner, St. D. 1979: A Statist Interpretation of American Oil Policy toward the Middle East. In: Political Studies Quarterly. S. 77 ff.

50 Mommer (Anm. 42).

51 Krasner, St. D. 1985: Structural Conflict. The Third World against Global Liberalism. Berkeley.

52 Massarrat (Anm. 42).
Mommer (Anm. 42).
Sampson (Anm. 45).

53 Hawdon, D. (ed.) 1985: The Changing Structure of the World Oil Industry. London, Sydney.
Karlson, S. 1983: Oil and the World Order. A Study of the American Foreign Oil Policy 1940–1980. Göteborg (Diss.).
Luciani, G. 1984: The Oil Companies and the Arab World. London, Canberra, New York.
Mommer (Anm. 42).
Schneider, St. A. 1983: The Oil Price Revolution. Baltimore, London.
Stevens, P. 1985: A Survey of Structural Change in the International Oil Industry 1945–1984. In: Hawdon (vgl. oben). S. 18 ff.

54 Gantzel und Mejcher (Anm. 47).
Mommer (Anm. 42).
Schneider (Anm. 53).

55 Mommer (Anm. 42).

56 Ghanem, Sh. 1986: OPEC. The Rise and Fall of an Exclusive Club. London, New York, Sydney.
Peterson, J. E. (ed.) 1983: The Politics of the Middle Eastern Oil. Washington.
Schneider (Anm. 53).

57 Eine gute Zusammenfassung bieten:

Griffin, J. M. und Teece, D. J. 1982: OPEC Behavior and World Oil Prices. London, Boston, Sydney.
58 Arbeitsgruppe der Kernforschungsanlage Jülich und des Forschungsinstituts der Deutschen Gesellschaft für Auswärtige Politik (eds.) 1987: Energieversorgung und politische Zukunftssicherung. München. Hawdon (Anm. 53).
Schneider (Anm. 53).
Spiegel, St. L. (ed.) 1982: The Middle East and the Western Alliances. London, Boston, Sydney.
Stevens (Anm. 53).
Tétreault, M. A. 1985: Revolution in the world petroleum market. Westport, London.
59 Ruggie, J. G. 1972: Collective Goods and Future International Collaboration. In: American Political Science Review. S. 847 ff.
60 Beck, M. 1991: Politökonomische Hintergründe der Golfkrise: Das Weltenergiesystem und das Erdöl des Mittleren Ostens. In: Comparativ (1). S. 35 ff.
Ghanem (Anm. 56).
Morse, E. L. 1986: After the Fall: The Politics of Oil. In: Foreign Affairs. S. 792 ff.
Schneider (Anm. 53).
Skeet, I. 1988: OPEC: Twenty-five years of prices and politics. Cambridge.
Tétreault (Anm. 58).
61 Elsenhans, H. 1986: Dependencia, Unterentwicklung und der Staat in der Dritten Welt. In: Politische Vierteljahresschrift. S. 133 ff.
Elsenhans, H. 1988: Probleme der politischen Ökonomie in unterentwickelten Gesellschaften. In: Mäding, H. (ed.): Grenzen der Sozialwissenschaften. Konstanz. S. 88 ff.
62 Centre for Arab Unity Studies (ed.) 1991: The Future of the Arab Nation. Challenges and Options. London, New York.
63 Kerr, M. H. und Yassin El. S. (eds.) 1982: Rich and Poor States in the Middle East. Egypt and the New Arab Order. Boulder, Cairo.
Pawelka, P. 1985: Herrschaft und Entwicklung im Nahen Osten: Ägypten. Heidelberg. Abschnitt 3.2., S. 283 ff.
64 Safran, N. 1988: Saudi Arabia. The Ceaseless Quest for Security. Ithaca, London.
65 Vgl. auch:
Korany, B. 1988: Political Petrolism and Contemporary Arab Politics, 1967–1983. In: Journal of Asian and African Studies. S. 66 ff.
66 Vgl auch:
Beblawi, H. 1986: The Arab Oil Era (1973–1983). A Story of Lost Opportunity. In: Journal of Arab Affairs. S. 15 ff.
67 Centre of Arab Unity Studies (Anm. 62).

## *Anmerkungen (Teil 2.0.)*

1 Vgl. zum Verhältnis von Staat und Gesellschaft im Vorderen Orient:
Heper, M. 1985: The State and Public Bureaucracies: A Comparative and Historical Perspective. In: Comparative Studies in Society and History. S. 86 ff.
Heper, M. und Evin, A. (eds.) 1988: State, Democracy and the Military. Turkey in the 1980s. Berlin, New York.
2 Shaw, St. 1962: Ottoman Egypt in the Eighteenth Century. Cambridge, Mass.
Sivers, P. v. 1987: Nordafrika in der Neuzeit. In: Haarmann, U. (ed.): Geschichte der arabischen Welt. München. S. 502 ff.
3 Marsot, A. L. al-Sayyid 1984: Egypt in the reign of Muhammad Ali. Cambridge, London.
Mustafa, A. A. R. 1968: The Breakdown of the Monopoly System in Egypt after 1840. In: Holt, P. M. (ed.): Political and Social Change in Modern Egypt. London, New York, Toronto. S. 291 ff.

Owen, 1981 (Anm. 8/1).
Rivlin, H. A. B. 1961: The Agricultural Policy of Muhammad Ali in Egypt. Cambridge, Mass.

4 Anderer, G. 1986: Die binnenorientierte ökonomische Modernisierungspolitik unter Muhammad Ali. In: Mahrad, A. (ed.): Hannoversche Studien über den Mittleren Osten (1). Frankfurt. S. 108 ff.
Schölch, A. 1982: Ägypten in der ersten und Japan in der zweiten Hälfte des 19. Jahrhunderts: ein entwicklungsgeschichtlicher Vergleich. In: Geschichte in Wissenschaft und Unterricht. S. 333 ff.

5 Owen 1981 (Anm. 8/1).
Schölch, A. 1987: Der arabische Osten im neunzehnten Jahrhundert 1800–1914. In: Haarmann (Anm. 2/2). S. 365 ff.

6 Marsot (Anm. 3/2).

7 Bakhash, S. 1978: Iran: Monarchy, Bureaucracy and Reform under the Qajars: 1858–1896. London.
Zur tributgebundenen Produktionsweise am Beispiel Irans:
Ashraf, A. 1970: Historical obstacles to the development of bourgeoisie in Iran. In: Cook, M. A. (ed.): Studies in the Economic History of the Middle East from the Rise of Islam to the Present Day. Oxford. S. 308 ff.
Katouzian, H. 1981: The Political Economy of Modern Iran. Despotism and Pseudo-Modernism, 1926–1979. London.
Greussing, K. 1987: Vom „guten König“ zum Imam. Staatsmacht und Gesellschaft im Iran. Bregenz.

8 Büttner, F. (ed.) 1971: Reform und Revolution in der islamischen Welt. München.
Davison, R. H. $^{2}$1973: Reform in the Ottoman Empire 1856–1876. New York.
Lewis, B. $^{2}$1968: The Emergence of Modern Turkey. London.
Matuz (Anm. 3/1).

9 Keyder (Anm. 16/1)
Thobie, J. 1973: Les intérêts economiques, financiers et politiques français dans la partie asiatique de l'Empire Ottoman de 1895 à 1914. Paris (Diss.).

10 Vgl. Brown (Anm. 37/1)

11 Vgl. die Übersicht bei:
Zimmermann, E. 1981: Krisen, Staatsstreiche und Revolutionen. Theorien, Daten und neuere Forschungsansätze. Opladen.

12 Hodges, D. und Gandy, R. 1983: Mexico 1910–1982. Reform or Revolution? London.
Skocpol, Th. und Trimberger, E. K. 1977: Revolutions and the World-Historical Development of Capitalism. In: Berkeley Journal of Sociology. S. 101 ff.

13 Auch der algerische Befreiungskampf kann als „Revolution von oben“ interpretiert werden, da nicht die Befreiungsarmee in Algerien, sondern die Staatsbürokraten der in Tunesien und Marokko stationierten externen Armee nach der Niederlage der eigentlichen Revolutionäre die Macht übernahmen.
Étienne, B. 1979: Die Agrarrevolution in Algerien. In: Elsenhans, H. (ed.): Agrareform in der Dritten Welt. Frankfurt. S. 275 ff.

14 Skocpol, Th. 1979: States and Social Revolutions. Cambridge, New York.
Trimberger, E. K. 1978: Revolution from Above: Military Bureaucrats and Development in Japan, Turkey, Egypt and Peru. New Brunswick.

15 Keyder (Anm. 16/1).

16 Trimberger (Anm. 14/2).

17 Volkan, V. D. und Itzkowitz, N. 1984: The Immortal Atatürk. A Psychobiography. Chicago, London.

18 Keskin, H. 1981: Die Türkei. Vom Osmanischen Reich zum Nationalstaat. Werdegang einer Unterentwicklung. Berlin.
Trimberger (Anm. 14/2).

Werner und Markov (Anm. 3/1).
19 Karpat, K.H. 1985: Ottoman Population 1830–1914. Demographic and Social Characteristics. Wisconsin.
Pentzopoulos, D. 1962: The Balkan Exchange of Minorities and its Impact upon Greece. Mouton.
20 Blaschke, J. und Bruinessen, M. van (eds.) 1984: Islam und Politik in der Türkei. In: Jahrbuch zur Geschichte und Gesellschaft des Vorderen und Mittleren Orients. Berlin.
Trimberger (Anm. 14/2).
21 Heper, M. und Landau, J. M. (eds.) 1991: Political Parties and Democracy in Turkey. London, New York.
Kazancigil, A. und Özbudun, E. (eds.) 1981: Atatürk. Founder of a modern State. London.
Landau, J. M. (ed.) 1984: Atatürk and the Modernization of Turkey. Boulder.
22 Keyder, Ç. 1977: The Definition of a Peripherial Economy: Turkey, 1923–1929. University of California, Berkeley (Ph. D.)
Keyder, Ç. 1979/80: Credit and Peripherial Structuration: Turkey in the 1920s. In: Review (III). S. 579 ff.
23 Berberoğlu, B. 1977: The Role of the State in the Post-Independence Economic Development of Turkey, 1923–1960. University of Oregon. (Ph. D.)
Berberoğlu, B. 1980: State Capitalism and National Industrialization in Turkey. In: Development and Change. S. 97 ff.
Birtek, F. 1985: The Rise and Fall of Etatism in Turkey, 1932–1950: The Uncertain Road in the Restructuring of a Semiperipheral Economy. In: Review (VIII). S. 407 ff.
Birtek, F. und Keyder, Ç. 1975: Agriculture and the State: An Inquiry into Agricultural Differentiation and Political Alliances: The Case of Turkey. In: Journal of Peasant Studies. S. 446 ff. Dawletschin-Linder, C. 1989: Die Türkei und Ägypten in der Weltwirtschaftskrise 1929–1933. Stuttgart.
Grienig, H. 1983: Das Scheitern der kemalistischen Entwicklungsstrategie der ökonomischen Unabhängigkeit und die ungelöste Agrarfrage in der Türkei. In: Asien, Afrika, Lateinamerika (Berlin-Ost). S. 247 ff.
Gumpel, W. 1984: Der Etatismus in der Türkei, seine Alternativen und seine Zukunft. In: Orient. S. 239 ff.
24 Birtek und Keyder (Anm. 23/2).
25 Vgl. Keskin (Anm. 18/2).
26 Vgl. die Argumentation zur Revolution der Bauern bei Skocpol (Anm. 14/2).
27 Ismael, T. Y. 1990: The Communist movement in Egypt, 1920–1988. Syracuse, N. Y. u. a.
28 Jankowski, J. P. 1975: Egypt's Young Rebels. „Young Egypt". 1933–1952. Stanford.
29 Mitchell, R. P. 1969: The Society of the Muslim Brothers. London.
30 Tibi, B. 1973: Militär und Sozialismus in der Dritten Welt. Frankfurt.
31 Vatikiotis, P. J. 1978: Nasser and his Generation. London.
32 Abdel-Malek, A. 1971: Ägypten: Militärgesellschaft. Das Armeeregime, die Linke und der soziale Wandel unter Nasser. Frankfurt.
Baker, R. W. [2]1978: Egypt's Uncertain Revolution under Nasser and Sadat. Cambridge, Mass., London.
Dekmejian, R. H. 1971: Egypt under Nasir. London, Albany.
33 Pawelka 1985 (Anm. 63/1). Abschnitt 2.6.
34 Pawelka 1985 (Anm. 63/1). Abschnitt 1.2.
35 Pawelka 1985 (Anm. 63/1). Abschnitt 2.0.
Waterbury, J. 1983: The Egypt of Nasser and Sadat. The Political Economy of Two Regimes. Princeton.
36 Binder, L. 1978: In a Moment of Enthusiasm. Political Power and the Second Stratum in Egypt. Chicago, London.
37 Elsenhans, H. 1981: Abhängiger Kapitalismus oder bürokratische Entwicklungsgesellschaft. Versuch über den Staat in der Dritten Welt. Frankfurt, New York.

38 Kerr, M.H. [3]1971: The Arab Cold War. Gamal 'Abd al-Nasir and his Rivals, 1958–1970. London, Oxford, New York.
39 Cooper, M. 1979: Egyptian State Capitalism in Crisis: Economic Policies and Political Interests, 1967–1971. In: Journal of Middle East Studies. S. 481 ff.
Cooper, M.N. 1982: The Transformation of Egypt. London, Canberra.
Pawelka 1985 (Anm. 63/1). Abschnitt 3.1.
40 Seale (Anm. 25/1).
41 Abu Jaber, K.S. 1966: The Arab Ba'th Socialist Party: History, Ideology, and Organization. Syracuse.
Devlin, J. 1966: The Ba'th Party: A History from its Origins to 1966. Stanford.
Mahr, H. 1971: Die Baath-Partei: Porträt einer panarabischen Bewegung. München, Wien.
42 Seale (Anm. 25/1).
43 Pawelka, 1991 (Anm. 25/1).
44 Hinnebusch, R.A. 1989: Peasant and Bureaucracy in Ba'thist Syria. The Political Economy of Rural Development. Boulder, San Francisco, London.
45 Drysdale, A. 1981: The Syrian Political Elite, 1966–1976: A Spatial and Social Analysis. In: Middle Eastern Studies. S. 3 ff.
46 Batatu, H. 1981: Some observations on the social roots of Syria's ruling, military group and the causes for its dominance. In: The Middle East Journal. S. 331 ff.
Dam, N. van 1979: The Struggle for Power in Syria. Sectarianism, Regionalism and Tribalism, 1961–1978. London.
Perthes, V. 1990: Staat und Gesellschaft in Syrien 1970–1989. Hamburg.
Rabinovich, I. 1972: Syria under the Ba'th 1963–66. The Army-Party Symbiosis. Jerusalem.
Raymond, A. (ed.) 1980: La Syrie d'aujourd'hui. Paris.
47 Hansen, B. 1972: Economic Development of Syria. In: Cooper, Ch. A. und Alexander, S. (eds.): Economic Development and Population Growth in the Middle East. New York. S. 331 ff.
Hinnebusch 1989 (Anm. 44/2).
Keilany, Z. 1973: Socialism and Economic Change in Syria. In: Middle Eastern Studies. S. 61 ff.
48 Batatu 1978 (Anm. 18/1).
Penrose, E. und Penrose, E.F. 1978: Iraq: International Relations and National Development. Boulder.
49 Batatu 1978 (Anm. 18/1).
Farouk-Sluglett und Sluglett (Anm. 18/1).
Marr, Ph. 1985: The Modern History of Iraq. Boulder, London.
50 Stork, J. 1980: Oil and the Penetration of Capitalism in Iraq. In: Nore, P. und Turner, T. (eds.): Oil and Class Struggle. London. S. 172 ff.
51 Committee Against Repression and for Democratic Rights in Iraq (ed.) 1989: Saddam's Iraq. Revolution or Reaction? London.
Farouk-Sluglett und Sluglett (Anm. 18/1).
52 Pawelka, P. 1991: Der Irak als „Rentierstaat". In: Pawelka, P. und Pfaff, I. und Wehling, H.-G. (Red.): Die Golfregion in der Weltpolitik. Stuttgart, Berlin, Köln. S. 109 ff.
53 Committee Against Repression (Anm. 51/2).
Guerreau, A. und Guerreau-Jalabert, A. 1978: L'Irak. Développement et Contradictions. Paris.
Niblock, R. (ed.) 1982: Iraq. The Contemporary State. London, Canberra.
54 Auch Skocpol betonte die spezifischen Merkmale der iranischen Revolution:
Skocpol, Th. 1982: Rentier State and Shi'a Islam in the Iranian Revolution. In: Theory and Society. S. 265 ff.
Dafür eine der wenigen Ausnahmen:
Nahas, M. 1985: State-Systems and Revolutionary Challenge: Nasser, Khomeini, and the Middle East. In: International Journal of Middle East Studies. S. 507 ff.
55 Halliday, F. 1988: The Iranian Revolution. Uneven Development and Religious Populism. In: Halliday, F. und Alavi, H. (eds.): State and Ideology in the Middle East and Pakistan. London. S. 31 ff.

56 Abrahamian, E. 1982: Iran between two Revolutions. Princeton.
Milani, M. M. 1988: The Making of Iran's Islamic Revolution. From Monarchy to Islamic Republic. Boulder, London.
57 Banani, A. 1961: The Modernization of Iran, 1921–1941. Stanford.
Karshenas, M. 1990: Oil, State and Industrialization in Iran. Cambridge.
58 Bill, J. A. und Louis W. R. (eds.) 1988: Musaddiq, Iranian nationalism, and oil. London.
Zabih, S. 1982: The Mossadeq Era. Chicago.
59 Najmabadi, A. 1987: Land Reform and Social Change in Iran. Salt Lake City.
60 Amirahmadi, H. 1990: Revolution and Economic Transition. The Iranian Experience. Albany.
Clawson, P. 1977: The Internationalization of Capital and Accumulation in Iran and Iraq. In: The Insurgent Sociologist. S. 64 ff.
61 Abrahamian (Anm. 56/2).
Greussing (Anm. 7/2).
Halliday, F. 1979: Iran: Dictatorship and Development. New York.
Katouzian (Anm. 7/2).
62 Bill, J. 1972: The Politics of Iran: Groups, Classes, and Modernization. Columbus.
Halliday 1979 (Anm. 61/2).
63 Najmabadi, A. 1987: Depoliticisation of a Rentier State: The Case of Pahlavi Iran. In: Beblawi, H. und Luciani, G. (eds.): The Rentier State. London, New York, Sydney. S. 211 ff.
64 Zur Schia generell und zum Islam in Iran vgl.:
Halm, H. 1988: Die Schia. Darmstadt.
Keddie, N. (ed.) 1983: Religion and Politics in Iran. New Haven.
65 Algar, H. 1983: The Roots of Islamic Revolution. London.
66 Arjomand, S. A. 1986: Iran's Islamic Revolution in Comparative Perspective. In: World Politics. S. 383 ff.
Greussing (Anm. 7/2).
Milani (Anm. 56/2).
67 Enayat, H. 1983: Iran: Khumayni's Concept of the „Guardianship of the Jurisconsult". In: Piscatori, J. P. (ed.) : Islam in the Political Process. Cambridge, Mass. S. 160 ff.
Kelidar, A. 1981: Ayatollah Khomeini's Concept of Islamic Government. In: Cudsi, A. und Dessouki, A. (eds.): Islam and Power. Baltimore. S. 75 ff.
68 Akhari, S. 1987: Elite Factionalism in the Islamic Republic of Iran. In: The Middle East Journal. S. 181 ff.
Greussing, K. 1980: Iran – Polizeistaatskapitalismus, Marginalisierung und Islamische Revolution. In: Mardom Nameh (4). S. 46 ff.
Keddie, N. R. und Hooglund, E. (eds.) 1986: The Iranian Revolution and the Islamic Republic. Syracuse, N. Y. Abschnitt II.
69 Ashraf, A. und Banuazizi, A. 1985: The State, Classes and Modes of Mobilization in the Iranian Revolution. In: State, Culture and Society (3). S. 3 ff.
Milani (Anm. 56/2).
70 Fatemi, K. 1982: Leadership by distrust: The Shah's Modus Operandi. In: The Middle East Journal. S. 48 ff.
Liu, M. T. L. 1988: States and urban revolutions. Explaining the Revolutionary Outcomes in Iran and Poland. In: Theory and Society. S. 179 ff.
71 Ahmad, E. 1982: Comments on Skocpol. In: Theory and Society. S. 293 ff.
Marshall, P. 1988: Revolution and Counter-Revolution in Iran. London.
72 Greussing 1987 (Anm. 7/2).
Hiro, D. 1985: Iran under the Ayatollahs. Boston.
Keddie und Hooglund (Anm. 68/2).
Milani (Anm. 56/2).
73 Bakhash, S. 1985: The Reign of the Ayatollahs – Iran and the Islamic Revolution. London.
74 Najmabadi, A. 1987: Iran's Turn to Islam: From Modernism to a Moral Order. In: The Middle East Journal. S. 202 ff.

75 Amirahmadi (Anm. 60/2).
Rahnema, A. und Nomani, F. 1990: The Secular Miracle. Religion, Politics and Economic Policy in Iran. London.

76 Zeitungsarchiv des Instituts für Politikwissenschaft der Universität Tübingen (aktuelle Datenrecherche aus Presseberichten mittelöstlicher und internationaler Zeitungen).

## *Anmerkungen*
## *(Teil 3.0.)*

1 Richards, A. und Waterbury, J. 1990: A Political Economy of the Middle East. State, Class and Economic Development. Boulder u. a.

2 Centre of Arab Unity Studies 1991 (Anm. 62/1).

3 Schmid, C. 1991: Das Konzept des Rentier-Staates. Ein sozialwissenschaftliches Paradigma zur Analyse von Entwicklungsgesellschaften und seine Bedeutung für den Vorderen Orient. Münster, Hamburg.

4 Elsenhans 1981 (Anm. 37/2).
Elsenhans 1986 (Anm. 61/1).

5 Ashoff, G. 1988: Rent-seeking: Zur Relevanz eines relativ neuen Konzeptes in der ökonomischen Theorie der Politik und der entwicklungstheoretischen Diskussion. In: Vierteljahresberichte (122). S. 103 ff.

6 Mahdavi, H. 1970: The patterns and problems of economic development in rentier states: the case of Iran. In: Cook, M. (ed.): Studies in the economic history of the Middle East. London, New York, Toronto. S. 428 ff.

7 Beblawi, H. und Luciani, G. (eds.) 1987: The Rentier State. London, New York, Sydney.

8 Stauffer, Th. 1987: Income Measurement in Arab States. In: Beblawi und Luciani (Anm. 7/3). S. 22 ff.

9 Richards und Waterbury 1990 (Anm. 1/3), Kap. 2, S. 8 ff.

10 Najmabadi 1987 (vgl. Anm. 74/2).

11 Vgl. für den lateinamerikanischen Kontext:
Boeckh, A. 1988: Die Schuldenkrise und die Krise des bürokratischen Entwicklungsstaates in Venezuela. In: Politische Vierteljahresschrift. S. 636 ff.

12 Schmid, C. und Pawelka, P. 1988: The Modern Rentier State in the Middle East and its Strategies of Crisis Management. Paper prepared for delivery at the 22nd Annual Meeting of the Middle East Studies Association of North America, November 2–5, 1988 in Los Angeles, California. Deutsche Fassung in: Pawelka, P. und Aves, A. M. (eds.): 1990: Arabische Golfstaaten in der Krise. Frankfurt. S. 91 ff.

13 Pawelka 1991 (Anm. 52/2).

14 Hopwood, D. (ed.) 1972: The Arabian Peninsula. Society and Politics. London.
Niblock, T. (ed.) 1980: Social and economic development in the Arab Gulf. London.

15 Kopp, H. 1981: Agrargeographie der Arabischen Republik Jemen. Erlangen.

16 Leatherdale, C. 1983: Britain and Saudi Arabia 1925–1939. The Imperial Oasis. London.

17 Holden, D. und Johns, R. $^{3}$1982: The House of Saud. London.

18 Habib, J. S. 1978: Ibn Sa'uds Warriors of Islam. The Ikhwan of Najd and their Role in the Creation of the Sa'udi Kingdom, 1910–1930. Leiden.

19 Abir, M. 1988: Saudi Arabia in the Oil Era. Regime and Elites; Conflict and Cooperation. London, Sydney.
Salamé, G. 1989: Political Power and Saudi State. In: Berberoğlu, B. (ed.): Power and Stability in the Middle East. London. S. 70 ff.

20 Geschichte der Araber. Von den Anfängen bis zur Gegenwart. (Autorenkollektiv der Karl-Marx-Universität Leipzig u. L. v. L. Rathmann). Berlin. Bd. 6. Kap. IX. S. 247 ff.
Halliday, F. 1975: Arabia without Sultans. A Survey of Political Instability in the Arab World. New York.

Önder, Z. 1980: Saudi-Arabien. Zwischen islamischer Ideologie und westlicher Ökonomie. Stuttgart.
21 Gaury, C. de 1966: Faisal. King of Saudi Arabia. London.
22 Anderson 1981 (vgl. Anm. 48/1).
Luciani 1984: (vgl. Anm. 53/1).
23 Kubursi, A, 1984: Oil, Industrialization and Development in the Arab Gulf States. London, New York, Sydney.
Schliephake, K. 1990: Die Industrialisierung Saudi Arabiens – Ressourcen, Konzepte und Realisierungen. In: Zeitschrift für Wirtschaftsgeographie. S. 118 ff.
24 Joffe, E. G. H. 1985: Agricultural Development in Saudi Arabia. The problematic Path to Self-Sufficiency. In: Beaumont, P. und McLachlan, K. (eds.): Agricultural Development in the Middle East. Chichester u. a. S. 209 ff.
Novshirvani, V. 1987: The Yellow Brick Road: Self-Sufficiency or Self-Enrichment in Saudi Agriculture? In: Middle East Report (145). S. 7 ff.
25 Luciani, G. 1990: Arabie Saoudite. L'Industrialisation d'un Etat Allocataire. In: Maghreb, Machrek. S. 76 ff.
26 Abdel-Fadil, M. 1987: The Macro-behavior of Oil-Rentier States in the Arab Region. In: Beblawi und Luciani (Anm. 7/3). S. 83 ff).
Luciani 1990 (Anm. 25/3).
27 Woodward, P. 1988: Oil and Labor in the Middle East. Saudi Arabia and the Oil Boom. New York, Westport, London.
28 Albers, H. H. 1989: Saudi Arabia: Technocrats in a Traditional Society. New York, Bern, Frankfurt, Paris.
29 Altorki, S. 1986: Women in Saudi Arabia. Ideology and behavior among the elite. New York.
30 Zeitungsarchiv des Instituts für Politikwissenschaft der Universität Tübingen (aktuelle Datenrecherche aus Presseberichten mittelöstlicher und internationaler Zeitungen).
31 Bennoune, M. 1987: The making of contemporary Algeria 1830–1987. Cambridge.
Entelis, J. P. 1980: Comparative Politics of North Africa: Algeria, Marocco, and Tunisia. Syracuse, N. Y.
32 Droz, B. und Lever, E. [2]1984: Histoire de la guerre d'Algérie 1954–1962. Paris.
Quandt, W. B. 1969: Revolution and Political Leadership: Algeria 1954–1968. Cambridge, Mass.
Smith, T. 1978: The French Stake in Algeria, 1945–1962. Ithaca.
33 Julien, Ch.-A. 1972: L'Afrique du Nord en marche. Nationalisme musulman et Souveraineté française. Paris.
Dunand, F. 1977: L'indépendance de l'Algérie. Décision politique sous la V ème Republique. Bern.
Labonde, J. 1981: De Gaulles Algerienpolitik. Krefeld.
34 Elsenhans, H. 1977: Algerien. Koloniale und postkoloniale Reformpolitik. Hamburg.
Étienne 1979 (Anm. 13/2).
35 Entelis, J. P. 1982: Algeria: Technocratic Rule, Military Power. In: Zartman, I. W. et. al.: Political Elites in Arab North Africa. New York, London. S. 92 ff.
36 Jackson, H. F. 1977: The FLN in Algeria: Party Development in a Revolutionary Society. Westport.
37 Elsenhans 1977 (Anm. 34/3).
Farsoun, K. 1975: State Capitalism in Algeria. In: Middle East Report (35). S. 3 ff.
Raffinot, M. und Jaquemat, P. 1977: Le Capitalisme d'Etat Algerien. Paris.
38 Gelb, A. et. al. 1988: Oil Windfalls. Blessing or Curse? New York, Oxford.
Oualalou, F. und Jaidi, L. 1987: Fiscal Resources and Budget Financing in the Countries of the Maghreb (Algeria, Morocco, Tunisia, Libya and Mauritania) In: Beblawi und Luciani (Anm. 7/3). S. 172 ff.
39 Paul, J. A. 1977: Algeria's Oil Economy: Liberation or Neo-Colonialism? In: Stone, R. A. (ed.): OPEC and the Middle East. New York. S. 240 ff.

40 Elsenhans, H. 1986: Algerien – eine bürokratische Entwicklungsgesellschaft und ihre widersprüchliche Einbindung in das internationale System. In: Röhrich, W. (ed.): Gesellschaftssysteme der Gegenwart. Politökonomische Analysen im internationalen Kontext. Opladen. S. 179 ff.
Richards und Waterbury (Anm. 1/3).

41 Leca, J. 1988: Social Structure and Political Stability: Comparative Evidence from the Algerian, Syrian and Iraqi Cases. In: Dawisha, A. und Zartman, I. W. (eds.): Beyond Coercion. The Durability of the Arab State. London, New York, Sydney. S. 164 ff.

42 Elsenhans, H. 1990: Algerien: Auf dem Weg zur bürgerlichen Gesellschaft? In: Jahrbuch Dritte Welt (München). S. 224 ff.

43 Elsenhans 1990 (Anm. 42/3).
Mattes, H. 1988: Wirtschaftsreform, staatlicher Sektor und Privatisierungsdebatte im Maghreb. (Deutsches Orient-Institut, Mitteilungen 32). Hamburg.

44 Faath, S. 1990: Algerien. Gesellschaftliche Strukturen und politische Reformen zu Beginn der neunziger Jahre. (Deutsches Orient-Institut, Mitteilungen 40). Hamburg.

45 Faath 1990 (Anm. 44/3).
Vatin, J.-C. 1983: Popular Puritanism versus State Reformism: Islam in Algeria. In: Piscatori, J. P. (ed.): Islam in the Political Process. Cambridge, London, New York. S. 98 ff.

46 Entelis 1982 (Anm. 35/3).

47 Zeitungsarchiv des Instituts für Politikwissenschaft der Universität Tübingen (aktuelle Datenrecherche aus Presseberichten mittelöstlicher und internationaler Zeitungen).

48 Vgl. in aller Ausführlichkeit:
Pawelka, P. 1985: Herrschaft und Entwicklung im Nahen Osten: Ägypten. Heidelberg. Teil 3.

49 Springborg, R. 1978: Khedivialism along the Nile: The Strategy and Tactics of Egyptian Dependency. In: World Review (3). S. 32 ff.

50 Zur Wirtschafts- und Entwicklungspolitik vgl.:
Oweiss, J. M. (ed.) 1990: The Political Economy of Contemporary Egypt. Washington D.C.
Pawelka 1985 (Anm. 48/3).
Richards und Waterbury (Anm. 1/3).
Waterbury 1983 (Anm. 35/2).

51 Schmid C. 1990: Nahrungsmittelsicherheit und Krisenbewältigung in Ägypten. Der entwicklungs- und außenpolitische Wandel Ägyptens in den 70er Jahren als Krisenstrategie eines Semi-Rentier-Staates. Tübingen (unveröffentl. Manuskript).

52 Springborg, R. 1989: Mubarak's Egypt. Fragmentation of the Political Order. Boulder, London. Kap. 7.

53 Springborg 1989 (Anm. 52/3). Kap. 3.
Zaalouk, M. 1989: Power, Class and Foreign Capital in Egypt. The Rise of the New Bourgeoisie. London.

54 Aulas, M.-C. 1982: Sadat's Egypt: A Balance Sheet. In: Middle East Report (6). S. 6 ff.
Moore, C. H. 1986: Money and Power: The Dilemma of the Egyptian Infitah. In: The Middle East Journal. S. 634 ff.
Richards, A. 1984: Ten Years of Infitah: Class, Rents and Policy Stasis in Egypt. In: Journal of Development Studies. S. 323 ff.
Waterbury 1983 (Anm. 35/2).

55 Krämer, Gudrun 1986: Ägypten unter Mubarak: Identität und nationales Interesse. Baden-Baden.

56 Zur politischen Herrschaft vgl.
Pawelka 1985 (Anm. 48/3). Abschnitt 1.2.2.

57 Baker, R. W. 1990: Sadat and After. Struggles for Egypt's Political Soul. London. Springborg 1989 (Anm. 52/3). Kap. 4–6.

58 Zeitungsarchiv des Instituts für Politikwissenschaft der Universität Tübingen (aktuelle Datenrecherche aus Presseberichten mittelöstlicher und internationaler Zeitungen).

59 Keyder, Ç. 1987 (a) (Anm. 16/1)

Keyder, Ç. 1987 (b): Economic Development and Crisis: 1950–80. In: Schick, I.C. und Tonak, E.A. (eds.): Turkey in Transition. New Perspectives. New York, Oxford. S. 293 ff.

60 Dodd, C.H. 1969: Politics and Government in Turkey. Manchester.
Erogul, C. 1987: The Establishment of Multiparty Rule: 1945–71. In: Schick und Tonak (Anm. 59/3). S. 101 ff.
Karpat, K.H. 1985: Domestic Politics. In: Grothusen, K.-H. (ed.): Südosteuropa-Handbuch (IV); Türkei. Göttingen. S. 57 ff.

61 Weiher, G. 1978: Militär und Entwicklung in der Türkei 1945–1973. Opladen.

62 Rumpf, Ch. 1985: Verfassung und Verwaltung. In: Grothusen (Anm. 60/3). S. 169 ff.
Landau, J.M. 1985: Political Institutions. In: Grothusen (Anm. 60/3). S. 248 ff.

63 Heper, M. 1984: Bureaucrats, Politicians and Officers in Turkey: Dilemmas of a New Political Paradigm. In: Evin, A. (ed.): Modern Turkey: Continuity and Change. Opladen. S. 64 ff.

64 Dodd, C.H. 1983: The Crisis of Turkish Democracy. Walkington.
Frey, F.W. 1965: The Turkish Political Elite. Cambridge, Mass.
Frey, F.W. 1975: Patterns of Elite Politics in Turkey. In: Lenczowsky, G. (ed.): Political Elites in the Middle East. Washington. S. 41 ff.
Heper und Landau 1991 (Anm. 21/2).
Tachau, F. 1988: Political Leadership in Turkey: Continuity and Change. In: Heper, M. und Evin, A. (eds.): State, Democracy and the Military. Turkey in the 1980s. Berlin, New York. S. 102 ff.

65 Özbudun, E. 1981: Turkey: The Politics of Clientelism. In: Eisenstadt, S.N. und Lemarchand, R. (eds.): Political Clientelism, Patronage and Development. Beverly Hills, London. S. 249 ff.
Sayari, S. 1977: Political patronage in Turkey. In: Gellner, E. und Waterbury, J. (eds.): Patrons and Clients in Mediterranean Societies. London. S. 103 ff.

66 Keyder 1987 (a) (Anm. 16/1) und 1987 (b) (Anm. 59/3).

67 Ali, A. 1981: Développement économique en Turquie. Paris.
Berberoğlu, G. 1982: Turkey in Crisis. London.
Grothusen 1985 (Anm. 60/3). Abschnitt Wirtschaft. S. 327 ff.
Keskin 1981 (Anm. 18/2)
Ramazanoglu, H. 1985: The Politics of Industrialization in a Closed Economy and the IMF Intervention of 1979. In: Ramazanoglu, H. (ed.): Turkey in the World Capitalist System. A Study of Industrialization, Power and Class. Aldershot. S. 80 ff.

68 Keyder 1987 (a) (Anm. 16/1) und 1987 (b) (Anm. 59/3).

69 Keyder 1987 (a) (Anm. 16/1) und 1987 (b) (Anm. 59/3).
Schick, I.C. und Tonak, E.A. 1987: The International Dimension: Trade, Aid, and Debt. In: Schick und Tonak (Anm. 59/3). S. 333 ff.

70 Bianchi, R. 1984: Interest Groups and Political Development in Turkey. Princeton.

71 Ağaoğullari, M.A. 1987: The Ultranationalist Right. In: Schick und Tonak (Anm. 59/3). S. 177 ff.
Landau, J.M. 1982: The Nationalist Action Party in Turkey. In: Journal of Contemporary History. S. 587 ff.
Saribay, A.Y. 1984: Die Nationale Heilspartei. In: Jahrbuch zur Geschichte und Gesellschaft des Vorderen und Mittleren Orients (1984). Berlin. S. 255 ff.
Tobrak, B. 1987: The Religious Right. In: Schick und Tonak (Anm. 59/3). S. 218ff.

72 Dodd 1983 (Anm. 64/3).
Özbudun, E. 1981: The Turkish Party System: Industrialization, Polarization and Fragmentation. In: Middle Eastern Studies. S. 226 ff.

73 Keskin (Anm. 18/2).
Salah, M. 1984: The Turkish Left in Perspective. In: Khamsin. S. 86 ff.
Samim, A. 1987: The Left. In: Schick und Tonak (Anm. 59/3). S. 147 ff.

74 Evin, A. 1988: Changing Patterns of Cleavages Before and After 1980. In: Heper und Evin (Anm. 64/3). S. 201 ff.

Heper, M. 1985: The State and Public Bureaucracies: A Comparative and Historical Perspective. In: Comparative Studies in Society and History. S. 86 ff.

75 Dekmejian, R. H. 1982: Egypt and Turkey: The Military in the Background. In: Kolkowicz, R. und Krobonski, A. (eds.): Soldiers, Peasants and Bureaucrats. Civil-Military Relations in Communist and Modernizing Societies. London. S. 28 ff.
Harris, G. S. 1988: The Role of the Military in Turkey in the 1980s: Guardians or Decision-Makers? In: Heper und Evin (Anm. 64/3). S. 177 ff.
Heper, M. 1987: The State, the Military, and Democracy in Turkey. In: Jerusalem Journal of International Relations. S. 52 ff.

76 Evin 1988 (Anm. 74/3).

77 Baysan, T. und Blitzer, Ch. 1990: Turkey's Trade Liberalization in the 1980s and Prospects for its Sustainability. In: Arıcalı, T. und Rodrik, D. (eds.): The Political Economy of Turkey. Debt, Adjustment and Sustainability. Houndmills, London. S. 9 ff.
Lavi, V. und Rapoport, H. 1992: External Debt and Structural Adjustment: Recent Experience in Turkey. In: Middle Eastern Studies. S. 313 ff.
Senses, F. 1985: Short-Term Stabilisation Policies in a Developing Economy: the Turkish Experience in 1980 in Long-Term Perspective. In: Ramazanoglu (ed.) (Anm. 67/3). S. 103 ff.

78 Öniş, Z. 1991: The Evolution of Privatization in Turkey: the Institutional Context of Public-Enterprise Reform. In: International Journal of Middle East Studies. S. 163 ff.

79 Boratav, K. 1990: Inter-Class and Intra-Class Relations of Distribution Under „Structural Adjustment": Turkey During the 1980s. In: Arıcalı und Rodrick (Anm. 77/3). S. 199 ff.

80 Celasun, M. 1986: Comment: Income Distribution and Domstic Terms of Trade in Turkey. In: METU Studies in Development. S. 193 ff.

81 Arıcalı und Rodrick (Anm. 77/3).

82 Rumpf (Anm. 62/3).

83 Ergüder, Ü. 1991: The Motherland Party, 1983–1989. In: Heper und Landau (Anm. 21/2). S. 152 ff.

84 Zeller-Mohrlok, D. 1990: Die Türkisch-Islamische Synthese des Politischen Systems der Türkei in den 80er Jahren. Eine Strategie zur Herrschaftssicherung der bürokratisch-politischen Elite. Tübingen. (Zulassungsarbeit, Maschinenschrift).

85 Acar, F. 1991: The True Path Party, 1983–1989. In: Heper und Landau (Anm. 21/2). S. 188 ff.
Mango, A. 1991: The Social Democratic Populist Party, 1983–1989. In: Heper und Landau (Anm. 21/2). S. 170 ff.

86 Zeitungsarchiv des Insituts für Politikwissenschaft der Universität Tübingen (aktuelle Datenrecherche aus Presseberichten mittelöstlicher und internationaler Zeitungen).

87 Sayari, S. 1992: Turkey: The Changing European Security Enviroment and the Gulf Crisis. In: Middle East Journal. S. 9 ff.

88 Bruinessen, M. M. van 1989: Agha, Scheich und Staat. Politik und Gesellschaft Kurdistans. Berlin.

89 Anderer, G. 1991: Die politische Ökonomie eines Allokationssystems. Jordanien und die internationale Arbeitsmigration seit 1973. Frankfurt.

90 Sunderbrink, U. 1992: Die PLO in der Krise? Genese, Strukturmerkmale und Politikmuster der Palästinensischen Befreiungsorganisation und deren Herausforderung durch den Politischen Islam in der Intifada. Tübingen (unveröffentl. Maschinenschrift, Magisterarbeit).

91 Pawelka 1991 (Anm. 52/2).
Farouk-Sluglett und Sluglett 1991 (Anm. 18/1).

92 Hinnebusch 1989 (Anm. 44/2). Perthes 1990 (Anm. 46/2).

93 Boeckh, A. 1991: Politische Dimensionen der Krise in Lateinamerika. In: Tübinger Geographische Studien (107). S. 81 ff.

94 Pawelka 1985 (Anm. 48/3). S. 22 ff.

95 Vgl. Badry, R. 1992: Die zeitgenössische Diskussion um den islamischen Beratungsgedanken (Šura) unter dem besonderen Aspekt ideengeschichtlicher Kontinuitäten und Diskontinuitäten. Tübingen (unveröffentlichte Maschinenschrift).

96 Vgl. Democracy in the Arab World. In: Middle East Report 1992. No. 174. Besonders:
Hooglund, E.: Iranian Populism and Political Change in the Gulf. S. 19 ff.
Krämer, G.: Liberalization and Democracy in the Arab World. S. 22 ff.
Perthes, V.: Syria's Parliamentary Elections: Remodeling Asad's Political Base. S. 15 ff.

97 Bianchi, R. 1989: Unruly Corporatism. Associational Life in the Twentieth-Century Egypt. New York, Oxford.

98 Marsot, A. L. al-Sayyid 1990: Democratization in Egypt. In: Oweiss (Anm. 50/3). S. 282 ff.

# Personenregister

# Sachregister